Monica Swanson

JUNGS:

WIE SIE TICKEN, WAS SIE BRAUCHEN

Alles, was Jungsmamas wissen müssen

mvgverlag

Bibliografische Information der Deutschen Nationalbibliothek
Die Deutsche Nationalbibliothek verzeichnet diese Publikation in der Deutschen Nationalbibliografie. Detaillierte bibliografische Daten sind im Internet über http://dnb.d-nb.de abrufbar.

Für Fragen und Anregungen
info@mvg-verlag.de

Wichtiger Hinweis
Ausschließlich zum Zweck der besseren Lesbarkeit wurde auf eine genderspezifische Schreibweise sowie eine Mehrfachbezeichnung verzichtet. Alle personenbezogenen Bezeichnungen sind somit geschlechtsneutral zu verstehen.

1. Auflage 2021

Türkenstraße 89
80799 München
Tel.: 089 651285-0
Fax: 089 652096

Übersetzung: Marion Zerbst
Redaktion: Desirée Šimeg
Umschlaggestaltung: Manuela Amode
Umschlagabbildung: Shutterstock/VGstockstudio
Satz: Carsten Klein, Torgau
Druck: CPI books GmbH, Leck
Printed in Germany

ISBN Print 978-3-7474-0337-2
ISBN E-Book (PDF) 978-3-96121-703-8
ISBN E-Book (EPUB, Mobi) 978-3-96121-704-5

An Dave:
Ohne dich gäbe es das alles nicht!
Ich habe immer gesagt, dass ich weiß,
dass Gott dich liebt, weil Er dir vier
großartige Jungs geschenkt hat.
Doch in Wirklichkeit weiß ich,
dass Gott mich liebt, weil Er mir fünf
geschenkt hat.

***

An Josiah, Jonah, Luke und Levi:
Euch verdanke ich den besten Job der Welt.
Ich bin so stolz darauf, eure Mama zu sein!

Inhalt

Vorwort

Vor ein paar Sommern, während eines Familienausflugs nach Hawaii, luden mein Mann und ich unsere drei kleinen Söhne in einen Mietwagen und fuhren von Honolulu die Küste entlang zur North Shore von Oahu. Auf halbem Weg machten wir eine Pause, damit sich die Jungs an einem Sandstrand austoben konnten. Brody, unser kreativer mittlerer Sohn, kletterte auf einer grasbewachsenen Anhöhe auf einen Baum und sang fröhlich alberne Lieder über das Rauschen der Wellen. Caleb, unser Ältester, und Asher, unser Jüngster, der erst sieben Jahre alt war, planschten gemeinsam im Wasser herum.

Ich weiß, das klingt idyllisch, doch in Wirklichkeit waren mein Mann und ich nach den ermüdenden Streitereien im Auto und dem ständigen Gejammer nach irgendwelchen Naschereien völlig fertig. Deshalb hatten wir angehalten. Nicht, um den Kindern eine kleine Pause zu gönnen, sondern weil *wir* eine brauchten – und zwar dringend!

Während die Kinder spielten, ließen wir uns nebeneinander auf den puderzuckerweißen Strand fallen und stellten uns die gleichen Fragen, die wir uns schon millionenfach gestellt hatten: »Was machen wir eigentlich falsch? Wie könnten wir es besser machen? Warum ist es so verdammt schwierig, Jungs zu erziehen?« Doch leider kamen wir zu keinem Ergebnis und luden unsere von einer dicken Sandschicht bedeckte Crew unverrichteter Dinge wieder ins Auto.

Eine Dreiviertelstunde später bogen wir von der Küstenstraße ab und fuhren nach rechts auf eine Landstraße. Der grüne Hügel mit Blick aufs Meer war von malerischen Häusern übersät, die sich alle aus einer wunderschönen Kulisse blühender Sträucher und tropischer Bäume erhoben. Wir folgten der einfachen Wegbeschreibung, bis wir unser Ziel erreichten. Monica Swanson wartete schon draußen auf uns, zusammen mit ein paar ihrer Söhne. Ihr Ehemann Dave bastelte hinten im Garten aus dem alten Vulkangestein, das er auf seinem Grundstück ausgebuddelt hatte, einen Pflanzenkübel für den Garten.

In den nächsten Stunden spielte unsere gemeinsame Brut von sieben Jungen zusammen. Unsere Ehemänner schlenderten über das Grundstück und plauderten über Pflanzen und das Leben auf der Insel. In der Zwischenzeit saßen Monica und ich in der Küche – wie Mütter es so oft tun – und sprachen über die Erziehung von Söhnen. Ich weiß noch, wie ich ihr erklärte, dass es nicht mein Ziel sei, Jungs zu erziehen, sondern *Männer*. Gute Männer, die an Gott glauben und seine Gebote befolgen. Das Problem war nur, dass ich niemanden hatte, der mir sagte, wie ich das machen sollte. Monica nickte lächelnd; und dann erzählte sie mir in ihrer typischen Art, Weisheiten aus dem täglichen Leben abzuleiten, wie sie ihren Jungs bei der Vorbereitung auf das Mannsein half.

Heute habe ich das Vergnügen, Sie zu diesem Gespräch einzuladen – einem Gespräch für Mütter auf der ganzen Welt, denen es ebenso wichtig ist wie uns, ihre Söhne zu guten Männern zu erziehen. Monica ist eine unerschöpfliche Quelle der Weisheit, und sie teilt ihr Wissen und ihre Erkenntnisse großzügig mit allen Menschen, die sie online oder als Leser dieses Buches besuchen. Oder wie Monica es formulieren würde: »Aloha. Ihr seid bei mir willkommen!«

Wendy Speake
Co-Autorin des Buches *Triggers: Exchanging Parents' Angry Reactions for Gentle Biblical Responses*

1

Worauf es wirklich ankommt

> Die großen Zusammenhänge im Auge zu behalten, ist eines der wichtigsten Dinge, die Eltern tun können – und gleichzeitig auch eines der schwierigsten.
>
> *Dr. T. Berry Brazelton*

Als ich meinen Kleinbus in die Sackgasse lenkte, stiegen Tränen aus meinem tiefsten Inneren auf und bettelten förmlich darum, ungehindert fließen zu dürfen. Doch ich drängte sie zurück, parkte das Auto am Straßenrand und stieg mit einem tiefen Seufzer aus. Ich öffnete die hintere Autotür, hob den Kindersitz heraus und warf einen verzweifelten Blick auf Jonah, der in der Spielgruppe fast nur und während der Heimfahrt noch mehr geschrien hatte – nur um sofort einzuschlafen, als wir in unsere Siedlung kamen. *Typisch.* Dann ging ich um das Auto herum, um den dreijährigen Josiah abzuschnallen und aus seinem Kleinkindsitz zu heben. Das glückliche Funkeln in seinen Augen brachte mich zum Lächeln, doch gleichzeitig stahl sich eine Träne aus meinen Augen und lief mir über die Wange. Ich wischte sie schnell weg, aber nicht schnell genug.

Josiahs Lächeln wich einem besorgten Blick, und er fragte: »Was ist denn los, Mami?«

»Ach, nichts!« Ich zwang mich zu einem Lachen und murmelte etwas von der Sonne, die mir in die Augen geschienen habe. Das musste ihn wohl überzeugt haben, denn er kehrte mir den Rücken zu und hüpfte in Richtung Haus. Ich zögerte kurz, bevor ich ihm folgte, und sprach seine Frage dabei laut vor mich hin: »Tja, was ist eigentlich los, Mami?« Und dann setzte ich den Dialog in meinem Kopf fort: *Ich kriege das Muttersein nicht in den Griff.* Das *ist das Problem: Ich schaffe es einfach nicht. Jetzt habe ich endlich den Job, von dem ich immer geträumt habe, und bekomme nicht mal die einfachsten Dinge auf die Reihe.*

Während ich die Jungs ins Bett brachte, ging mir die Liste meiner Unzulänglichkeiten wieder im Kopf herum – eine Liste, die von Woche zu Woche länger zu werden schien, seit ich mit meinem Jüngsten in die Spielgruppe ging.

An diesem Tag hatte ich mit einer Mutter gesprochen, die sich über ihre selbstgemachte Babynahrung beklagte, weil sie »längst nicht so gut geworden war wie beim letzten Mal«. (Ich hatte die Babynahrung für meine Jungs noch nie selbst zubereitet. Was war nur los mit mir?) Als Nächstes ließ sich ein Junge, der nur ein paar Monate älter war als Josiah, mit einem Buch auf den Schoß seiner Mutter plumpsen und begann, ihr vorzulesen. Ein Dreijähriger. Und konnte schon *lesen*! (Ich wäre gar nicht auf die Idee gekommen, Josiah das beizubringen, als er noch so klein war.) Und als sich dann zwei Jungen um ein Spielzeug stritten, beobachtete ich die gegensätzlichen Reaktionen ihrer Mütter: Die eine ging dazwischen, spielte den Schiedsrichter und versuchte, den beiden anhand dieser Rauferei etwas beizubringen, während die andere nur genervt die Augen verdrehte und murmelte, dass »Jungs so etwas doch unter sich ausmachen müssen«. Und ich saß da und fragte mich, welche von den beiden Müttern wohl recht hatte – und wurde mir plötzlich eines weiteren Problems bewusst, dem ich mich nicht gewachsen fühlte: die ständigen Streitereien zwischen kleinen Kindern.

Vor lauter »sollte« und »könnte« und gegensätzlicher Meinungen schwirrte mir schon richtig der Kopf, und ich fühlte, was für ein enormer Druck auf mir lastete.

»Worauf kommt es bei der Kindererziehung eigentlich an?«, fragte ich meinen Mann ein paar Stunden später, als wir im Bett lagen und auf den Deckenventilator starrten, der sich in einer der vielen feuchten hawaiianischen Nächte über uns drehte. »Was ist wirklich wichtig? Jede Mutter, die ich treffe, jeder Artikel, den ich lese – alle sagen etwas anderes.« Schließlich konnte ich diese Ratschläge unmöglich alle umsetzen und hatte auch keine Lust dazu. Wenn nur irgendjemand das alles für mich in ein paar leicht verständliche Regeln übersetzen und mir sagen könnte, worauf es sich zu achten lohnte und worauf nicht! Denn ich wollte unbedingt wissen, worauf es bei der Erziehung von Jungen wirklich ankommt.

Seit dieser Begebenheit sind über fünfzehn Jahre vergangen, trotzdem habe ich sie immer noch genau im Gedächtnis. Der katastrophale Besuch in der Spielgruppe fand statt, kurz nachdem wir nach Hawaii gezogen waren, damit mein Mann dort seine Assistenzarztausbildung absolvieren konnte – was bedeutete, dass er die meiste Zeit weg war. Eines Abends fuhren wir zur Notfallstation seines Krankenhauses, um ihm das Abendessen zu bringen, und einer unserer Jungs rief begeistert: »Juhu! Endlich sind wir mal bei Papa zu Hause!« Ich war hundemüde, fühlte mich einsam und total überfordert. Ich wollte so gern eine gute Mutter sein, aber das war viel schwerer, als ich es mir vorgestellt hatte.

Doch so schwierig ich diese Jahre auch fand, machten sie mich doch gleichzeitig bescheiden, denn dadurch wurde mir bewusst, dass ich nicht die geborene perfekte Mutter war, für die ich mich immer gehalten hatte. Mir wurde klar, dass zur Erfüllung meines größten Traums – tolle Kinder großzuziehen – viel mehr gehörte als ein paar idealistische Vorstellungen.

Kurze Zeit nach meinem Nervenzusammenbruch in dem Kleinbus erfuhr ich, dass ich mit unserem dritten Sohn Luke schwanger war. Ich wusste, dass ich einen neuen Weg finden musste, mein Leben als Mutter von Söhnen anzugehen. Ich nahm mir vor, eine zielbewusste, planvolle Mutter zu werden, nicht auf alle Ratschläge und Empfehlungen zu hören, mit denen ich von allen Seiten bombardiert wurde, sondern mich stattdessen auf die wirklich wichtigen Dinge zu konzentrieren: nämlich auf die Männer, die meine Söhne eines Tages sein würden, und darauf, wie ich sie am besten aufs Erwachsensein vorbereiten konnte. Außerdem lernte ich, mich mehr um mich selbst zu kümmern und meine Aufgaben als Mutter mit mehr Würde und weniger emotional anzugehen.

Im Lauf der Jahre entwickelte ich mehr Selbstvertrauen und freute mich darüber, wie meine Söhne sich entwickelten – und auch darüber, *wie ich mich entwickelte.* Als ich sah, dass unsere Kultur sich sehr schnell in eine Richtung bewegte, die ich mir für meine Kinder nicht wünschte, beschloss ich, unsere Zeit und unser Familienleben planvoller zu gestalten. Wir vereinfachten unsere Zeitpläne. Unsere Tage wurden weniger hektisch und machten mehr Spaß. Meine Jungs wuchsen zu rücksichtsvollen, freundlichen, fleißigen Menschen heran. Wir hatten viel Freude aneinander. Und als mein Mann und ich dann schließlich darüber nachdachten, noch ein Baby zu bekommen, wusste ich, dass ich die Kurve gekriegt hatte. (»Vielleicht wird es diesmal ein Mädchen!«) Neun kurze Monate später kam Sohn Nummer vier auf die Welt.

In jenem Jahr rief ich einen Blog ins Leben, in dem ich Begebenheiten aus unserem Familienleben erzählte und beschrieb, was ich daraus gelernt hatte. Ich lernte Frauen aus aller Welt kennen und merkte, dass es viele Mütter gab, denen es schwer fiel, Jungs großzuziehen, und die auf diesem herausfordernden Weg ein bisschen Ermutigung brauchten. Also schrieb ich einen Blogbeitrag mit dem Titel »Was ein Junge im Teenageralter von seiner Mutter am dringendsten braucht«, und dieses Posting traf genau den Nerv der Zeit: Er wurde auf der ganzen Welt geteilt und in nur einer Woche von fast zwei Millionen Menschen gelesen. Die Kommentare und E-Mails, die ich daraufhin erhielt, bestätigten mir, dass viele Mütter ihre Jungen gern zu großartigen Männern erziehen möchten, sich aber mit dieser Aufgabe überfordert fühlen.

Vor allem wunderten sich meine Leserinnen darüber, dass ich in meinem Posting behauptet hatte, die Teenagerjahre meiner Jungs zu *genießen*. Anscheinend gehen die meisten Leute davon aus, dass der Spaß an der Erziehung von Jungen aufhört, sobald sie Teenager werden: Wenn unsere Söhne in die Pubertät kommen, würden sie sich von uns zurückziehen und eher Akzeptanz und Anerkennung bei gleichaltrigen Jungs suchen, heißt es. Sie würden experimentieren und rebellieren und ihre Freizeit mit Spielen und Sexting verbringen. Wir sollten darauf gefasst sein, dass unsere Kinder uns dann im Regen stehen lassen, und wehmütig an die guten alten Zeiten zurückdenken, als wir uns unseren süßen kleinen Jungs noch so nahe fühlten.

Aua, das tut weh! Außerdem entspricht es überhaupt nicht meiner Erfahrung. Ich wollte Müttern Mut machen und ihnen zeigen, dass das nicht so sein muss. In den letzten Jahren habe ich immer wieder Blogbeiträge zu allen möglichen Themen rund um die Erziehung von Jungen geschrieben. Ich habe mich über Geschwisterstreitigkeiten und soziale Medien, Pubertät und Pornografie ausgelassen, habe lustige Geschichten erzählt, aber auch über Schwierigkeiten und über die Lektionen berichtet, die ich aus der Erziehung meiner Söhne lernte.

Aber Blogbeiträge sind räumlich leider sehr begrenzt. Und meine Leserinnen und Leser baten mich, ihnen mehr zu verraten: Sie wollten mehr Einzelheiten, mehr Beispiele und mehr praktische Tipps, wie man Jungen zu großartigen Männern erzieht. Mütter wünschen sich einen Leitfaden für die Erziehung von Jungen, die sich nicht einfach nur der Kultur anpassen, sondern eigene, starke Überzeugungen haben. Und genau wie ich damals vor vielen Jahren möchten sie wissen, *worauf es bei der Kindererziehung wirklich ankommt.*

Ich schreibe dieses Buch, um Ihnen als Jungsmutter meine wichtigsten Erfahrungen zu vermitteln – Erkenntnisse, die mir sehr weitergeholfen hätten, wenn ich sie schon früher gewonnen hätte. Ich möchte Ihnen von meinen persönlichen Erfahrungen berichten, aber auch Ratschläge und Ideen mit Ihnen teilen, die ich von meinen Leserinnen und Freundinnen und aus jahrelanger Lektüre von Büchern zum Thema Kindererziehung gewonnen habe. Ich möchte Ihnen Mut machen und darin bestärken, dass Sie Ihren Sohn zu einem wunderbaren Menschen erziehen können – auch und gerade in unserer heutigen Kultur.

Aber ich möchte Ihnen auch ehrlich sagen, dass das nicht von selbst geht. Ohne bewusste Erziehung werden wahrscheinlich genau die Dinge passieren, vor denen man alle Eltern immer wieder warnt. Unter Umständen könnte Ihr Sohn von der heutigen Kultur stromabwärts gezogen werden, wenn Sie sich nicht aktiv darum bemühen, ihm die richtigen Werte und Zielvorstellungen zu vermitteln.

In den nächsten Kapiteln werden Sie sehen, dass ich keineswegs behaupte, dass wir unsere Söhne hundertprozentig im Griff haben können oder dass ihre ganze Zukunft von uns abhängt. Ich glaube an die Größe Gottes und habe keinen Zweifel daran, dass Er unsere Söhne bei jedem Schritt auf ihrem Weg leitet und für sie sorgt. Ich glaube aber auch, dass dieser Gott Ihnen und mir das große Privileg und die Verantwortung geschenkt hat, planvolle Eltern mit Herz zu sein.

Ich möchte Ihnen als Jungsmutter dabei helfen, Ihre Rolle mit Freude und Vertrauen anzunehmen. Ich möchte Sie ermutigen und inspirieren und Ihnen die Werkzeuge an die Hand geben, die Sie brauchen, um Ihren Söhnen die richtigen Wertvorstellungen zu vermitteln. Und das ist keineswegs *mehr* Arbeit, sondern einfach nur *bewusste* Arbeit. Es ist Elternschaft, die einen Sinn und ein Ziel verfolgt. Und es ist die lohnendste Arbeit, die es gibt.

In diesem Buch werde ich Ihnen erklären, was meiner Meinung nach am wichtigsten ist: nämlich, Jungen in zwölf Bereichen, in denen sie unsere Führung am dringendsten brauchen, gut aufs Leben vorzubereiten. Ich werde Ihnen Geschichten erzählen und Forschungsergebnisse erläutern, aber vor allem werden Sie hier eine Menge praktischer Ratschläge finden. Am Ende jedes Kapitels finden Sie ein paar Fragen und/oder Praxistipps, unabhängig vom Alter Ihres Sohnes. Einige Prinzipien, um die es in meinem Buch geht, werden für Sie wahrscheinlich nachvollziehbarer sein als andere; und das ist auch gut so. *Mir geht es genauso.* Denken Sie daran: Wir Jungenmütter haben zwar vieles miteinander gemeinsam; doch jede von uns ist einmalig, und unsere Söhne sind es auch.

Ich hoffe, dass alle Mütter von den Ideen, Ratschlägen und Hilfsmitteln profitieren können, die ich hier vermittle. Und natürlich nicht nur Mütter, sondern auch Lehrer, Großeltern, Kinderbetreuer, Stiefmütter und Tanten – alle, die etwas mit der Erziehung von Jungen zu tun haben. Als alleinerziehende Mutter haben Sie eine besonders schwere Last zu tragen, und ich wünsche mir, dass dieses Buch Ihnen weiterhilft. Und auch wenn Ihr Sohn ein Kind mit besonderen Bedürfnissen ist, bin ich sicher, dass Sie in diesem Buch etwas Ermutigung finden werden. Natürlich kann ich hier nicht auf alle Familiensituationen eingehen, aber ich habe beim Recherchieren und Schreiben auch an *Sie* gedacht. Ich habe mir oft gewünscht, aus jedem Kapitel ein ganzes Buch machen zu können, weil es zu allen Themen so viel zu sagen gibt.

Ich bin Christin und die Bibel ist für meinen Mann und mich der wichtigste Leitfaden in der Kindererziehung und in unserem Leben. Sie werden in diesem Buch also auch Ausführungen zu meinem Glauben und zu biblischen Grundsätzen finden, denn die Geschichte meiner Familie lässt sich davon nicht trennen. Egal wie Sie zum Thema Religion stehen – ich denke, Sie werden hier auf jeden Fall ermutigende Worte und Ratschläge finden, die Ihnen auf Ihrem Weg als Eltern weiterhelfen.

Da dieses Buch ein gemeinsamer Weg für uns ist, sollte ich vielleicht erwähnen, dass ich schon einen Sohn habe, der studiert, und einen anderen, der sogar noch ein bisschen älter ist. Die beiden wachsen gerade zu wunderbaren, gläubigen jungen Männern heran – sie sind fleißig und selbstständig und haben viel Spaß am Leben. Und sie haben auch nach wie vor eine enge Beziehung zu unserer Familie. Das ist so ein wunderbares Alter! Aber ich habe auch zwei jüngere Söhne, die noch zu Hause wohnen, bin also immer noch tagtäglich mit den Aufgaben einer Mutter und Erzieherin beschäftigt, genauso wie Sie. Meine Arbeit ist noch lange nicht abgeschlossen!

Danke, dass Sie mich auf diesem Abenteuer der Elternschaft begleiten! Es ist mein Herzenswunsch, dass Sie sich nach der Lektüre inspiriert und gut für Ihre Aufgabe als Mutter gerüstet fühlen. Egal ob Ihr Sohn noch ein Baby oder bereits sieben oder siebzehn Jahre alt ist – ich freue mich, dass Sie den Weg zu meinem Buch gefunden haben! Und egal wie unterschiedlich wir in anderer Hinsicht sein mögen, unsere Lebensaufgabe als Jungenmütter verbindet uns auf ganz besondere

Weise miteinander. Wir verfolgen ein gemeinsames Ziel: unseren Söhnen alles zu geben, was sie brauchen, um wunderbare, erfolgreiche, ausgeglichene, rücksichtsvolle und produktive Mitglieder der Gesellschaft zu werden.

2

Eine dauerhafte Verbindung

Aufbau einer gesunden Mutter-Sohn-Beziehung

> Es liegt eine ganz besondere Zärtlichkeit in der Liebe einer Mutter zu ihrem Sohn, die alle anderen liebevollen Gefühle übersteigt.
>
> *Washington Irving*

Beziehung. Bindung. Verbundenheit. Das sind Worte, die Mütter häufig gebrauchen. Als Frauen sind wir von Natur aus darauf programmiert, in Beziehungen zu leben, und es gibt nichts Befriedigenderes als eine starke Beziehung zu den Menschen, die wir lieben. Trotzdem verstehen wir unsere Söhne nicht immer. Manchmal kommen sie uns vor wie Wesen von einem anderen Stern. Ich höre in Blogkommentaren und E-Mails immer wieder verzweifelte Hilferufe von Jungenmüttern: dieser Lärm, dieser Dreck, diese unbändige Energie und dieser Gestank … *Warum fällt es Jungs eigentlich so schwer, in die Toilette zu pinkeln?*

Frauen sehnen sich nach der Gewissheit, dass ihre Söhne sie lieben und brauchen, aber Jungs sprechen nun einmal nicht so offen über ihre Bedürfnisse, Gedanken und Gefühle wie Mädchen. Selbst wenn sie als kleine Jungen noch sehr mitteilsam sind, werden sie oft zurückhaltender, sobald sie ins Teenageralter kommen. Männer denken anders, verarbeiten Gedanken und Gefühle anders und »ticken« in fast jeder Hinsicht anders als wir. Deshalb verstehen Frauen ihre Söhne manchmal nicht. Einige der Frauen, die mir ihr Leid klagen, sind nur mit Schwestern aufgewachsen oder hätten eigentlich lieber Töchter gehabt. Doch jetzt haben sie plötzlich einen Sohn – oder sogar zwei oder drei – und wissen nicht, was sie tun sollen.

Ich bin zwar nur mit Brüdern aufgewachsen, trotzdem haben meine Söhne mich oft verwirrt. Mein zweiter Sohn war als Kleinkind ein richtiger Quälgeist. Er war grob, impulsiv und schien heftige Wutanfälle allen anderen Kommunikationsformen vorzuziehen. Das kam für mich völlig unvorbereitet, denn mein erster Sohn war viel sanfter, was mich zu der falschen Schlussfolgerung verleitet hatte, dass die Unkompliziertheit unserer Beziehung normal oder auf mein angeborenes Erziehungstalent zurückzuführen sei. (Ha!) Die schockierende Realität des Lebens als Jungsmutter traf mich, als ich unseren dritten Sohn erwartete. Das war unser drittes Jahr auf Hawaii, weit weg von unseren Familien, und ich war ausgehungert nach sozialen Kontakten. Ich fühlte mich in unserem kleinen Häuschen – mit unseren beiden Jungs als einziger Gesellschaft – gefangen. Mein Mann absolvierte gerade seine medizinische Facharztausbildung und arbeitete über hundert Stunden pro Woche, und ich hatte noch keine richtigen Freunde auf Oahu gefunden. Damals gehörten wir einer noch jungen, aber rasch wachsenden Kirchengemeinde in Honolulu an, deren Pastor sehr beliebt war. Er war witzig und begabt – so eine Art Rockstar unter den Pastoren.

Eines Tages lernte ich nach dem Kirchenbesuch seine Frau kennen, die eine genauso faszinierende Persönlichkeit war wie er. Als sie mich einlud, zusammen mit ihr und noch ein paar anderen Frauen am Samstagmorgen bei ihr zu Hause eine Bibelstunde abzuhalten, hatte ich das Gefühl, den Jackpot geknackt zu haben. Außerdem bot ihre Tochter, die im Teenageralter war, auch noch an, während ihres Studiums auf meine beiden Jungs aufzupassen. Ich freute mich schon die ganze Woche auf diese Bibelstunde.

Am Samstagmorgen fuhr ich in aller Herrgottsfrühe quer über die Insel und parkte mein Auto vor dem schönen Haus des Pastors – nervös, aber hoffnungsvoll. *Vielleicht finde ich hier endlich ein paar Freunde,* dachte ich. Als ich das Haus betrat, fiel mir ein wunderschöner Marmortisch auf, auf dem eine filigrane Porzellanfigur eines japanischen Fischers stand. Ich drehte mich um, um die Frauen zu begrüßen, und meine beiden Jungs kamen hinter mir herein. Doch als ich die Frau des Pastors umarmte, beobachtete ich über ihre Schulter hinweg etwas Furchtbares: Mein zweijähriger Sohn stolperte in affenartigem Tempo mit ausgestreckter Hand auf den Marmortisch und die Porzellanfigur zu. Ich öffnete den Mund – doch wie in manchen Alpträumen brachte ich kein Wort heraus. Alles schien plötzlich im Zeitlupentempo vor mir abzulaufen: Ich sah, wie mein Sohn die zerbrechliche Figur packte und auf den glänzenden Fliesenboden schleuderte.

Erschrocken schnappte ich nach Luft, während alle Frauen sich umdrehten, um zu sehen, wie die Figur – für mich immer noch in Zeitlupe – durch die Luft flog und auf den Fliesen in tausend Stücke zerbrach. Das war mir furchtbar peinlich. Obwohl die Frau des Pastors sehr liebenswürdig auf den Zwischenfall reagierte, hätte ich mich am liebsten in einem Mauseloch verkrochen. Aber ich hielt die Bibelstunde durch, obwohl ich die ganze Zeit über wie auf Kohlen saß. Auf der Heimfahrt weinte ich leise vor mich hin. *Warum muss immer alles so schwierig sein?,* fragte ich mich. *Das war's dann wohl mit dem Freundschaftenschließen. Bei den Leuten brauche ich mich nicht mehr blicken zu lassen.*

Das war das letzte Mal, dass ich an dieser Bibelstunde teilnahm – aber leider nicht das letzte Mal, dass mein Sohn mich in aller Öffentlichkeit bis auf die Knochen blamierte. Viele Monate lang machte ich mir Sorgen über sein impulsives Verhalten, das sich vor allem darin äußerte, dass er in Dinge hineinrannte und wahllos mit Gegenständen um sich warf. Schließlich ließ ich ihn von einem Kinderpsychologen untersuchen. Der Psychologe, ein freundlicher älterer Herr, kam an einem Samstagmorgen zu uns nach Hause. Er beobachtete meine Söhne eine Zeit lang und stellte mir viele Fragen. In dem festen Glauben, eine brauchbare Diagnose zu erhalten, fragte ich ihn schließlich nach seiner Meinung. Der Psychologe war sehr einfühlsam und schlug vor, mir in Anbetracht der langen Arbeitszeiten meines Mannes Unterstützung bei der Kindererziehung zu suchen. Aber was war denn nun mit meinem Sohn? Er antwortete, Jonah sei in der Tat ein schwieriges Kind, scheine sich aber noch im normalen Bereich zu befinden und werde wahrscheinlich irgendwann aus seinem schwierigen Verhalten herauswachsen. Lächelnd stellte er seine professionelle, aber ehrliche Diagnose: Mein Sohn war eben einfach »ein Junge«.

Schließlich wuchs Jonah tatsächlich über sein sozial inakzeptables Verhalten hinaus – zwar nicht über Nacht, aber im Lauf der Jahre. Auch ich wuchs innerlich, entwickelte mehr Geduld und Akzeptanz und lernte, ihn konsequent zu erziehen und zu unterrichten. Trotzdem brachten meine kleinen Söhne mich oft aus der Fassung. Ihre unbändige Energie erschöpfte mich. Die magische Anziehungskraft, die sie auf Schmutz zu haben schienen, frustrierte mich. Und dieser Lärm! Es fiel mir schwer zu unterscheiden, welches Verhalten noch normal war und welches nicht, und ich brauchte einige Zeit, um zu begreifen, wo das Problem lag: Meine seelische Erschöpfung war zum großen Teil darauf zurückzuführen, dass ich so oft mit meinen Jungs allein war. Doch mir Unterstützung zu suchen, wie der freundliche Kinderpsychologe vorgeschlagen hatte, war gar nicht so einfach. Nach langer Suche engagierte ich schließlich eine Babysitterin und freute mich, endlich einmal einen freien Abend mit meinem Mann genießen zu können. Doch als wir wieder nach Hause kamen und fragten, wie es gelaufen sei, sagte sie: »Ihr Sohn wollte, dass ich mit ihm Transformer spiele! Ich habe keine Ahnung, wie man das macht – ich bin mit einer Schwester aufgewachsen!« Ich versuchte, meine Frustration zu verbergen. Am liebsten hätte ich ihr gesagt, dass sie schließlich dafür bezahlt wurde, Transformer zu spielen. Doch im Grunde meines Herzens verstand ich sie. Ich hatte Transformer eigentlich auch noch nie gemocht.

Und jetzt kommt die gute Nachricht: Sie müssen weder Schmutz noch Lärm noch (Gott sei Dank!) Transformer mögen, um eine gute Beziehung zu Ihrem Sohn zu haben. Vielleicht müssen Sie manche dieser Dinge ertragen, und einige davon werden Sie zu Ihrem eigenen Erstaunen vielleicht sogar lieben lernen, aber Ihr Sohn braucht Sie als Mutter genau so, wie Sie sind – und er wird Sie auch weiterhin in allen Phasen seines Lebens brauchen.

Wenn er noch jung und verletzlich ist, braucht er einen Zufluchtsort, an dem er sich sicher und geborgen fühlen und hundertprozentig er selbst sein kann. Er braucht Ihre zärtlichen Umarmungen und Ihre frisch gebackenen Kekse. Wenn er heranwächst, wird er Sie weiterhin brauchen – um seine Erfolge zu feiern und jemanden zu haben, der ihn auch dann bedingungslos liebt, wenn er versagt. Und wenn seine Stimme brüchig zu werden beginnt und seine Hormone verrückt spielen, wird er vielleicht mehr denn je eine Mutter nötig haben, die ihm versichert, dass er trotz alldem immer noch normal ist und dass sich die wirklich wichtigen Dinge an ihm nicht verändert haben.

Lassen Sie sich von niemandem einreden, dass Jungs in irgendeinem Alter oder irgendeiner Lebensphase keine Mutter brauchen. Natürlich wird Ihre Mutterrolle sich verändern (darauf kommen wir noch zu sprechen), aber letzten Endes kommt es vor allem darauf an, im Leben Ihres Sohnes präsent zu sein. Wenn eine Mutter ihren Sohn gut erzogen hat, ist ihre Liebe wie ein starker Anker, der ihm inmitten der Strömungen unserer modernen Kultur und der Stürme des Lebens Sicherheit und Stabilität bietet. Doch Liebe allein reicht nicht aus. Um eine gesunde, dauerhafte Beziehung zu Ihrem Sohn zu entwickeln, müssen Sie eine Atmosphäre gegenseitigen Vertrauens und Respekts – und der Gnade – schaffen. Und obwohl wir natürlich nie alles perfekt machen werden, kann die bewusste Pflege dieser vier Beziehungsqualitäten – Liebe, Vertrauen, Respekt und Gnade – eine solide Basis für die Zukunft Ihres Sohnes bilden.

Das Allerwichtigste: Liebe

Mutter und Sohn verbindet von Anfang an eine naturgegebene, leidenschaftliche, beschützende Liebe. Ich erinnere mich noch genau daran, mit welch hundertprozentiger Zufriedenheit meine Jungs zu mir aufschauten, als sie noch klein waren. Meine Mutter schaute mir dann immer über die Schulter und sagte: »Du bist im Augenblick ihre *ganze Welt.*« Und dadurch fühlte sich wiederum alles in *meiner* Welt gut und richtig an.

In den ersten Lebensjahren eines Jungen repräsentiert die Mutter für ihn Nahrung, Sicherheit und Geborgenheit. Wenn er verletzt, traurig oder einsam ist, sehnt er sich nach der Liebe seiner Mutter. Mütter durchschauen die Bedürfnisse ihrer Söhne intuitiv und wissen oft schon, was mit ihnen nicht in Ordnung ist, bevor ein Arzt oder sonstiger Fachmann hinter die Ursache des Problems kommt. Das mag schwer zu erklären sein, aber fragen Sie einmal eine erfahrene Mutter.

Wenn die Jungs ein bisschen älter werden, muss unsere Liebe mit ihnen mitwachsen. Diese Veränderung in der Beziehung zu meinen Söhnen hat mich schon öfters auf dem falschen Fuß erwischt. Letzten Sommer, als der dreizehnjährige Luke und ich die Straße entlanggingen, nahm er wie selbstverständlich meine Hand. Obwohl wir in seinen dreizehn Lebensjahren schon unzählige Male Händchen gehalten hatten, war es inzwischen doch schon eine Weile her, und ich war plötzlich wie gelähmt. *Er hält meine Hand! Das könnte das letzte Mal sein. Lieber Gott, bitte lass ihn nur noch eine Sekunde länger festhalten!*

Obwohl Luke dabei einen ganz normalen Eindruck machte, war ich doch ein bisschen nervös – und zwar um *seinetwillen*: Ich hatte Angst, dass seine Freunde uns sehen und über ihn lachen könnten. Als wir weitergingen, hielt ich fast den Atem an. Er plauderte mit mir und unsere Hände schwangen beim Gehen hin und her. Als wir dann am Zebrastreifen ankamen, ließ er meine Hand los, um den Knopf zu drücken, und endlich konnte ich aufatmen. Damals lächelte ich vor mich hin, weil ich wusste, dass ich vielleicht gerade ein wunderschönes »letztes Mal« erlebt hatte.

In dieser Nacht lag ich wach und dachte über all die »letzten Male« meines Mutterdaseins nach, die mir gar nicht aufgefallen waren – an die ich mich gar nicht mehr erinnern kann. Zum Beispiel weiß ich nicht mehr, wann meine *älteren* Söhne das letzte Mal meine Hand gehalten haben. Und ich kann mich auch nicht mehr daran erinnern, wann ich das letzte Mal einen meiner Jungs gestillt oder eine Windel gewechselt habe. Wir erkennen ein »letztes Mal« oft erst dann, wenn es schon lange vorbei ist. Wie die meisten Mütter habe ich in Gedanken schon tausendmal nacherlebt, wie es sich anfühlte, meine Jungs als Säuglinge zu kuscheln, und wie sie aussahen, wenn sie in ihren Kinderbettchen schliefen. Ich bin mir sicher, dass ich bis ins hohe Alter an Händchenhalten, Küsse von kleinen Jungen und an Babys zurückdenken werde, die mir mit großen Augen ins Gesicht schauen. Und jede dieser Erinnerungen macht mich reicher.

Das Herz einer Mutter ist wie ein tiefes Gewässer und nichts kann dieses Wasser so sehr aufwühlen wie die Liebe zu ihren Kindern. Doch trotz aller Sentimentalität muss die Liebe, die wir unseren Söhnen schenken, zusammen mit ihnen reifen. Wir müssen erkennen, was für sie nicht mehr angenehm oder angemessen ist. Das Händchenhalten und die Kosenamen müssen aufhören – und zwar nicht erst dann, wenn *Sie* dazu bereit sind, sondern wenn *Ihr Sohn* Ihnen signalisiert, dass er das nicht mehr möchte. Als Ihr Junge noch klein war, haben Sie ihm Ihre Liebe vielleicht durch Kuscheln und Babysprache gezeigt. Für Ihren älteren Sohn dagegen bedeutet Liebe vielleicht, dass Sie ihm zuhören, wenn er die neuesten Fußballergebnisse herunterrasselt, oder ihm spätabends noch ein paar belegte Brote machen. Eine kluge Jungsmutter ist die Schülerin ihres Sohnes: Sie beobachtet, hört zu und hat ein feines Gespür für seine Signale, was sie in jeder Lebensphase tun muss, damit er sich am meisten geliebt fühlt.

Natürlich gibt und empfängt jedes Kind Liebe auf andere Weise. Diese Erfahrung haben Sie wahrscheinlich auch schon gemacht, vor allem wenn Sie mehr als ein Kind haben. Gary Chapmans und Ross Campbells Buch *Die 5 Sprachen der Liebe für Kinder* hat mir sehr dabei geholfen zu lernen, wie meine Söhne auf individuelle Art Liebe geben und entgegennehmen. Das Kind sei auf eine ganz individuelle Weise empfänglich für Liebesbekundungen, schreiben Chapman und Campbell. Diese Liebe könne man auf vielerlei Weise zeigen. All diese Möglichkeiten könnten in fünf Kategorien oder Sprachen aufgeteilt werden: Körperkontakt, Lob und Anerkennung, Beisammensein und Zuwendung, Geschenke und schließlich Gefälligkeiten und Liebesdienste … Die Autoren sind überzeugt, dass Eltern, wenn diese nicht die Liebessprache sprächen, die ihrem Kind unzweideutig ihre Liebe vermittelten, es sich nicht geliebt fühlen würde.[1]

Wenn Sie wissen, was Sie tun müssen, damit Ihr Sohn sich geliebt fühlt, können Sie ihm beim Heranwachsen eine wertvolle Hilfe sein. Das ist vor allem im Teenageralter wichtig, in dem er vielleicht ein bisschen mehr Freiraum braucht und ein bisschen mehr Abstand zu Ihnen hält.

Eine Möglichkeit, unseren Söhnen Liebe und Unterstützung zu zeigen, besteht darin, ihnen ein warmes, liebevolles Zuhause zu bieten. Jungs mögen es, wenn wir unbeschwert sind und gern spielen, viel lachen und Spaß haben – auch in stressigen Zeiten. Unsere Söhne merken es, wenn wir aus allem das Beste machen, und lernen von unserem Vorbild. In schwierigen Zeiten – wenn Geräte kaputt gehen oder sich die unbezahlten Rechnungen stapeln – müssen wir unsere Probleme zwar nicht vor unseren Kindern verbergen, aber wir können ihnen doch zeigen, wie es aussieht, wenn man Schwierigkeiten mit einer positiven Lebenseinstellung und festem Glauben an Gott angeht. Mein Haushalt ist zwar nie so perfekt organisiert, wie ich es gern hätte, aber ich tue, was ich kann, um zu Hause stets eine warme, einladende Atmosphäre zu schaffen. Im Hintergrund läuft oft beruhigende oder fröhliche Musik, und ich verbreite auch gern den angenehmen Duft von Kerzen oder von irgendetwas Leckerem, das im Backofen vor sich hin brutzelt. Und natürlich haben alle gleich viel bessere Laune, wenn unser Zuhause aufgeräumt ist.

Die Mutter ist wie ein Thermostat für die ganze Familie: Mit ihrer Einstellung kann sie das Haus entweder mit beruhigendem Frieden oder mit entnervendem Stress erfüllen und auch jede andere Stimmung erzeugen. Denken Sie daran, dass Ihr Sohn diese Atmosphäre sein Leben lang mit seinem Zuhause verbinden wird. Wenn Sie eine angenehme, liebevolle Umgebung schaffen, wird er sich viel lieber zu Hause aufhalten. In ihrem ermutigenden Buch *The Lifegiving Home* sprechen Sally Clarkson und ihre erwachsene Tochter Sarah über diese Atmosphäre, die in einem Zuhause herrscht. »Um eine Atmosphäre der Liebe zu schaffen – aufopfernder Liebe, die den Kindern Bestätigung gibt und ihnen verzeiht –, braucht man ein liebevolles, großzügiges Herz«, schreibt Sarah. »Außerdem erfordert das gezielte Planung, erwachsenes Verhalten, bestätigende Worte, Geduld und die Bereitschaft, unendlich viel Zeit zu investieren. Dazu muss man sich immer wieder auf die Dinge konzentrieren, auf die es im Leben wirklich ankommt.«[2]

Gegenseitiges Vertrauen aufbauen

In dem Augenblick, in dem Ihr kleiner Sohn etwas braucht und Sie ihm dieses Bedürfnis erfüllen, lernt er, Ihnen zu vertrauen. Wenn Ihr Baby Hunger hat, füttern Sie es. Wenn es weint, trösten Sie es. Wenn ein Junge heranwächst, geht es immer noch darum, seine Bedürfnisse zu erfüllen, doch allmählich werden diese Bedürfnisse komplexer: Sie sind jetzt eng mit seinem sich entwickelnden Charakter und seinem Wunsch verflochten, in den Augen der Menschen, die er als Vorbilder betrachtet, authentisch zu wirken. Wenn Kinder älter werden, wird das alles zu einer immer schwierigeren Herausforderung, weil sie jetzt allmählich anfangen, unseren Charakter zu durchschauen – nicht nur unsere Integrität, sondern auch unsere Heuchelei.

Als meine Jungs noch klein waren, entdeckte ich bei mir selbst ein Wutproblem, von dem ich vorher nie etwas geahnt hatte. Kinder stoßen einen oft mit der Nase auf solche wenig schmeichelhaften Erkenntnisse, nicht wahr? Jedenfalls entwickelte ich plötzlich eine sehr hässliche Angewohnheit: Ich verlor immer wieder die Beherrschung, schrie meine Söhne an und versank dann in tiefem Kummer und furchtbarer

Scham über mein Verhalten. Eines Tages, als ich meine drei Jungs wieder einmal angeschrien hatte, entschuldigte ich mich bei ihnen und bat sie um Verzeihung. Daraufhin sah mein ältester Sohn Josiah, der damals ungefähr acht Jahre alt war, mich freundlich an und sagte: »Ich verzeihe dir, Mama. Aber manchmal frage ich mich, warum du uns überhaupt darum bittest – du tust es ja doch immer wieder.«

Seine Worte verletzten mich zutiefst, aber seine Ehrlichkeit brachte mich dazu, mein Wutproblem ernster zu nehmen. Das motivierte mich dazu, ernsthaft darüber nachzudenken, was für eine Mutter ich sein wollte, und Bücher über das Thema Wut zu lesen. Ich bat sogar Frauen, die auf ihrem Weg als Eltern schon weiter waren als ich, für mich zu beten. Als mir klar wurde, welche Auswirkungen meine Wutanfälle auf meine Kinder hatten, wollte ich ihnen zeigen, wie es aussieht, wenn ich in solchen Situationen etwas tue, um meine Emotionen in den Griff zu bekommen – genau wie ich auch *sie* immer wieder zu mehr Selbstbeherrschung ermahnte. Und obwohl ich meine schlimmsten Wutausbrüche wohl nie vergessen werde, haben meine Jungs mir gesagt, dass sie sich nicht mehr daran erinnern. Dafür bin ich unendlich dankbar.

Unsere Söhne müssen darauf vertrauen können, dass wir meinen, was wir sagen – egal ob wir ein Versprechen geben, um Verzeihung bitten oder ihnen eine bestimmte Charaktereigenschaft beibringen. Wenn Ihr Sohn sich auf Sie verlassen kann, wird das unbewusst seine ganze Lebenseinstellung prägen, und zwar weit über Ihre persönliche Mutter-Kind-Beziehung hinaus. In ihrem Buch *Starke Mütter, starke Söhne* sagt Meg Meeker: »In den ersten Jahren seines Lebens sind Sie für Ihren Sohn die ganze Welt. Und Sie verkörpern das Objektiv, durch das er später alle Frauen wahrnehmen wird. Erweisen Sie sich als vertrauenswürdig, wird er seiner Schwester, seiner Großmutter, seiner Lehrerin und ja, auch seiner Frau vertrauen.«[3]

Vor allem wenn unsere Söhne in die Pubertät kommen und (manchmal auf entnervende Art und Weise) selbstbewusster werden, müssen wir uns darüber im Klaren sein, wie wir mit unserem Verhalten ihr Vertrauen zu uns enttäuschen könnten. Wenn Ihr Sohn denkt, dass Sie im Kreis Ihrer Freundinnen oder in den sozialen Medien wahrscheinlich über ihn reden werden, können Sie nicht erwarten, dass er sich Ihnen gegenüber öffnet. Wenn er denkt, dass Sie ihn auslachen, ausschimpfen oder ignorieren werden, wenn er Ihnen etwas anvertraut, wird er Ihnen wahrscheinlich nichts von seinem Leben erzählen. Und wenn Sie auf Ihr Telefon oder Ihren Computer starren, während Ihr Sohn mit Ihnen redet, wird er irgendwann verstummen.

Umgekehrt gilt übrigens das Gleiche: Wenn Sie sich Zeit nehmen, ihm zuzuhören, wenn er von den alltäglichen kleinen Dingen seines Lebens erzählt, zum Beispiel was in der Pause passiert ist, oder Ihnen bis ins kleinste Detail irgendeine Szene aus einem Film schildert, wird er wahrscheinlich auch dann zu Ihnen kommen, wenn es um wichtigere Dinge geht. Eine Mutter, die den ausschweifenden Geschichten ihres kleinen Jungen zuhört, wird später vermutlich auch das Neueste über seinen ersten Teenagerschwarm erfahren oder Einblick in seine Zukunftsträume und -ängste bekommen. Sie werden die Zeit und Energie, die Sie in Ihren kleinen Sohn stecken, nie bereuen. Natürlich gibt es keine Garantie dafür, was für ein Mensch später einmal aus ihm werden wird, aber Sie wissen dann wenigstens, dass Sie Ihr Bestes getan haben, um ein solides Fundament des Vertrauens zwischen Ihnen beiden zu schaffen.

Wenn Jungs größer werden, müssen sie wissen, dass dieses Vertrauen beiderseitig ist. Um eine gesunde Beziehung zu Ihnen aufrechtzuerhalten, muss Ihr Sohn sich als vertrauenswürdig erweisen. Sie müssen ihm klarmachen, dass Lügen und jede Form der Täuschung inakzeptabel sind und einen Vertrauensbruch darstellen. Schon als meine Söhne noch im Vorschulalter waren, schärfte ich ihnen ein, dass die Wahrheit immer das Richtige ist: Auch wenn das, was sie mir zu sagen haben, sie vielleicht in Schwierigkeiten bringt, können sie sicher sein, dass eine Lüge noch viel schlimmere Konsequenzen haben würde.

Zurzeit benutze ich das Wort »Vertrauen« im Gespräch mit unserem siebenjährigen Levi sehr oft. Ich möchte ihn dazu anspornen, ein junger Mann zu werden, der zu seinem Wort steht. Also suche ich nach praktischen Möglichkeiten für ihn, sich als vertrauenswürdig zu erweisen. Vor kurzem fragte er mich zehn Minuten, bevor wir das Haus verlassen mussten, ob er ein Spiel auf meinem Smartphone spielen dürfe. Zuerst wollte ich es ihm verbieten, doch dann wurde mir klar, dass das eine gute Gelegenheit für ihn war, etwas zu lernen. Also schlug ich ein kleines Experiment vor: Er durfte mein Telefon in den zehn Minuten, bevor wir losgingen, benutzen. Doch sobald ich es zurückverlangte, musste er es mir widerspruchslos aushändigen. Gleichzeitig erinnerte ich ihn daran, dass er sich als vertrauenswürdig erweisen würde, wenn er sich an unsere Abmachung hielt. Dadurch stiegen seine Chancen, dass ich ihm so etwas auch in Zukunft wieder erlauben würde.

Fröhlich begann er mit seinem Spiel, und ich ging rasch ins Schlafzimmer, um mich fertig zu machen. Da ich etwas länger brauchte als die vorausgesagten zehn Minuten (das ist bei mir immer so!), war ich angenehm überrascht, als ich hinausstürmte und Levi mit meinem Handy neben dem Auto stehen sah. Lächelnd drückte er es mir in die Hand. Levi wollte unbedingt als vertrauenswürdig gelten, weil er sich nach einer weiteren Chance sehnte, Spiele auf meinem Smartphone zu spielen. Dabei lernte er gleichzeitig etwas darüber, was für Auswirkungen es hat, wenn man ein Mann ist, der sein Wort hält.

Ich habe Levi erklärt, dass seine älteren Brüder jetzt so viele tolle Dinge machen dürfen, weil sie sich *vertrauenswürdig* gezeigt haben. Aber ich habe ihm auch klargemacht, dass seine Brüder sich einige dieser coolen Erlaubnisse wieder verscherzen können, wenn sie unser Vertrauen verlieren. Auch wenn Levi das vielleicht noch nicht richtig versteht, glaube ich, dass er auf einer gewissen Ebene begreift, worum es geht, und dass ihn das dazu anspornt, auf das gleiche Ziel hinzuarbeiten.

Respektvoller Umgang miteinander

Respekt ist ein weiterer wichtiger Baustein für eine gesunde Beziehung zwischen Müttern und Söhnen. Gott sagt, dass Kinder ihre Eltern ehren sollen. Das ist dem Herrn nicht nur wohlgefällig (siehe Kolosser 3,20), mein Mann und ich erinnern unsere Jungs auch gern daran, dass dieses Gebot mit einem Versprechen einhergeht: »Du sollst deinen Vater und deine Mutter ehren, damit du lange lebest in dem Lande, das der Herr, dein Gott, dir gibt« (Exodus 20,12).

Obwohl ein Junge, der sich der Liebe seiner Mutter sicher ist, naturgemäß Respekt vor ihr haben wird, müssen wir unseren Söhnen trotzdem beibringen, wie sie uns diesen Respekt auf konkrete Weise zeigen können. Mit der Zeit lernen sie das, wenn wir es ihnen konsequent vorleben und mit ihnen üben. Ein Sohn sollte den Respekt vor seiner Mutter durch ehrerbietige Worte und Gesten und durch seine Körpersprache zeigen.

Obwohl Liebe und Respekt Hand in Hand gehen sollten, scheint vielen Müttern Ersteres sehr viel leichter zu fallen als Letzteres. Wahrscheinlich haben Sie auch schon erlebt, wie Mütter ihre Söhne mit ihrer bedürftigen oder gestörten Liebe erdrücken und sich von ihnen respektlos behandeln lassen. Am anderen Ende des Spektrums stehen Mütter, die Respekt fordern, ihren Söhnen aber keine zärtliche Liebe zeigen. Kluge Eltern versuchen beides in einem ausgewogenen Gleichgewicht zu halten.

Ich bin sehr froh, dass ich mich nicht zwischen der Freundschaft zu meinen Söhnen und meiner Autorität entscheiden muss. Ich glaube, dass meine Jungs mich respektieren, weil wir eine Beziehung zueinander entwickelt haben, bei der sie darauf vertrauen, dass alles, was ich tue, aus Liebe geschieht. Liebe und Respekt gehören zusammen; sie ergänzen sich gegenseitig.

Wenn meine Söhne nicht mit meinem Verhalten einverstanden sind oder sie irgendetwas frustriert (denn natürlich können *auch Mütter* manchmal ganz schön nervig sein), wissen sie, dass sie trotzdem immer noch respektvoll mit mir reden müssen. Ich dulde kein Geschrei, Türenknallen, Augenverdrehen oder sonstiges unhöfliches Verhalten. Wenn sich ein respektloser Ton in unser Gespräch einschleicht, blocke ich sehr schnell ab und erinnere meine Söhne daran, dass Respekt bei uns zu Hause oberstes Gebot ist. Dabei geht es nicht nur um mich, sondern auch um die späteren Konsequenzen: Mein Sohn wird seine zukünftige Frau wahrscheinlich genauso behandeln wie mich. Also bringe ich ihm bei, mit mir und allen anderen Menschen freundlich, sanftmütig und respektvoll umzugehen.

Der Respekt eines Jungen vor seiner Mutter gehört zu einer gesunden Mutter-Sohn-Beziehung, doch unsere Söhne müssen sich auch von *uns* respektiert fühlen. In seinem beliebten Eheratgeber *Liebe & Respekt* schreibt Emerson Eggerichs, dass es das größte Bedürfnis einer Frau ist, sich geliebt zu fühlen, während das größte Bedürfnis eines Mannes darin besteht, sich respektiert zu fühlen. Nach Eggerichs Meinung sind das angeborene Bedürfnisse, die sich schon in früher Kindheit zeigen. Über dieses Konzept habe ich mich erst kürzlich mit meiner Freundin Catherine unterhalten, die mich bei der Erziehung meiner Kinder beriet, als sie noch kleiner waren, und deren Söhne meinen Jungs um ein paar Jahre voraus sind. Ich fragte sie, warum ihre mittlerweile erwachsenen Söhne ihr so großen Respekt entgegenbringen. Was war ihr Geheimnis? Catherine meinte, ihrer Meinung nach habe das schon begonnen, als ihre Söhne noch klein waren und sie ganz bewusst respektvoll mit ihnen gesprochen habe: »Ich hatte das Gefühl, ihnen ein Beispiel dafür geben zu müssen, wie eine Frau mit ihnen reden sollte«, sagte sie. »Ich hoffte, dass meine Jungs eines Tages Mädchen heiraten würden, die sie respektvoll behandeln. Also wollte ich ihnen zeigen, wie so etwas aussieht.« Ich weiß sogar noch, dass Catherine ihre Söhne manchmal mit »Sir« ansprach: »Trey, Sir, bitte bring mir deinen Teller« oder »Danke, Dylan, Sir!«. Sie machte das ganz leicht und spielerisch, doch inzwischen ist mir klar, welch wichtige Rolle das für die spätere Entwicklung dieser Jungen gespielt hat: Da Catherine ihre Söhne in einer Atmosphäre des Respekts aufzog, verhielten sie sich später genauso.

Im Licht von Eggerichs' neuerem Buch *Mother & Son* betrachtet, ist das eine sehr sinnvolle Vorgehensweise. Darin schreibt Eggerichs: »Als Mutter sollten Sie zu einer Expertin in der Sprache des Respekts werden, die Ihr Sohn spricht. Nicht nur, weil es Ihren Sohn segnet und ihm Kraft gibt, sondern auch, weil Sie ihm dadurch zeigen können, wie ein respektvoller Mensch sich verhält.«[4] Als ich das zum ersten Mal las, dachte ich mit Bedauern daran zurück, wie ich meine Söhne im Teenageralter manchmal ausgeschimpft habe, als seien sie noch kleine Kinder. Jetzt, wo ich das verstehe, habe ich angefangen, im Umgang mit meinen heranwachsenden Jungs gezielt »Respektwörter« zu benutzen. Ich glaube, das macht durchaus einen Unterschied. Meine Jungs müssen zwar immer noch manchmal von ihrer Mutter korrigiert werden, doch ich versuche, das auf eine Weise zu tun, die ihre sich entwickelnde Männlichkeit respektiert.

Gnade: der Leim, der alles zusammenhält

Wenn Liebe, Vertrauen und Respekt das Fundament der Beziehung zu unseren Söhnen bilden, ist Gnade der Leim, der alles zusammenhält. Laut Definition ist Gnade »unverdiente Gunst«.[5] Nichts stärkt eine Beziehung so sehr wie das Geschenk der Gnade.

Als Jungenmütter, die von diesen wunderbaren, anstrengenden Geschöpfen unweigerlich immer wieder herausgefordert und oft bis an unsere Grenzen gebracht werden, brauchen wir unbedingt ein Verständnis für Gnade. In der Einleitung zu ihrem Buch *Mom Set Free* spricht meine Freundin Jeannie Cunnion uns alle an: »Freunde, um unseren Kindern Gnade schenken zu können, müssen wir an die Gnade, die Gott uns entgegenbringt, glauben und sie annehmen! Denn wir können nichts geben, was wir nicht empfangen haben.«[6] Wir alle leben durch die Gnade Gottes – ob wir uns dessen nun bewusst sind oder nicht. Unsere ganze Existenz beruht auf Gnade. Jeden Morgen, an dem wir aufwachen, verdanken wir Seiner Gnade einen weiteren Tag. Und als Christen sind wir auch durch Gnade gerettet worden (siehe Epheser 2,8–9). Wer versteht, was Gnade bedeutet, und dankbar dafür ist, wird sie eher an die Menschen in seinem Leben weitergeben können – auch und vor allem an die Kinder.

Bitte denken Sie daran, dass Gnade nicht bedeutet, Nachsicht mit Sünden zu üben oder ein Problem zu ignorieren. Gnade sieht nicht über Fehlverhalten hinweg, sondern geht in einer Haltung liebevoller Unterstützung damit um. Gnade kann zum Beispiel bedeuten, dass wir unseren Söhnen angemessene Konsequenzen auferlegen, wenn sie etwas falsch gemacht haben, sie aber zusätzlich nicht auch noch beschämen. Gnade bedeutet, dass wir unseren Söhnen verzeihen, nachdem wir sie für ein Vergehen zur Rechenschaft gezogen haben, und die Sache dann wieder vergessen, statt ihnen ihre Fehler immer wieder vorzuhalten.

Als mein jüngster Sohn vor kurzem etwas angestellt hatte und sich in der hintersten Ecke des Sofas verkroch, weil er offensichtlich ein schlechtes Gewissen hatte, zeigte ich ihm meine Gnade, indem ich mich neben ihn setzte, mich eng an ihn schmiegte und ein Buch las. Sein erleichterter Gesichtsausdruck erinnerte mich daran, wie getröstet ich mich fühle, wenn ich erkenne, dass Gott es immer noch gut mit mir meint, auch wenn ich einmal etwas vermasselt habe.

Gnade zeigt sich in unserem Tonfall, unseren Worten, ja sogar in unserer Körpersprache. Wenn wir wissen, wie viel uns in unserem Leben schon verziehen worden ist, und uns daran erinnern, wie es sich anfühlte, so alt zu sein wie unsere Söhne, können wir ihnen gegenüber viel gnädiger sein, und zwar gerade dann, wenn sie es am dringendsten brauchen.

In den nächsten Kapiteln werden wir gemeinsam über all die Lebensbereiche nachdenken, in denen wir unsere Söhne fordern und aufs Erwachsensein vorbereiten müssen, und dabei sollten wir daran denken, dass der goldene Faden der Gnade sich durch all unsere Erziehungsbemühungen hindurchziehen muss. Denn Ihr Kind wird zwangsläufig immer wieder Mist bauen. *Und Sie auch.* Aber eine Beziehung, die auf Liebe, Vertrauen, Respekt und Gnade beruht, wird stark genug sein, um jede Prüfung zu bestehen.

Ein paar persönliche Fragen an Sie

1. Was haben Sie bisher getan, um Ihrem heranwachsenden Sohn ein liebevolles Umfeld zu schaffen? Was könnten Sie sonst noch dafür tun? Welche »Sprache der Liebe« spricht und versteht Ihr Sohn? Wie könnten Sie ihm Ihre Liebe so zeigen, dass sie den Weg zu seinem Herzen findet?

2. Fallen Ihnen Möglichkeiten ein, wie Sie sich Ihrem Sohn gegenüber vertrauenswürdig zeigen können? Haben Sie das Vertrauen Ihres Sohnes enttäuscht, und wenn ja, was könnten Sie tun, um das wiedergutzumachen? Welche praktischen Möglichkeiten können Sie Ihrem Sohn dafür bieten, dass er lernt, wie er sich verhalten muss, um Ihr Vertrauen zu verdienen?

3. Wie zeigen Sie Ihrem Sohn Respekt, und wie könnten Sie ihm beibringen, sich auch Ihnen gegenüber respektvoll zu verhalten? Wie können Sie Ihrem heranwachsenden Sohn den Respekt erweisen, nach dem er sich sehnt?

4. Wie fühlen Sie sich, wenn Sie an die Gnade Gottes denken? Auf welche Weise haben Sie Ihrem Sohn Gnade zuteil werden lassen und ihm gezeigt, dass er sich Ihre Liebe nicht erst zu verdienen braucht – und dass er sich auch Gottes Liebe niemals verdienen muss? Wenn Sie glauben, dass er diese Botschaft noch nicht verstanden hat: Wie wäre es, ein besonderes Gespräch mit Ihrem Sohn zu planen, um ihm diese Wahrheit klar und deutlich zu vermitteln?

20 Dinge, die Sie tun können, damit Ihr Sohn sich geliebt fühlt

1. Lassen Sie alles stehen und liegen und hören Sie ihm wirklich zu. Jeder Junge hat etwas zu sagen, wenn man ihm Zeit dazu gibt.

2. Kraulen Sie ihm den Rücken. Es gibt keinen besseren Liebesbeweis als ein ausgiebiges Rückenkraulen!

3. Lassen Sie ihn irgendetwas auswählen, was Sie beide zusammen machen können – und tun Sie es dann auch.

4. Sprechen Sie ihm Mut zu. Weisen Sie ihn auf seine besonderen Talente und Fähigkeiten hin. Machen Sie ihm Komplimente. Die Welt wird ihn noch oft genug niedermachen und liebevolle Worte seiner Mutter können ihn wieder aufbauen.

5. Lassen Sie ihn mithören, wie Sie jemand anderem gegenüber gut über ihn sprechen.

6. Umarmen Sie ihn jeden Tag. Er wird vielleicht irgendwann darüber hinauswachsen, Sie um Umarmungen zu bitten, aber er wird sie immer brauchen.

7. Backen Sie seine Lieblingskekse (oder sein Lieblingsbrot oder was auch immer) – ohne Grund, einfach nur weil Sie ihn liebhaben.

8. Setzen Sie sich auf seine Bettkante und geben Sie ihm Zeit, um zu reden, oder lassen Sie ihn einfach die Sicherheit und Geborgenheit spüren, Sie ein paar Minuten lang in seiner Nähe zu haben. Seien Sie dabei entspannt und ohne Eile.

9. Lachen Sie über seine Witze.

10. Finden Sie ein paar gute Witze, die Sie ihm erzählen können.

11. Halten Sie unterwegs spontan an, um ihm ein Eis zu kaufen oder irgendetwas anderes zu tun, womit Sie ihn überraschen können.

12. Lassen Sie gute Musik im Auto laufen und singen Sie gemeinsam.

13. Ermuntern Sie ihn dazu, von seiner Zukunft zu träumen, und sagen Sie ihm, dass Sie gerne mitträumen würden. Dann hören Sie ihm zu, ohne über seine Träume zu urteilen.

14. Kaufen Sie ihm etwas, das sein Erwachsenwerden symbolisiert, zum Beispiel einen Tagesplaner, damit er sein Leben besser organisieren kann, eine Krawatte oder ein gutes Paar Joggingschuhe. Zeigen Sie ihm, dass Sie den jungen Mann sehen, zu dem er heranwächst.

15. Äußern Sie sich voller Zuversicht über seine Zukunft. Ihr Gefühl der Sicherheit wird sich auf ihn übertragen.

16. Erzählen Sie ihm eine peinliche Geschichte, die Ihnen passiert ist, als Sie in seinem Alter waren. Wenn Sie über Ihre eigene Kindheit lachen können, helfen Sie ihm dadurch, seine eigene Jugend aus der richtigen Perspektive zu sehen.

17. Halten Sie seine Hand. Massieren Sie ihm die Schultern. Schenken Sie ihm viel körperliche Liebe, die seinem Alter angemessen ist.

18. Hinterlassen Sie ihm eine aufmunternde Nachricht auf einem Notizzettel, in einer SMS oder E-Mail – je nachdem, welcher Kommunikationsweg ihm am meisten zusagt.

19. Nehmen Sie sich Zeit, ihm beim Aufräumen oder Tapezieren seines Zimmers zu helfen. Lassen Sie ihn den Einrichtungsstil selbst wählen. Das gibt ihm das Gefühl, erwachsen zu sein und Verantwortung zu tragen. Außerdem sieht er dann, dass Sie sich selbstlos um seinen Lebensraum und sein Glück kümmern.

20. Legen Sie Smartphone, Computer oder sonstige elektronische Geräte weg und seien Sie einfach bei ihm – ohne dass es irgendetwas zu tun oder zu besprechen gäbe. Durch Ihre ungeteilte Aufmerksamkeit zeigen Sie ihm Ihre Liebe.

3

Auf dem Trainingsgelände

Grenzen, Freiheiten und Disziplin

Freiheit ist also nicht die Abwesenheit von Einschränkungen, sondern das Finden der richtigen Einschränkungen, die zu unserem Wesen passen.

Timothy Keller, Warum Gott?

Als Dave und ich noch junge, unerfahrene Eltern waren, fragten wir oft ältere Eltern um Rat, deren Kinder einen positiven Eindruck auf uns machten. Eine unserer Lieblingsantworten kam von einem älteren Ehepaar, das fünf Kinder großgezogen hatte. »In den ersten Jahren will man sie eigentlich vor allem am Leben erhalten«, erklärte uns der Mann.

Bei ihrer Geburt – und auch noch viele Jahre danach – sind Kinder hundertprozentig von uns abhängig. Und selbst wenn sie irgendwann in das »Das kann ich selbst!«-Stadium kommen, sind sie immer noch weitgehend hilflos. Henry Cloud und John Townsend haben das in ihrem Buch *Liebevoll Grenzen setzen* sehr gut ausgedrückt: »Grundsätzlich muss man sehen, dass Kinder nicht wissen, was sie tun. Sie haben wenig Ahnung davon, wie das Leben funktioniert. Darum hat Gott ihnen Eltern zur Seite gestellt, damit sie die Kinder lieben, ihnen

Struktur geben und sie zur Reife begleiten.«[7] Kurz gesagt: Jungen brauchen ihre Eltern, und Jungen brauchen Grenzen. Jedes kleine Kind kommt jeden Tag mindestens in ein Dutzend Situationen, die gefährlich sein könnten. Bei Jungen könnte diese Zahl sogar doppelt so hoch sein. Die meisten Jungen sind bereits ab dem Zeitpunkt, an dem sie sich bewegen können, auf Abenteuer aus – ein Tag ohne einen Besuch in der Notaufnahme ist also stets ein guter Tag.

Wenn Jungen aufs zehnte Lebensjahr zugehen, also in ein Alter kommen, in dem sie oft glauben, die Welt besser zu verstehen, als sie es tatsächlich tun, mögen die Gefahren anderer Art sein, sind aber in vielerlei Hinsicht noch bedrohlicher. Heute sind heranwachsende Jungen nicht nur dem Druck von Gleichaltrigen ausgesetzt, sondern kommen leider auch mit Alkohol, Drogen und unzähligen finsteren Orten in Kontakt, die nur einen Klick entfernt im Internet zu finden sind.

Was sollen wir also tun? Wir können unsere Söhne schließlich nicht in einer Blase aufziehen. (Obwohl: Falls Sie einen Weg dazu finden sollten, geben Sie mir bitte Bescheid – ich glaube, das ließe sich gut vermarkten.) Damit unsere Jungs erwachsen werden und gute Entscheidungen für ihr Leben treffen können, müssen wir ihnen zunächst einmal die Möglichkeit geben, immer wieder *kleinere* Entscheidungen zu treffen. Wir müssen ihnen erlauben, in einer ungefährlichen Umgebung hinzufallen und wieder aufzustehen. Nur so können sie später größere Stürze in weniger ungefährlichen Umgebungen vermeiden.

Wir stehen also vor einer sehr schwierigen Aufgabe: Wir müssen unsere Jungs beschützen, ihnen aber gleichzeitig auch die Chance geben, flügge zu werden, Fehler zu machen und so aufzuwachsen, dass sie irgendwann auf gesunde Weise auf eigenen Füßen stehen. Doch mit ein bisschen planvoller Erziehung ist das meiner Meinung nach durchaus machbar.

Sichere Grenzen

In meinem Blogbeitrag »Was ein Junge im Teenageralter von seiner Mutter am dringendsten braucht« schrieb ich: »Unsere Jungs müssen wissen, was sie tun dürfen und was nicht. Auch wenn sie sich gegen Regeln wehren, fühlen sie sich im Grunde ihres Herzens doch sicherer, wenn man ihnen feste Regeln ohne Ausnahmen vorgibt. Formulieren Sie diese Regeln klar und deutlich; und wenn die Söhne dagegen verstoßen, muss das unbedingt Konsequenzen haben. *Grenzen = Sicherheit.*«[8]

Jungen brauchen Grenzen – gewissermaßen einen eingezäunten Bereich, der ihnen einen sicheren Raum zum Wachsen und Erforschen der Welt bietet. Unser Ziel besteht darin, dass diese äußeren Grenzen (in Form von Regeln und Einschränkungen, die wir Eltern ihnen vorgeben) mit der Zeit durch *innere* Grenzen (in Form von Selbstbeherrschung und persönlichen Entscheidungen) ersetzt werden. Kinder, die lernen, ihre Gefühle, Instinkte und Impulse im Zaum zu halten, wachsen über die Notwendigkeit einer äußeren Kontrolle hinaus. Es ist wichtig, unseren Jungen das zu erklären. Wenn sie verstehen, dass wir sie nicht kontrollieren, sondern ihnen beibringen wollen, wie sie *sich selbst* kontrollieren können, spornt sie das dazu an, mehr Verantwortungsgefühl zu zeigen.

Doch in den ersten Jahren liegt es in der Verantwortung der Eltern zu entscheiden, was für unsere Söhne sicher oder angemessen ist und was nicht. Wir sollten eine wohlüberlegte Reihe von Regeln in Bezug auf Sicherheit und richtiges Verhalten zu Hause festlegen und diese Regeln auch klar kommunizieren. Kluge Mütter versuchen jedoch, ihre Söhne nicht mit unnötigen Regeln zu belasten; weniger ist meistens mehr. Selbst wenn sie aus Liebe aufgestellt werden, können zu viele Regeln einem Jungen das Gefühl geben, an der kurzen Leine gehalten zu werden, und dann kann es passieren, dass er dagegen rebelliert. Mein jüngster Sohn muss mehr Regeln befolgen als seine Brüder, bei denen es vor allem um seine persönliche Sicherheit geht. (Zum Beispiel: »Nicht auf die Couch springen« und »Nicht mit einer Schere in der Hand herumlaufen«.) Sobald unsere Jungs ins Teenageralter kommen und ein gewisses Maß an Reife bewiesen haben, werden die meisten Regeln durch allgemeinere Richtlinien und ständige Gespräche ersetzt. All das gehört zu einer gesunden Beziehung zwischen Eltern und Kindern.

Wie geht man mit Widerständen um?

Wahrscheinlich wird mindestens eines Ihrer Kinder dazu neigen, sich gegen die Grenzen, die Sie ihm setzen, zu wehren. Man mag solche Kinder als willensstarke Persönlichkeiten oder selbstständige Denker bezeichnen, doch wenn Sie selbst eines haben, wissen Sie, dass sie ihre Eltern den letzten Nerv kosten können. Ich habe großes Verständnis für dieses Problem – nicht nur weil ein paar meiner Söhne früher über alles endlose Diskussionen führen wollten, sondern weil ich als Kind selbst so war.

Wir können nur hoffen, dass ein so diskussionsfreudiger Mensch diese Fähigkeiten eines Tages in eine positive Richtung lenken kann. Vielleicht wird aus ihm ein hervorragender Anwalt oder Verhandlungsführer. Wahrscheinlich wird er eine Führungspersönlichkeit sein. Doch solange er sich in Ihrer Obhut befindet, sollte Ihr Sohn die Eltern stets ehren und respektieren. Und es ist Ihre Aufgabe, das einzufordern.

Bei uns zu Hause gilt die Regel, dass unsere Söhne uns zunächst einmal gehorchen sollten. Und wenn sie dann glauben, gute und vernünftige Gegenargumente zu haben, dürfen sie in »Berufung« gehen. Nachdem sie also respektvoll zugestimmt haben, uns zu gehorchen, und sich Zeit genommen haben, über die Sache nachzudenken, können sie zu uns kommen und ihren Einspruch vorbringen. Es ist wichtig, dass die Kinder dieses Einspruchsverfahren nicht missbrauchen oder überstrapazieren. Sie sollen es nur in Fällen nutzen, in denen sie glauben, wirklich überzeugende Argumente zu haben. Diese Berufungsmöglichkeit gibt einem willensstarken Sohn ein Gefühl von Würde und den Eindruck, gehört zu werden – und das macht schon sehr viel aus.

Ein effektiver Weg, um Grenzen zu setzen und dabei gleichzeitig Streitigkeiten oder Machtkämpfe zu vermeiden, sind Wenn-dann-Aussagen. Solche Sätze stimmen unsere Söhne auf Win-win-Situationen ein: »Wenn du deine Hausaufgaben gemacht hast, darfst du draußen spielen.« »Wenn du deine Hausaufgaben gemacht hast, darfst du deinen Nachtisch essen.« Dadurch lernen Kinder die richtige Reihenfolge (»Erst arbeiten, dann spielen«) und fangen an, positive Handlungen mit positiven Ergebnissen zu assoziieren. Das hat sich bei uns zu Hause als viel wirksamer erwiesen als Nörgeln oder Verhandeln. Außerdem liegt die Last der Verantwortung dann nicht bei den Eltern, sondern bei den Kindern. Auf diese Weise bereiten Sie sie auf ein verantwortungsbewusstes Leben vor und vermitteln ihnen den Zusammenhang von Ursache und Wirkung.

Ein Nein kann manchmal ein Segen sein

Viele Menschen staunen darüber, dass Kinder oft sogar erleichtert sind, wenn ihre Eltern Nein sagen. Denn manchmal fühlen sie sich vielleicht tatsächlich unter Druck gesetzt, etwas zu tun, zum Beispiel bei einem Freund zu übernachten, in den sozialen Medien aktiv zu sein, irgendein Konzert oder einen Film zu besuchen. Und wenn sie dann zu uns kommen und um Erlaubnis bitten, hoffen sie manchmal insgeheim sogar, dass wir Nein sagen – auch wenn sie das nie zugeben würden.

Wenn wir Ja sagen und ihnen zu schnell zu viel Freiheit geben, sind unsere Jungs oft dem Druck ausgesetzt, Dinge zu erleben, für die sie sich eigentlich noch gar nicht bereit fühlen. In Wirklichkeit genießen viele Kinder tatsächlich einen Freitagabend mit Netflix im Familienkreis und sind erleichtert, wenn Mama oder Papa Nein zu dem sozialen Event sagen, zu dem sie von ihren Freunden gedrängt werden.

Vor kurzem sprach ich mit einer Mutter, die über die ständige Auflehnung ihres Sohnes sehr frustriert war. Ich fragte sie, wie sie sich verhält, wenn ihr Sohn eine bestimmte Grenze überschreitet (wenn er also – wie in diesem Fall – nicht ehrlich sagt, was er tut, wenn er mit Freunden zusammen ist, die einen schlechten Einfluss auf ihn haben). Daraufhin erklärte sie mir, sie habe ihrem Sohn Hausarrest gegeben und ihm das Telefon weggenommen. »Seltsamerweise«, fügte sie hinzu, »scheint er sogar erleichtert zu sein, wenn er Hausarrest bekommt! Es ist fast so, als ob ihm das gefallen würde.« Sie fragte mich zwar nicht nach meinem Rat, aber ich fragte mich, ob manche Probleme mit diesem Sohn sich vielleicht vermeiden ließen, wenn seine Eltern einfach früher Nein sagen würden. Denn anscheinend fand ihr Sohn Trost in der Sicherheit, zu Hause bei seiner Familie zu sein.

Als mein erster Sohn noch ein Baby war, verbrachte ich viel Zeit mit einer guten Freundin, deren Kinder ein paar Jahre älter waren als meine. Eines Tages hatte ihr Achtjähriger einen Freund zu Besuch und lief mitten im Spiel zu seiner Mutter, um sie zu fragen, ob er bei diesem Freund übernachten dürfe. »Nein, Übernachtungen sind in unserer Familie nicht erlaubt«, beschied meine Freundin ihn in heiterem Ton. Daraufhin sagte er lächelnd: »Okay, Mama« und hüpfte davon. Neugierig fragte ich sie, was das zu bedeuten habe. Sie erklärte mir, dass ihrem Sohn gar nicht wohl bei dem Gedanken war, auswärts zu übernachten, er sie aber immer um Erlaubnis fragte, wenn ein Freund ihn dazu einlud. Daraufhin beschlossen meine Freundin und ihr Mann, für solche Situationen eine »Keine-Übernachtungen«-Regel aufzustellen. Für bestimmte Freunde oder Verwandte konnten Ausnahmen gemacht werden, etwa wenn die Eltern verreisen mussten, doch das allgemeine Übernachtungsverbot verschaffte dem Sohn Erleichterung und vereinfachte den Eltern das Leben.

Ich habe diese Idee meiner Freundin aufgegriffen und in meiner Familie ebenfalls eine »Keine-Übernachtungen«-Regel (mit Ausnahmeklausel) eingeführt. Das hat hervorragend funktioniert und uns eine Menge Stress erspart.

Überlegen Sie, was für Ihren Sohn das Beste ist

Die richtigen Grenzen zu setzen, ist besonders wichtig, wenn Ihr Sohn in die Pubertät kommt. Das ist eine gute Zeit, um sich neu zu orientieren und Ihre Erziehungsbemühungen zu überdenken. In dieser Zeit fühlen sich viele Eltern unter Druck gesetzt, weil sie die zunehmende Selbstständigkeit ihres Sohnes spüren. Vielen Eltern ist dabei unwohl zumute, und manche haben dann vielleicht das Gefühl, sich daran orientieren zu müssen, wie andere Familien damit umgehen – in der Hoffnung, dass ihr Sohn bereits die Fähigkeiten erlernt hat, die er braucht, um mehr Freiheiten genießen zu können. Natürlich weiß ich, dass das schwierige Entscheidungen sind und dass unsere Söhne Freiraum brauchen, um innerlich zu wachsen und sich weiterzuentwickeln; doch andererseits kann es sehr gefährlich sein, ihnen allzu früh zu viel Freiheit zu geben.

Auch wenn Sie Ihren Kindern vielleicht schon in jüngeren Jahren ein paar grundlegende Werte und Moralvorstellungen beigebracht haben, ist die Zeit vom achten Lebensjahr bis zum frühen Teenageralter eine Lebensphase, in der Sie ihnen helfen können, das Gelernte anzuwenden. Die Pubertät ist ein optimales Entwicklungsstadium, um Ihrem Sohn beizubringen, die Charaktereigenschaften, die er sich als Junge angeeignet hat, zu *leben*.

Auch wenn andere Eltern ihren Söhnen mehr Freiheiten und Privilegien zu gewähren scheinen als Sie, fühlen Sie sich bitte nicht unter Druck gesetzt, das Gleiche zu tun. Bei Teenagern gibt es eine große Bandbreite an körperlicher, sozialer und emotionaler Reife, und Sie tun gut daran, Ihren Sohn erst einmal genau zu beobachten und dann in aller Ruhe zu entscheiden, wofür er Ihrer Meinung nach schon reif ist und wofür nicht. Ihre Entscheidungen sollten nicht von irgendeiner Zahl abhängen – weder von seinen Zensuren noch von seinem Alter – und auch nicht davon, was seine Freunde tun. Sie sollten sich dabei einzig und allein von dem Gedanken leiten lassen, was in dieser Lebensphase das Beste für Ihren Sohn ist.

Die Kunst der Disziplin

Vielleicht denken Sie jetzt: *Grenzen klingen ja ganz gut; aber was ist, wenn mein Sohn diese Grenzen überschreitet?* Gute Frage! Lassen Sie uns darüber sprechen, wie man mit Ungehorsam bei Kindern umgeht. Dazu möchte ich zunächst anmerken, dass dieses Thema ein ganzes Buch füllen könnte; daher kann ich hier nur auf die wichtigsten Punkte eingehen. Außerdem möchte ich an dieser Stelle betonen, dass Disziplin eine unserer wichtigsten elterlichen Pflichten ist. In der Bibel steht nicht nur klar und deutlich, dass Gott diejenigen diszipliniert, die Er liebt, sondern auch, dass wir ebenfalls dazu aufgerufen sind, unsere Kinder *auf liebevolle Weise* zu disziplinieren (siehe Sprüche Salomos 19:18; 23:13). In ihrem Buch *Die 5 Sprachen der Liebe für Kinder* schreiben Gary Chapman und Ross Campbell, dass Eltern seinen emotionalen Tank mit Liebe gefüllt halten müssten, um ihr Kind wirksam zu disziplinieren. Disziplinierung ohne Liebe sei so, als würde man versuchen, einen Motor ohne Öl laufen zu lassen. Das mag eine Zeit lang funktionieren, würde aber früher oder später in einer Katastrophe enden.[9]

Unser Ziel bei der Disziplinierung unserer Söhne sollte eher darin bestehen, ihnen etwas beizubringen, als sie zu kontrollieren. Das Wort *Disziplin* kommt vom lateinischen Begriff *disciplina*, was so viel wie »lehren, lernen« bedeutet.[10] Durch Disziplinierung korrigieren wir ein bestimmtes Verhalten und geben unseren Söhnen die Werkzeuge an die Hand, die sie brauchen, um in Zukunft bessere Entscheidungen treffen zu können. Bitte beachten Sie, dass Disziplin etwas anderes ist als Bestrafung! Das Motiv, dass hinter Disziplin steckt, ist Liebe (Was ist das Beste für meinen Sohn und für seine Zukunft?), während Bestrafung meist durch Ärger oder Frustration motiviert ist.

Die Wege, auf denen wir unsere Kinder disziplinieren oder bestrafen, scheinen zwar manchmal die gleichen zu sein, doch in ihrem Charakter unterscheiden sich diese beiden Erziehungsmaßnahmen grundlegend voneinander. Bestrafung führt oft zu Machtkämpfen oder dazu, dass das Kind Ressentiments gegenüber seinen Eltern entwickelt. Eine wohlüberlegte Disziplinierung dagegen sollte Ihre Beziehung zu Ihrem Sohn stärken, denn dadurch lernt er mit Ihrer Hilfe allmählich, sich selbst zu disziplinieren.

Es ist unglaublich hilfreich, Ihr Kind von klein auf konsequent zu disziplinieren. Rückblickend bin ich davon überzeugt, dass die frühe, gezielte und konsequente Art und Weise, wie mein Mann und ich meine älteren Jungs disziplinierten, sie stark geprägt hat – wobei Konsequenz zwar stets unsere Absicht, aber zugegebenermaßen eine der größten Herausforderungen bei der Erziehung unserer Söhne war. Wir erzogen unsere Jungs mit dem Ziel, dass sie uns schnell und bereitwillig gehorchen würden. Unser übergeordnetes Ziel bestand darin, dass sie dadurch den Wunsch entwickeln würden, dem Herrn zu gehorchen (und so kam es dann zum Glück auch).

Da wir in unserer Familie viel über Vertrauen sprechen, erklärte ich meinen Söhnen, dass ich Jungs großziehen wollte, bei denen ich darauf *vertrauen* konnte, dass sie mir im täglichen Leben gehorchten, damit sie das in einer ernsteren Situation ganz von selbst tun würden. In solchen Gesprächen verwendete ich oft Beispiele für eine Gefahrensituation mit bösen Männern oder wilden Tieren. Ein Kind, das dazu erzogen worden ist, der ruhigen Stimme seiner Eltern zu Hause zu gehorchen, wird viel eher bereit sein, das Gleiche auch in der Öffentlichkeit zu tun. Es ist gar nicht so einfach, das gut hinzubekommen, aber Ihre erzieherischen Bemühungen in den ersten Lebensjahren Ihrer Söhne werden sich später bestimmt auszahlen!

Verhaltenstraining in den eigenen vier Wänden

Manchmal erwarten wir, dass Kinder von sich aus wissen, wie sie sich zu verhalten haben, und sind dann frustriert, wenn wir feststellen, dass wir uns getäuscht haben. Auch ich habe diesen Fehler schon begangen. Das ist ein großer Irrtum: Man *muss* Kindern etwas beibringen.

Und zwar *alles*. Es ist unsere Aufgabe als Eltern, sie zu erziehen und zu belehren.

Als ich noch jung verheiratet war, bekam eine meiner Freundinnen innerhalb von drei Jahren drei Kinder, und ihr Mann musste viel arbeiten. Als die Kinder im Vorschulalter waren, wurde ihr klar, dass sie ihnen entweder beibringen musste, wie sie sich in der Öffentlichkeit zu verhalten hatten – oder sie musste für die nächsten fünf Jahre zu Hause bleiben. Mit diesem Hintergedanken inszenierte meine Freundin zu Hause »Trainingseinheiten«, um ihre drei kleinen Kinder auf reale Situationen vorzubereiten. Zum Beispiel ließ sie sie in einem Urlaub, in dem es keine Kinderbetreuungsmöglichkeit gab, vor dem Gottesdienst »Kirche üben«. Sie veranstaltete »Supermarkt-Verhaltenstrainings«, bei denen sie den Kindern erklärte, wie sie sich beim Einkaufen zu benehmen hatten, und das anschließend mit ihnen einübte. Da sie sich im sicheren häuslichen Umfeld befanden, konnte sie mit den Kindern Rollenspiele veranstalten, alles so lange üben, wie es nötig war, und sie notfalls auch disziplinieren, wenn es gar nicht klappte. Obwohl ich eigentlich nicht glaube, dass es so etwas wie einen friedlichen Supermarktbesuch mit drei Vorschulkindern gibt, erwiesen ihre Bemühungen sich doch als unglaublich hilfreich.

Also ließ ich mich von meiner Freundin inspirieren und habe mit meinen eigenen Kindern später auch solche Trainingseinheiten zu Hause durchgeführt. Da mir gute Manieren sehr wichtig sind, übte ich mit meinen Jungs, wie sie sich verhalten sollten, bevor wir jemanden besuchten oder selbst Besuch bekamen. Vor der Ankunft eines Gasts übte ich mit meinen Söhnen ein, alles stehen und liegen zu lassen, was sie gerade taten, aufzustehen, Blickkontakt herzustellen, zu lächeln und dem Besucher die Hand zu geben oder ihn zu umarmen. Wir trainierten sogar bei den Mahlzeiten und beim Spielen, obwohl ihnen der erzieherische Hintergedanke dabei meist gar nicht bewusst war. Das machte uns allen großen Spaß, und ich bin mir ziemlich sicher, dass wir uns damit viele frustrierende Szenen in der Öffentlichkeit erspart haben.

Rücksichtsvolle Disziplin

Auch gut erzogene Jungs brauchen Disziplin. Denn sie werden trotzdem Fehler machen, und dann ist es unsere Aufgabe, sie zu korrigieren und ihr Verhalten in die richtige Richtung zu lenken. Ich bin stets sehr erleichtert, wenn mein Mann dabei ist und mir hilft, Regeln durchzusetzen, aber leider ist das nicht immer der Fall.

Als Mütter müssen wir in verschiedene Rollen schlüpfen: Wir müssen unsere Söhne liebevoll betreuen und umsorgen, aber gleichzeitig auch eine unumstößliche Autorität für sie darstellen. Wir müssen üben, in der positiven Erwartung mit ihnen zu sprechen, dass sie unsere Anweisungen befolgen werden. Und wir müssen auch bereit sein, sofort Konsequenzen zu ziehen, wenn sie das nicht tun. Wir müssen zu Expertinnen darin werden, unseren Standpunkt zu vertreten – und zwar wenn möglich mit einem Lächeln. Unsere Jungs werden uns eher respektieren, wenn wir dabei emotionslos, vernünftig und konsequent vorgehen. Eine liebevolle, aber feste Hand eignet sich am besten, um gesunde Grenzen zu setzen und durchzusetzen.

Wenn Jungen noch klein sind, verstehen sie nicht, was es bedeutet, Privilegien zu verlieren, doch sie erlernen das Prinzip von Ursache und Wirkung ziemlich schnell. Wenn ein Kind vorsätzlich ungehorsam ist oder sich einer Autorität widersetzt, muss das negative Konsequenzen haben. Anders lässt sich so ein Fehlverhalten nicht korrigieren. In Fällen, in denen Kinder mit ihrem Verhalten womöglich sich oder andere Menschen in Gefahr bringen, ist das besonders wichtig. Ich weiß, dass Menschen sehr unterschiedliche Meinungen über angemessene Konsequenzen haben, und möchte hier keine Diskussion über die richtigen erzieherischen Maßnahmen lostreten. Das Wichtigste ist meiner Meinung nach, mit den Konsequenzen zu arbeiten, die sich in Ihrer Familie als wirksam erwiesen haben.

Als meine Jungs noch klein waren, haben wir sie mit gelegentlichen Klapsen auf die Hand oder einer kurzen Auszeit für bestimmte Vergehen diszipliniert, die wir mit Liebe und Selbstbeherrschung verabreichten. Alle meine Jungs würden Ihnen bestätigen, dass sie sich durch die von mir angewandten Disziplinierungstechniken niemals ungeliebt oder gar bedroht gefühlt haben. Am schlimmsten war es für mich, wenn ich es versäumte, meine Söhne rechtzeitig zu maßregeln, und mich dann dabei ertappte, wie ich vor Wut schrie, weil sich zu viel Ärger in mir angestaut hatte. Die Erinnerung an solche Situationen erfüllt mich noch heute mit großem Bedauern. Das ist faules, impulsives erzieherisches Verhalten, und wenn es zur Gewohnheit wird, kann es Ihrem Kind und Ihrer Beziehung zueinander sehr schaden.

Wenn Sie merken, dass Sie wütend sind oder sich zu emotional verhalten, sollten Sie sich lieber erst mal ein bisschen Zeit nehmen, um sich zu sammeln. Gönnen Sie sich ein paar ruhige Minuten, um tief durchzuatmen, zu beten und eine neue Perspektive zu gewinnen. Und dann ziehen Sie die nötigen Konsequenzen und erklären Sie Ihren Kindern auf einfache, aber unmissverständliche Weise, was sich an ihrem Verhalten ändern muss. Denn glauben Sie mir: Lange Vorträge und ausufernde mütterliche Gardinenpredigten bringen gar nichts. Nach spätestens dreißig Sekunden kann Ihr Sohn sich nicht mehr auf Ihre Worte konzentrieren, auch wenn er Ihnen direkt in die Augen schaut.

Ich habe festgestellt, dass ich meinen siebenjährigen Levi am besten durch ein Belohnungssystem zu gutem Verhalten motivieren kann. (Es ist erstaunlich, was ein Siebenjähriger alles tut, wenn man ihm eine Packung Kaugummi verspricht!) Vielleicht müssen Sie mehrere Strategien ausprobieren, bevor Sie herausfinden, was bei Ihrem Kind am besten funktioniert. Das Wichtigste ist wahrscheinlich einfach, nicht aufzugeben. Mein Mann sagt immer: »Discipliniere deine Kinder jetzt, oder die Welt wird es später tun.« Damit meint er, dass es viel besser ist, in einer liebevollen familiären Umgebung gemaßregelt zu werden als in einer strengen, gefühllosen Welt.

Ob es nun darum geht, Freunde zu verlieren, weil ein Kind sich egoistisch und unhöflich verhält, oder ob es in der Schule, bei der Arbeit oder mit dem Gesetz in Konflikt gerät – früher oder später werden unsere Kinder zwangsläufig die Konsequenzen ihres Fehlverhaltens erleben. Sie auf liebevolle Weise zu disziplinieren, ist also tatsächlich ein Akt der Liebe.

Natürliche und logische Konsequenzen

Wenn Ihr Sohn das Grundschulalter erreicht, sind natürliche oder logische Konsequenzen oder der Entzug von Privilegien oft wirksamer als eine Auszeit oder eine Tracht Prügel.

Wenn Sie einfach abwarten, bis ein Fehler oder Fehlverhalten seine eigene Konsequenz, also eine natürliche Folge nach sich zieht, ist das eine sehr einprägsame Lektion für Ihr Kind. In dem hilfreichen Buch *Mit Liebe und Logik erziehen* schreiben Foster Cline und Jim Fay: »Effektive Erziehung konzentriert sich auf die Liebe: Liebe, die nicht nachgiebig ist, die keine Respektlosigkeit toleriert, aber auch Liebe, die stark genug ist, dass sie Kindern erlaubt, Fehler zu machen und mit den Folgen dieser Fehler zu leben.«[11]

Solche natürlichen Konsequenzen können für Eltern und Kinder sehr schmerzhaft sein, aber sie sind ungeheuer effektiv. Vor kurzem trug Levi ständig einen Zehn-Dollar-Schein mit sich herum, den er zum Geburtstag geschenkt bekommen hatte. Er wollte sich unbedingt ein bestimmtes Spielzeugauto dafür kaufen. Ich forderte ihn auf, den Schein an einem sicheren Ort in seinem Zimmer zu verwahren. Doch er gehorchte mir nicht und steckte ihn in seine Tasche, als wir das Haus verließen. Leider verlor er ihn unterwegs und konnte sich demzufolge das Spielzeug, auf das er sich so gefreut hatte, nicht mehr kaufen. Mir tat mein Sohn zwar ungeheuer leid, doch ich begriff, dass er aus dieser Konsequenz eine Lektion gelernt hatte, die er nicht so schnell wieder vergessen würde.

Logische Konsequenzen haben große Ähnlichkeit mit natürlichen Konsequenzen, erfordern aber ein gewisses Maß an elterlicher Mitwirkung. Dabei verknüpfen wir ein problematisches Verhalten aktiv mit einer angemessenen Form der Disziplinierung. Wenn mein Sohn zum Beispiel eine Sauerei in der Küche hinterlässt, muss er sie aufräumen – und zusätzlich ein paar andere Arbeiten im Haushalt erledigen. Wenn er sein Videospiel nicht weglegt, obwohl wir ihn dazu aufgefordert haben, verliert er für die nächsten vierundzwanzig Stunden seine Spielprivilegien. Auf diese Weise – wenn eine Konsequenz auf logische Weise mit einem unerwünschten Verhalten verknüpft ist – lernen Kinder am meisten. (Nähere Informationen zu natürlichen und logischen Konsequenzen finden Sie am Ende dieses Kapitels).

Stets ein paar kreative Optionen auf Lager

Konsequenzen sind eine hervorragende Erziehungsstrategie – aber nur solange Ihnen welche einfallen! Es gibt kaum etwas Frustrierenderes, als ein Kind auf frischer Tat zu ertappen und dann wie gelähmt zu sein, weil Ihnen keine Konsequenz einfällt, die zu seinem Vergehen passt.

Daher habe ich mir im Lauf der Jahre ein paar »vorgefertigte« Konsequenzen zurechtgelegt, die ich bei Bedarf immer parat habe. Diese Konsequenzen beruhen entweder darauf, was meine Söhne am liebsten mögen (eine meiner Freundinnen bezeichnet das als ihre »Währung«), oder darauf, was sie am *wenigsten* mögen (in der Regel irgendeine lästige Haushaltsplicht). Für einen meiner Söhne könnte eine negative Konsequenz zum Beispiel darin bestehen, sein Smartphone ein paar Tage lang nicht benutzen zu dürfen. Einem anderen würde es am meisten wehtun, wenn er nicht mehr surfen oder mit seinem besten Freund abhängen dürfte. Davon abgesehen gibt es immer viele unangenehme Aufgaben, die erledigt werden müssen. Eine kluge Mutter wird im Fehlverhalten ihres Sohnes eine willkommene Chance sehen, ihm eine denkwürdige Lektion zu erteilen – mit dem angenehmen Nebeneffekt, dass die Mülleimer wieder einmal sauber geschrubbt oder die Schienen der Schiebetür gründlich mit Wattestäbchen gereinigt werden.

Gesunde Freiheit

Grenzen sind notwendig und müssen durchgesetzt werden, aber unsere Söhne müssen auch flügge werden. Man sollte Jungen dazu anspornen, ja sogar drängen, etwas Neues auszuprobieren, Risiken einzugehen und Abenteuer zu erleben. Vielleicht ist es sogar einer der besten Wege, unsere Jungen vor Schwierigkeiten zu bewahren, wenn wir ihnen möglichst viele Gelegenheiten für *gesunde* Abenteuer geben. John Eldredge schreibt in seinem Bestseller *Der ungezähmte Mann*: »Im Herzen jedes Mannes steckt ein tiefes, geradezu spirituelles Verlangen nach Abenteuern, mit allem, was an Gefahren und Wildheit dazugehört.«[12] Diese Erfahrung habe ich bei meinen Jungs auch gemacht.

Als meine drei ersten Söhne acht, sechs und vier Jahre alt waren, nahm ich sie mit auf eine Wanderung in einer Gegend, die ich nicht kannte. Nach ein paar Stunden wusste ich nicht mehr, wo wir waren. Die Sonne ging bereits unter, und ich fragte mich, ob wir uns jetzt wohl ernsthaft in Gefahr befanden. Ich versuchte, einen kühlen Kopf zu bewahren, erklärte meinen Jungs, dass ich nicht sicher war, wie wir zum Auto zurückfinden sollten, und betete darum, dass Gott uns einen Ausweg aus dieser Situation zeigen möge.

Die drei Jungen fingen an, aufgeregt darüber zu diskutieren, was sie alles tun würden, falls wir die Nacht im Freien verbringen müssten. Zum Glück trafen wir ein paar Minuten später auf ein paar Wanderer, die mir mitteilten, dass das Ende des Wegs sich ganz in der Nähe befand. Ich war ungeheuer erleichtert und blieb stehen, um Gott für diese gute Nachricht zu danken – während meine drei Söhne vor Enttäuschung fast geweint hätten! Sie hatten sich schon so darauf gefreut, die ganze Nacht im Wald zu verbringen. Jungen sehnen sich einfach nach Abenteuern!

Vernünftige Risiken eingehen

Obwohl es mir ein großes Anliegen ist, meine Söhne zu beschützen, glauben mein Mann und ich fest daran, dass wir sie dazu anspornen sollten, gesunde Abenteuer zu erleben und vernünftige Risiken einzugehen. Als unser Sohn Luke elf Jahre alt war, begann er, auf riesigen Wellen an Stränden zu surfen, die als lebensgefährlich bekannt waren. (Natürlich hatte er eine Ausbildung dazu absolviert.) All unsere Jungs sind begeisterte Speerfischer, die an Sommertagen am liebsten mit großen Harpunen tief in den Ozean hinabtauchen. Sie lieben auch das Höhlentauchen – das Durchschwimmen von Höhlen auf dem Meeresgrund, was ebenfalls lebensgefährlich sein kann.

Ist es dumm von uns, ihnen das alles zu erlauben? Ich glaube nicht. Wir sorgen dafür, dass sie alles lernen, was sie wissen müssen, um diese Sportarten gefahrlos ausüben zu können, und sie sammeln langsam, aber sicher immer mehr Erfahrung darin. Meine Jungs führen gern ein aktives, abenteuerliches Leben; und wir geben ihnen die Freiheit, vernünftige Risiken einzugehen. Ich glaube, dass ihre Vorliebe für gesunde Abenteuer eine gottgegebene Sehnsucht ist, die viele Jungen sich heutzutage mit künstlichen Abenteuern wie exzessivem Zocken, Drogenmissbrauch oder anderem Problemverhalten zu erfüllen versuchen. Ich bin sicher: Wenn mehr Jungen die Chance hätten, gesunde Abenteuer zu erleben, würden viel weniger von ihnen auf ungesunde Weise nach aufregenden Erlebnissen suchen. Ellen Sandseter, Professorin für frühkindliche Erziehung am Queen Maud University College im norwegischen Trondheim, hat eine Magisterarbeit über Sensationssucht und Risikobereitschaft bei Teenagern geschrieben. Sie hat beobachtet, dass Jugendliche, die kein sozial akzeptables Ventil finden konnten, um ihr Verlangen nach Aufregung zu befriedigen, eher zu waghalsigem Verhalten neigten.[13]

Als Eltern müssen wir bewusst auf das angeborene Bedürfnis unserer Söhne nach Abenteuern eingehen, indem wir ihnen altersgerechte Möglichkeiten dazu bieten und sie vernünftige Risiken eingehen lassen. Wenn unsere Jungs heranwachsen, wird unser Umgang mit ihnen sich zwangsläufig verändern – und damit auch die Frage, wie und wann wir sie beschützen sollen. Mein Mann und ich beschützen das Leben und die Gefühle unseres jüngsten Sohnes sehr sorgfältig. Wir fassen ihn an der Hand, wenn wir die Straße überqueren, und beobachten ihn auch genau, wenn er im Meer herumtollt. Wir würden ihn auch noch nicht allein auf eine öffentliche Männertoilette gehen lassen. Im Gegensatz dazu sind für meinen ältesten Sohn, der jetzt achtzehn Jahre alt ist, die meisten Sicherheitsregeln nicht mehr notwendig. Denn Josiah hat im Lauf der Jahre bewiesen, dass er kluge Entscheidungen trifft, und wir haben Vertrauen zu ihm. Zur Feier seines Highschool-Abschlusses liehen er und sein Bruder Jonah sich das Auto ihrer Großeltern und machten einen zehntägigen Roadtrip durch Kalifornien, wobei sie in verschiedenen Nationalparks zelteten. Natürlich machte es mich nervös, meine Jungs von unserer kleinen Insel auf ein so großes Abenteuer zu schicken. Doch sie haben sich dabei ungeheuer gut geschlagen, und die Erinnerungen an diese Reise werden sie ein Leben lang begleiten. Außerdem kehrten sie mit einem Gefühl von Verantwortung und Stolz nach Hause zurück.

Zu sehen, wie meine älteren Teenager kluge Entscheidungen treffen und wohlverdiente Freiheiten genießen, ist ein unglaublich befriedigendes Gefühl! Aber natürlich ist das nicht über Nacht passiert. Es hat jahrelange Gespräche, jahrelanges Training und jahrelange Disziplin erfordert, bis mein Achtzehnjähriger dieses Entwicklungsstadium erreicht hat.

Wachsende Freiräume

Wir wohnen direkt neben einer tropischen Gärtnerei, und mein Lieblingsvergleich für die allmählich zunehmenden Freiheiten, die wir unseren Kindern gewähren, ist die Entwicklung einer Gewächshauspflanze. Ein erfahrener Gärtner wird einen zarten, empfindlichen Schössling erst einmal längere Zeit im Gewächshaus heranziehen. Irgendwann ist die Pflanze dann reif dafür, sich an das Leben im Freien zu gewöhnen, also setzt er sie zunächst für kurze Zeit ins Freie, damit sich ihre kleinen Wurzeln tiefer in die Erde eingraben können. Der Gärtner beobachtet, wie es der Pflanze da draußen geht, und wenn ein Sturm oder irgendeine Gefahr herannaht, bringt er sie sofort ins Gewächshaus zurück. Dort muss sie dann so lange bleiben, bis der Sturm vorüber ist. Mit der Zeit wird die Pflanze stärker und gesünder und kann immer länger außerhalb der sicheren vier Wände ihres Gewächshauses bleiben. Eines Tages ist sie dann reif dafür, endgültig nach draußen verpflanzt oder an einen neuen Besitzer geliefert zu werden. Sie ist nun endgültig über das Gewächshaus hinausgewachsen und kann draußen im Freien gedeihen und den Elementen standhalten. Mit der Kindererziehung ist es genauso: Sie ist ein planvoller, wohlüberlegter Prozess, bei dem wir unsere Jungen von einem sicheren, geschützten Ort aus allmählich schrittweise der »freien Natur« und den »Elementen« aussetzen.

Natürlich sind Gewächshauspflanzen nicht alle gleich. Wir bringen nicht jede Pflanze zum gleichen Zeitpunkt und für die gleiche Zeitdauer nach draußen, sondern entscheiden bei jeder einzelnen Pflanze, wann sie bereit dafür ist und wie viel freie Natur sie schon verkraftet. Das Gleiche gilt auch für unsere Söhne: Wir geben ihnen mehr Freiheit, sobald sie reif dafür zu sein scheinen. Nicht jedes Kind verändert sich im gleichen Tempo. Durch bewusste Einschätzung und regelmäßige Neubewertung seines Reifegrads können Sie feststellen, wann Ihr Sohn für neue Freiheiten bereit ist – wann er zum Beispiel an bestimmten Aktivitäten mit Freunden teilnehmen oder ohne Ihre Aufsicht irgendwohin fahren kann oder wann Sie ihm mehr Freiheit bei der Auswahl von Unterhaltung, Musik, Spielen und anderen Online-Aktivitäten einräumen können.

Mein Mann und ich führen oft Gespräche über den individuellen Reife- und Verantwortungsgrad unserer Söhne. Wir gewähren unseren Jungen mehr Freiraum, wenn sie uns beweisen, dass wir uns auf sie verlassen können. Ich schärfe ihnen immer wieder ein: »Freiheit bringt Verantwortung mit sich.« Wenn ich meinen Jungs ein bisschen Freiheit gebe und sie verantwortungsvoll damit umgehen, werden sie anschließend wahrscheinlich noch mehr Freiheit bekommen. Wenn sie sich dagegen verantwortungslos zeigen, können sie sicher sein, einige dieser Freiheiten wieder zu verlieren – und zwar so lange, bis ich glaube, dass sie reif für mehr Verantwortung sind.

Als einer unserer Söhne vor kurzem den Tag bei einem Freund verbrachte und vergaß, sich von dort aus wie versprochen bei uns zu melden, durfte er beim nächsten Mal nicht dorthin gehen. Wir wussten, dass er keine lange Gardinenpredigt brauchte, sondern nur eine logische Konsequenz. Indem wir ihm die Verantwortung für sein Verhalten auferlegten, boten wir ihm eine Chance, aus seinem Fehler zu lernen, es später noch einmal zu versuchen und sich mehr Freiheiten zu verdienen.

Letztendlich besteht Ihr Ziel bei der Erziehung Ihres Sohnes darin, dass er lernt, dieses Prinzip der gesunden Grenzen und angemessenen Freiheiten zu verinnerlichen, wenn er erwachsen wird: Dann wird er anfangen, sich selbst zu disziplinieren, und das wird ihm ein viel erfüllteres Leben ermöglichen. Cline und Fay haben das in ihrem Buch so ausgedrückt, dass die glücklichsten Menschen im Lauf ihres Lebens sich auf innere Kontrolle und Selbstdisziplin verlassen würden. Die unglücklichsten Menschen würden externe Kontrollen brauchen, um ihr Verhalten im Zaum zu halten.[14]

Aber natürlich sollten wir auch daran denken, dass es bei unseren Söhnen – ebenso wie bei Gewächshauspflanzen – keine Garantien gibt. Auch wenn ein Gärtner seiner Pflanze im Gewächshaus optimale Wachstumsbedingungen bietet, kann er nicht sicher sein, dass sie später draußen gut gedeiht. Das Gleiche gilt für unsere Söhne. Wenn mein Ältester aufs College geht, kann ich nicht sicher sein, was für Entscheidungen er dort treffen wird. Aber ich schicke ihn zumindest in dem Wissen los, dass ich mein Bestes getan und nichts zu bereuen habe. Ich bin sicher, dass ich ihn gut beschützt und auf das Leben vorbereitet habe, sodass er über die Zeit gesunde Wurzeln und die nötige Kraft entwickeln konnte, um den Stürmen des Lebens zu trotzen.

Ein paar persönliche Fragen an Sie

1. Wie haben Sie Ihrem Sohn Grenzen gesetzt, um ihn in seiner jetzigen Lebensphase zu schützen? Gibt es irgendeinen Bereich, in dem er noch mehr Grenzen bräuchte oder in dem Sie etwas an den bestehenden Grenzen verändern müssen?

2. In welchen Bereichen haben Sie die Freiheiten Ihres Sohnes mit der Zeit erweitert, und wie können Sie feststellen, ob er gut damit umgeht? In welcher Hinsicht engen Sie ihn vielleicht auf ungesunde oder unnötige Art und Weise ein, obwohl er bereit ist, flügge zu werden?

3. Woran erkennen Sie, dass Ihr Sohn Ihre Autorität respektiert? Wie könnte Ihre Vorgehensweise beim Disziplinieren Ihres Sohnes ihm helfen, sich eines Tages selbst zu disziplinieren, wenn er erwachsen wird? Oder wie könnte sie die Entwicklung dieser Selbstdisziplin bei ihm behindern?

4. Was sollten Sie an dem Vorgehen, mit dem Sie Ihrem Sohn angemessene Grenzen setzen und Freiheiten geben, ändern?

Mehr Informationen zum Thema Konsequenzen und Disziplinierung

Manchmal zweifeln wir daran, ob wir beim Umgang mit den Fehlverhalten unseres Kindes auch wirklich alles richtig machen. Hier ein paar kleine Erinnerungshilfen, damit Sie das übergeordnete Ziel nicht aus den Augen verlieren: dass Ihre Kinder irgendwann lernen, *sich selbst zu disziplinieren*. Vielleicht gefällt Ihrem Kind diese Disziplinierung im Augenblick nicht, aber es sollte wissen, dass Sie das aus Liebe zu ihm tun, um ihm eine gute Zukunft zu ermöglichen.

Dr. Jane Nelsen, Autorin der Buchreihe *Positive Discipline*, schlägt vor, Kinder mit logischen, respektvollen und vernünftigen Konsequenzen zu erziehen.[15]

Logisch bedeutet, dass die Konsequenz mit dem Fehlverhalten des Kindes in Zusammenhang stehen muss: Levi hat meinen Ratschlag im Hinblick auf den Umgang mit seinem Geld nicht befolgt und konnte sich deshalb kein neues Spielzeug kaufen.

Respektvoll bedeutet, dass die Konsequenzen dem Kind kein schlechtes Gewissen einjagen, ihn auch nicht beschämen oder ihm wehtun dürfen und dass man sie auf respektvolle Weise durchsetzen sollte: Als Levi seine zehn Dollar verlor, war er damit schon gestraft genug. Also brauchte ich ihn deshalb nicht auch noch auszuschimpfen oder ihm einen Vortrag zu halten.

Vernünftig bedeutet, dass die Konsequenz sowohl aus Sicht des Kindes als auch aus Sicht des Erwachsenen angemessen sein muss: Es wäre nicht vernünftig gewesen, wenn ich Levi wegen dieses einen Ungehorsams sein ganzes Geld weggenommen hätte. Der selbstverschuldete Verlust des Spielzeugs war für ein erstes Vergehen dieser Art völlig angemessen.

Natürliche Konsequenzen erfolgen automatisch, ohne dass Sie etwas dazu tun müssen. Dabei kommt es nur darauf an, dass Sie nicht eingreifen, um Ihr Kind vor der negativen Konsequenz zu bewahren.

- Ihr Sohn vergisst seine Jacke zu Hause: Er friert oder wird nass.

- Oder er lässt sein Skateboard im Regen stehen, und es wird dadurch beschädigt.

- Er vergisst seine Hausaufgaben zu machen und bekommt eine schlechte Note oder wird vom Lehrer bestraft.

- Er bleibt zu lange auf und ist am nächsten Morgen müde, wenn der Wecker schellt, muss aber trotzdem aufstehen.

Logische Konsequenzen erfolgen, wenn Sie ein Fehlverhalten mit einer dazu passenden Konsequenz bestrafen.

- Ihr Sohn überschreitet bei einem Spiel das ihm gesetzte Zeitlimit: Das Spiel wird ihm eine Zeit lang entzogen.

- Er isst den gesunden Teil des Abendessens nicht auf: Also gibt es keinen Nachtisch und auch keine Naschereien nach dem Abendessen.

- Ihr Sohn vergisst, den Hund zu füttern: Deshalb muss er in der nächsten Woche dessen Haufen im Kotbeutel entsorgen, muss ihn baden und so weiter.

- Er behandelt seinen kleinen Bruder schlecht: Zur Strafe muss er eine der Haushaltspflichten des Bruders erledigen oder sein Zimmer für ihn aufräumen.

- Schlechte Noten: Er muss so lange auf außerschulische Aktivitäten verzichten, bis seine Noten sich wieder verbessern.

Kreative Konsequenzen sind Möglichkeiten, Ihrem Sohn eine Lektion zu erteilen, wenn es keinen offensichtlichen Zusammenhang zu seinem Fehlverhalten gibt. Zusätzliche Haushaltspflichten sind eine hervorragende Möglichkeit, ihm etwas beizubringen und gleichzeitig dafür zu sorgen, dass irgendeine generell unbeliebte Arbeit im Haus erledigt wird: Toilette oder Fenster putzen, Garage aufräumen, Schränke abwischen, einen Geschirr- oder Wandschrank gründlich reinigen, Fußleisten abstauben, Schienen von Schiebetüren säubern, die Gefriertruhe abtauen oder Gartenarbeiten verrichten.

Verlust von Privilegien

Wenn Ihr Sohn gegen eine wichtige Regel verstoßen hat oder Sie ihn bereits mit natürlichen oder logischen Konsequenzen bestraft haben, er sein Verhalten aber trotzdem nicht ändert, müssen Sie ihm vielleicht bestimmte Privilegien entziehen, um ihm eine noch einprägsamere Lektion zu erteilen.

Natürlich sollten Sie ihm keine Dinge vorenthalten, zu deren Bereitstellung Eltern verpflichtet sind, wie beispielsweise Nahrung, Obdach und Liebe. Sie können ihm aber Dinge entziehen, die in die Kategorie der Privilegien fallen, zum Beispiel Lieblingsspeisen oder -desserts, Unterhaltungsangebote, Zeit mit Freunden, vielleicht auch bestimmte sportliche oder außerschulische Aktivitäten.

Werden Sie sich über die »Währung« Ihres Sohnes klar, also jene Dinge, deren Verlust ihm am meisten wehtut, und orientieren Sie sich bei Ihren erzieherischen Maßnahmen daran. Für manche Jungen wäre das zum Beispiel der Entzug eines elektronischen Geräts, für andere vielleicht der vorübergehende Verzicht aufs Skateboarden oder darauf, sich mit einem Freund zu treffen. Das, worauf Ihr Sohn verzichten muss, sollte ihm so wichtig sein, dass er es sich genau überlegt, bevor er das nächste Mal eine Grenze überschreitet. Cloud und Townsend formulieren das so: »Wirkliche Veränderung geschieht allein dann, wenn das Verhalten einer Person zu natürlichen Konsequenzen führt wie zum Beispiel Schmerz, der Verlust von Zeit, Geld, Privilegien oder Gemeinschaft mit geliebten Menschen [...] Ist es nicht so, dass wir erst dann aus unseren Fehlern lernen, wenn wir gezwungen sind, für sie zu bezahlen? Natürliche Konsequenzen führen uns wirklich dazu, dass wir unser Verhalten ändern.«[16]

4

Die Anfänge der Weisheit

Erziehung zum christlichen Glauben

Ihr wichtigster Beitrag zum Reich Gottes ist vielleicht nichts, was Sie tun, sondern jemand, den Sie großziehen.

Andy Stanley

Einige jüngere Mütter, die meine Jungs im Teenageralter kennenlernten, sagten mir hinterher, wie sehr sie hofften, dass ihre Söhne so werden würden wie meine. Sie bewunderten das besonnene Verhalten oder die guten Manieren meiner Söhne, und natürlich höre ich solche Komplimente unheimlich gern! Einige Mütter stellten mir dann ein paar Fragen dazu, wie ich meine Jungs discipliniere oder wie ich Ihnen beigebracht habe, so freundlich zu anderen Menschen zu sein. Und manche setzten auch noch hinzu: »Ich möchte gern alles genauso machen wie Sie – nur das mit dem lieben Gott nicht. Darauf stehen wir in unserer Familie nicht so sehr.«

Obwohl mir alle Kapitel dieses Buches am Herzen liegen, ist mir dieses hier ein ganz besonderes Anliegen. Und das habe ich den zwar aufrichtig an meinen Erziehungsmethoden interessierten, aber an religiösen Dingen desinteressierten Müttern auch gesagt: »Ohne Gott als Mittelpunkt unseres Familienlebens kann ich euch nicht viel zum Thema Erziehung sagen. Natürlich wären meine Jungs vielleicht auch ohne diese religiösen Prinzipien gut in der Schule oder hätten gute Manieren oder wüssten, wie man mit Geld umgeht. Aber was macht meine Söhne *wirklich zu etwas Besonderem*? Was lässt sie leuchten wie helle Kerzen in der Dunkelheit? Auf diese Frage gibt es nur eine einzige Antwort: Das Besondere an ihnen sind ihre Herzen – und die wurden durch ihre persönliche Beziehung zu Gott geformt.

Während ich dies schreibe, ist es noch früh am Morgen – draußen ist es noch fast dunkel, nur ein leichter Schimmer von Morgenlicht fällt in mein Wohnzimmer. Ich versuche meistens, früh aufzustehen, um in Ruhe beten und in der Bibel lesen zu können, bevor die Hektik des Alltags beginnt. Das ist die Zeit, die ich allein mit Gott, meinem Computer und einer Tasse Kaffee verbringe und mir ein paar ruhige Momente gönne. Aber ich bin nicht die Einzige, die schon wach ist.

Kurz nachdem ich es mir mit einer warmen Decke auf dem Schoß auf dem Sofa gemütlich gemacht habe, höre ich Josiah hereinkommen und drehe mich um, um sein müdes, aber ehrliches Lächeln zu sehen. Mein Achtzehnjähriger gießt sich eine Tasse Kaffee in seine silberne Lieblingstasse, bevor er hinausgeht und sich auf die Veranda setzt. Dort sitzt er mit seinem Tagebuch und einem Stift in der Hand vor der aufgeschlagenen Bibel. Ab und zu blicke ich auf, um ihn zu beobachten, und sehe, wie er Notizen in sein Tagebuch kritzelt und dann in stillem Gebet den Kopf senkt. Einem Gebet, das heute viel länger dauert als mein eigenes.

Nichts, was mein Sohn vielleicht eines Tages tun oder sein oder vollbringen wird, könnte mein Herz mehr erfüllen als diese allmorgendliche Szene. Niemand verlangt das von ihm. Und es ist auch keineswegs eine neue oder vorübergehende Phase. Er tut das schon seit mindestens zwei Jahren fast jeden Morgen. Wenn ich ihn so sitzen sehe, denke ich an die letzten achtzehn Jahre und all die Gebete zurück, die ich für meine Jungs gesprochen habe. Heute quillt mein Herz vor lauter Stolz förmlich über. Was für eine Freude, ihn jeden Tag dabei zu beobachten, wie er nach Gottes Weisheit sucht! Für dieses Glück gibt es einfach keine Worte.

Mir ist völlig bewusst, dass dieser junge Mann in einem Alter ist, in dem es sehr viele Dinge gibt, die seine Zeit und Aufmerksamkeit beanspruchen. Er könnte zum Beispiel gleich frühmorgens zum Surfen gehen oder ausschlafen, wie die meisten Teenager es tun. Und das weiß er sicherlich auch. Aber dieser Junge hat in seinem Leben schon ziemlich viel durchgemacht: Zeiten des Stresses und Zeiten des Zweifels. Zeiten, in denen er nicht genau wusste, wer er war. Er hat Einsamkeit und Enttäuschungen erlebt. Doch bei alldem hatte die Zeit, die er mit Gott verbringt, für ihn stets oberste Priorität und war der Ankerpunkt seiner Seele.

Wie haben Sie das geschafft?, werden Sie mich jetzt vielleicht fragen. Wie haben Dave und ich unseren Sohn dazu erzogen, dass er an Gott glaubt und tagtäglich mit ihm kommuniziert? Liebe Mütter, wenn es ein Kapitel gibt, von dem ich möchte, dass Sie es gründlich lesen und sich Gedanken darüber machen, dann ist es dieses hier. Selbst wenn Sie meine religiösen Überzeugungen nicht teilen, hoffe ich, dass irgendetwas daran Sie dazu inspiriert, wieder auf die Suche nach Gott zu gehen und Ihre Söhne ebenfalls dazu zu erziehen. Das ist der beste Ratschlag, den ich Ihnen geben kann.

Obwohl jeder Mensch einen freien Willen hat und der Glaube unserer Kinder letztendlich eine Angelegenheit ist, die sie mit sich selbst und mit Gott abmachen müssen, glaube ich, dass wir als Mütter schon einiges tun können, um unsere Kinder mit Gott in Kontakt zu bringen und ihre spirituelle Entwicklung zu fördern.

Wo alles beginnt

Wir können unsere Söhne am überzeugendsten in dieses Thema einführen, indem wir ihnen einen echten, lebendigen Glauben vorleben. Als ich vor kurzem ein paar alte Tagebücher durchblätterte, fand ich eine Zeile, die ich früher einmal dort hineingeschrieben hatte: »Wenn du eine kleine

Revolution im Herzen deiner Kinder entfachen willst, musst du eine große Revolution in deinem eigenen Herzen erleben.« Also betete ich um ein Herz, das niemals seine leidenschaftliche Liebe zu Gott vergisst.

Mein Mann erzählte mir, wie er als Kind einmal abends am Zimmer seiner Eltern vorbeiging und seine Mutter und seinen Vater auf den Knien liegen und beten sah. Es hat ihn beinahe umgehauen zu sehen, wie diese beiden Menschen, von denen die Erfüllung all seiner Bedürfnisse abhing, nebeneinander knieten, zu jemandem emporschauten, der größer war als sie selbst, und um die Erfüllung *ihrer eigenen* Bedürfnisse baten. Das brachte ihm die Realität des Glaubens nahe, den sie ihn lehrten.

Wenn es Ihr Herzenswunsch ist, dass Ihr Sohn eine echte Beziehung zu Gott entwickelt, sollten Sie daher bei Ihrer eigenen Beziehung zu Gott anfangen. Nichts verwirrt Kinder mehr, als wenn ihre Eltern nicht das leben, was sie ihnen predigen. Kinder brauchen ehrliche Eltern, die ihnen einen ehrlichen Glauben vorleben. Keinen perfekten Glauben (den hat niemand), sondern einen authentischen. Mein Mann und ich haben uns vorgenommen, einen so echten Glauben zu leben, dass unsere Jungs sagen: »Das will ich auch!«

Ich betone immer wieder, wie wichtig es ist, unseren Kindern ein Vorbild zu sein. Vielleicht ist das sogar eine der wichtigsten und schwierigsten Aufgaben des Elternseins. In ihrem Buch *Mom Set Free* beschreibt Jeannie Cunnion klar und deutlich, was damit gemeint ist: »Wir sollten unseren Kindern mit unserer Lebensweise ein Verständnis dafür vermitteln, was es bedeutet, Christus nachzufolgen.«[17] Wir müssen also praktizieren, was wir predigen. Wenn ich meinen Söhnen sage, dass Gott ihre tiefsten Bedürfnisse erfüllen wird, muss ich daran glauben, dass Gott auch *meine eigenen* Bedürfnisse erfüllen wird. Wenn ich ihnen erkläre, wie wichtig es ist, mit Menschen zusammen zu sein, die ihren Glauben stärken, sollte auch ich Zeit mit Menschen verbringen, die mich in meinem Glauben ermutigen. Und wenn ich sage, dass ich an das Gebot Jesu Christi glaube, meinen Nächsten zu lieben wie mich selbst, sollte ich sehr genau darauf achten, wie ich die Menschen in meiner Umgebung behandle. Das bedeutet nicht, dass ich perfekt sein oder so tun muss, als wäre ich es. Um meinen Kindern echten Glauben vorzuleben – einen Glauben, der sie wirklich inspiriert –, muss ich es mir zum Ziel machen, Gott mit meinem Leben zu ehren.

Meine Söhne müssen sehen, dass ich in allem, was ich tue, nach Gottes Führung suche – dass ich in Zeiten der Not zu ihm bete und ihm in guten Zeiten danke. Um ihnen ein Vorbild zu sein, muss ich das Leben eines echten Jesus-Nachfolgers führen. Nur leider gibt es da ein kleines Problem: Wir werden manchmal ein bisschen faul. Zumindest mir geht es so, und Ihnen vielleicht auch. (Und vielleicht auch nicht nur ab und zu, sondern sogar ziemlich oft.) Das Leben ist anstrengend, und der Glaube kann leicht zur selbstverständlichen Gewohnheit werden. Vielleicht beten wir dann nicht mehr regelmäßig oder lesen nicht mehr so oft in der Bibel. Oder wir verzichten öfter einmal darauf, in die Kirche zu gehen oder Zeit mit Menschen zu verbringen, die uns in unserem Glauben stärken und ermuntern. Oder wir tratschen über Menschen in unserer Kirchengemeinde, schreien unsere Kinder an oder tun irgendetwas anderes, wovon wir im Grunde unseres Herzens wissen, dass es Gott missfällt.

Damit will ich Ihnen kein schlechtes Gewissen einreden. Gottes Gnade ist unermesslich, und er schenkt sie uns jeden Morgen aufs Neue! Ich hoffe aber, dass dieses Kapitel Sie daran erinnert, wie wichtig Ihre Lebensweise für die religiöse Entwicklung Ihres Sohnes ist. Denn er beobachtet Sie und prägt sich Ihr Verhalten ein. Meine Söhne sagen, dass mein authentischer Umgang mit dem Glauben sie dazu inspiriert hat, selbst tagtäglich nach Gott zu suchen. Und da ich in meinem Leben schon so vieles vermasselt und so vieles zu bereuen habe, bedeutet das eine ganze Menge. Denn es zeigt mir, dass unter der dicken Schale meiner Unzulänglichkeiten doch immer noch mein ernsthafter Wunsch durchschimmert, Gott zu ehren.

Wenn Sie das Gefühl haben, in dieser Hinsicht vom rechten Weg abgekommen zu sein, möchte ich Ihnen Mut machen. Wir sind alle Sünder, die Gottes Vergebung brauchen – nicht nur einmal, sondern täglich. Reue ist Gottes Heilmittel für unser Versagen. Wir können wieder zu Gott zurückkehren, ihn um Verzeihung bitten und neu anfangen – und zwar gleich jetzt. Er wartet immer auf uns, läuft uns sogar mit offenen Armen entgegen. Und Ihren Kindern gegenüber können Sie mit einem demütigen Eingeständnis Ihrer Reue und dem ehrlichen Vorsatz, sich zu ändern (und entsprechendem Verhalten), hundert Fehler wiedergutmachen. Ihr Sohn wird die Aufrichtigkeit Ihrer Bemühungen erkennen, und schon allein das kann ungeheuer viel bewirken.

Als Familie im Glauben wandeln

Kinder erwerben ihr Wissen über Gott zu Hause. Natürlich ist die Sonntagsschule eine wunderbare Einrichtung, und auch Sommerlager, Jugendgruppen und die Kirche können ihnen helfen, sich innerlich weiterzuentwickeln. Doch am besten können Kinder zu Hause im Schoß ihrer Familie ein Verständnis für spirituelle Dinge entwickeln und sich in religiösen Disziplinen üben. Im Deuteronomium 6:6–9 wird unsere Rolle bei der Belehrung von Kindern über religiöse Dinge sehr gut beschrieben: »Behaltet die Gebote im Gedächtnis, die ich euch heute verkünde! Prägt sie euren Kindern ein und sagt sie euch immer wieder vor – zu Hause und auf Reisen, wenn ihr euch schlafen legt und wenn ihr erwacht. Bindet sie euch zur ständigen Erinnerung an den Arm und auf die Stirn. Schreibt sie auf die Türpfosten eurer Häuser und auf die Tore eurer Städte.«

Diese Verse erinnern uns daran, dass Gott ständig präsent ist – in jeder Sekunde jedes Tages. Den Glauben unserer Kinder zu fördern, bedeutet nicht unbedingt, dass wir Familiengottesdienste abhalten oder uns an einem bestimmten Ort oder einem bestimmten Wochentag spirituellen Aktivitäten widmen müssen und der Rest unseres Lebens woanders stattfindet. Nein – das ganze Leben sollte einen spirituellen Charakter haben. Wir können unseren Kindern immer und überall etwas über Gott beibringen. Ist das nicht wunderbar? Wir können spirituelle Wahrheiten auf ganz natürliche Art und Weise in unseren Familienalltag einbinden; dazu brauchen wir nur ein paar Erinnerungshilfen.

In unserer Familie tun wir das auf verschiedenen Wegen. Schon als unsere Jungs noch im Kleinkindalter waren, haben wir ihnen biblische Geschichten vorgelesen und ihnen die wichtigsten Bibelverse beigebracht. Wir hoffen, dass sich diese Worte für den Rest ihres Lebens in ihren Herzen verankert haben. Mein Mann begann damit bei allen vier Jungs, als sie noch sehr klein waren, sodass sie schon kurz nachdem sie sprechen gelernt hatten, den Bibelvers 3:16 aus dem Johannesevangelium oder aus 1. Johannes 4:4 aufsagen konnten. Ich spähte abends in ihr Zimmer hinein und hörte, wie die kleinen Jungs meinem geduldigen Ehemann nachsprachen: »Denn Gott …« »Der Gott …« »hat die Welt so sehr geliebt …« »hat die Belt sooo beliebt …« Und so ging es weiter. Auswendiglernen fällt den Kleinen ziemlich leicht, wenn man jeden Vers ein paarmal wiederholt. An dieses Auswendiglernen von Bibelversen vor dem Schlafengehen erinnerte mein Mann sich noch von seinem eigenen Vater her. Auch er musste viel arbeiten, machte es sich aber trotzdem zur Gewohnheit, seinen Kindern vor dem Schlafengehen die Weisheit der Bibel nahezubringen.

Im Lauf der Jahre habe ich eine Sammlung verschiedener Andachtsbücher für meine Jungs angelegt. Das sind ganz einfache Bücher, in denen wir täglich ein paar Bibelverse lesen und die dazu auch noch eine Geschichte oder ein paar ermutigende Worte enthalten. Wenn die Kinder morgens aufwachten und mich mit meiner Bibel und meinem Tagebuch auf dem Sofa sitzen sahen, legte ich die Bibel beiseite und zog sie neben mich, um eine kurze Kinderandacht mit ihnen abzuhalten. Taten wir das jeden Morgen? Nein. Aber ich versuchte, es zu einem ganz normalen Start in unseren Tag zu machen.

Es gibt viele wunderbare Kinderandachtsbücher, doch diejenigen, die sich speziell an Jungen wenden, schienen die Aufmerksamkeit meiner Söhne stets am meisten zu fesseln. Zurzeit lesen Levi und ich die *One Year Devotions for Boys* von den Verfassern der *One Year*

Bible. Jede Geschichte zeigt Jungen in verschiedenen nachvollziehbaren Lebenssituationen, und danach kommt ein kurzer Bibeltext, den wir gemeinsam durchlesen.

Sobald sie ohne fremde Hilfe lesen konnten, hängte ich das Morgenprogramm für meine Jungs an eine Tafel im Flur. Auf der Liste mit einfachen Gedächtnisstützen – »Bett machen. Zähne putzen. Haushaltspflichten erledigen« – stand auch die Ermahnung: »Andacht halten«. Ich glaube, je früher Jungen sich angewöhnen, ihren Tag auf diese Weise zu beginnen, umso besser ist es.

Als die Kinder dann etwas älter wurden, entdeckten sie verschiedene Andachtsbücher, und im Teenageralter stellten sie einen Bibelleseplan auf und trafen sich regelmäßig in einer Kleingruppe unserer Kirchengemeinde zur Bibellektüre. Luke liest gerne die Online-Tagesandacht der Fellowship of Christian Athletes (FCA).[18] Obwohl Josiah (wie ich bereits zu Beginn dieses Kapitels erzählt habe) verschiedene Methoden entwickelt hat, jeden Tag Zwiesprache mit Gott zu halten, praktizieren das nicht alle meine Jungs so regelmäßig wie er. Manchmal sind ihre Andachten sehr kurz, oder sie versäumen sie völlig – aber wozu gibt es schließlich Gnade?

Als sie noch klein waren, lasen wir gemeinsam Geschichten von gläubigen Männern – nicht nur von Figuren aus der Bibel, sondern auch von Missionaren und anderen Helden des christlichen Glaubens. Meine Jungs begeisterten sich vor allem für Geschichten über ganz gewöhnliche Männer, die Gott für die Vollbringung außergewöhnlicher Taten auserwählt hat. Daraus lernen sie, dass ihre größte Stärke nicht Muskeln oder körperliche Kraft sind, sondern das Vertrauen in einen großen Gott. Geschichten aus dem Alten Testament wie »David und Goliath« und »Daniel in der Löwengrube« haben sie ebenso in ihrem Glauben inspiriert wie die Heldentaten von Männern aus dem Neuen Testament, die ihr Leben dafür auf Spiel setzten, die Botschaft des Evangeliums weiterzugeben. Wir haben über die Worte des Paulus an den jungen Timotheus gesprochen: »Niemand hat ein Recht, auf dich herabzusehen, weil du noch so jung bist« (1. Timotheus 4:12). Bei dem Bibelvers »Selig sind die Sanftmütigen« (Matthäus 5:5) sprechen wir darüber, dass Sanftmut keine Schwäche ist, sondern eine Stärke – ein Ausdruck göttlicher Selbstbeherrschung.

Die Bibel bietet unseren Söhnen so viele Inspirationen! Ich höre immer wieder gern zu, wenn meine Jungs miteinander über wunderbare Geschichten oder Bibelstellen diskutieren und dabei auf das Wissen zurückgreifen, das sie nach jahrelangem Bibelstudium (sowohl mit uns als auch in ihren Andachten und während der Zeit, als sie zu Hause unterrichtet wurden) erworben haben. Ich bin mir ziemlich sicher, dass meine Jungs als Teenager schon mehr darüber wissen als ich!

Dave und ich bitten unsere Söhne, die bereits im Teenageralter sind, im Rahmen ihrer Andacht jeden Tag ein Kapitel aus den Sprüchen Salomos zu lesen. Dieses biblische Buch ist eine Sammlung von Weisheitssprüchen, und da das ganze Buch 31 Kapitel hat, ist es einfach, an jedem Tag des Monats ein Kapitel daraus zu lesen. Auch mein Mann und ich versuchen, jeden Tag ein Kapitel daraus zu lesen, sodass wir beim Essen oder wenn wir als Familie gemeinsam unseren Tag durchsprechen, vielleicht den einen oder anderen Vers erwähnen, der uns bei unserer Lektüre besonders aufgefallen ist. Das hat uns im Lauf der Zeit schon zu wunderbaren Gesprächen darüber angeregt, wie praxisorientiert diese Sprüche sind und wie viel sie uns über die aktuellen Probleme in unserem eigenen Leben und in der heutigen Welt zu sagen haben.

Während wir unseren Tag durchsprechen, versuche ich immer wieder auf die spirituelle Seite der physischen Dinge hinzuweisen, denen wir im Leben begegnen. Vielleicht sehen wir einen Krankenwagen und bleiben stehen, um für diesen Menschen zu beten, der verletzt oder krank ist. Wenn wir etwas verlieren oder vor einer schwierigen Situation stehen, bitten wir Gott um Hilfe. Und die Sprüche Salomos kommen uns auch ganz von selbst in den Sinn, wenn wir die Nachrichten sehen und erkennen, welche Konsequenzen es hat, wenn Menschen eher törichte als weise Entscheidungen treffen. Wenn man solche Gespräche planvoll und zielgerichtet führt, wird die Bibel wirklich lebendig – und die Kinder reden unheimlich gern darüber!

Doch es gibt nichts Wichtigeres, als unseren Söhnen klar und deutlich die Botschaft des Evangeliums zu vermitteln. Ich habe schon viele junge Erwachsene getroffen, die mir erzählten, dass sie zwar in einer christlichen Familie aufgewachsen sind, aber trotzdem irgendwie niemals wirklich die einfache Wahrheit verstanden haben, wie man eine Beziehung zu Gott führt. Am Ende dieses Kapitels finden Sie eine Liste von Bibelversen, die Sie oder Ihren Sohn in eine Beziehung zu Jesus Christus führen können. Wenn Sie beide sich bereits dazu entschieden haben, Jesus zu folgen, können Sie ihm vielleicht dabei helfen, diese Verse auswendig zu lernen, damit er diese Botschaft auch mit einem Freund teilen kann!

In der Bibel steht, dass wir jeden Tag einen spirituellen Kampf auszustehen haben. Wir leben in einer Welt von Licht und Dunkelheit, Gut und Böse. Wir dürfen nicht vergessen, dass der Widersacher unsere Herzen und unseren Geist erobern möchte – angefangen bei unseren Kindern. Statt meine Söhne vor dieser Tatsache abschirmen zu wollen, habe ich festgestellt, dass eine einfache Erklärung der Kräfte, die in dieser Welt am Werk sind, ihnen sehr weiterhilft. Dieses Verständnis haben wir ihnen durch die Lektüre von Bibelversen nahegebracht, und es hat meine kriegerischen Jungs dafür gewappnet, sich dem inneren Kampf zwischen Gut und Böse zu stellen, dem Feind nicht nachzugeben und an Gott als ihrem Schild festzuhalten. Nebenbei bemerkt: Auf die biblischen Analogien in *Krieg der Sterne* und den *Chroniken von Narnia* hinzuweisen, kann bei solchen Gesprächen eine sehr wertvolle Hilfe sein!

Das Glück einer christlichen Gemeinschaft

Die Welt ist groß, und wenn Jungen heranwachsen, brauchen sie außer ihren Eltern auch noch andere Einflüsse, die sie zur Führung eines gesunden spirituellen Lebens anspornen. Wir haben es zu unserer Priorität erhoben, in allen Phasen unseres Familienlebens Kontakt zu einer Kirchengemeinde zu suchen. Das war für meinen Mann und mich eine enorme Hilfe und für unsere Kinder ein großer Segen.

Ein Vorteil des Lebens in einer kleinen Kirchengemeinde besteht darin, dass die Gemeindemitglieder schnell zu einer Familie zusammenwachsen. Außerdem braucht so eine Gemeinde natürlich auch viele Helfer. Als unsere Söhne ins Teenageralter kamen, übernahmen sie alle irgendwelche Aufgaben in unserer Gemeinde. Einer von ihnen bereitet zum Beispiel die Folien für den Gottesdienst vor, ein anderer hilft beim Wegräumen der Stühle nach dem Gottesdienst. Jungs blühen förmlich auf, wenn sie nützliche Mitglieder eines Teams sind und spüren, dass sie gebraucht werden!

Zusätzlich zu den sonntäglichen Gottesdiensten, die die ganze Familie besucht, versuchen mein Mann und ich auch noch an einer Bibelgruppe oder irgendeiner anderen christlichen Gruppe teilzunehmen. Unsere Jungs sollen wissen, dass es nicht einfach nur Kinderkram, sondern ein echter Lebensstil ist, sich aktiv in einer gesunden Gemeinschaft gläubiger Menschen zu engagieren. Sobald sie alt genug sind, besuchen unsere Söhne Jugendgruppen in unserer Stadt. Wir haben sie nie dazu gezwungen, es aber auch nie zu einer Option gemacht, nicht hinzugehen. Es gehört einfach zu ihrem Wochenplan als Schüler der Mittel- oder Oberstufe. Wahrscheinlich gab es Zeiten, in denen sie keine besondere Lust dazu hatten, aber wir haben es zu einer festen Gewohnheit für sie gemacht – es ist einfach ein Teil unseres Lebensrhythmus.

Wenn Sie in einer größeren Gemeinde leben oder eine große Kirche besuchen, gibt es normalerweise kleinere Bibelgruppen oder andere christliche Gruppen in Ihrer Wohngegend, denen Sie und Ihre Kinder sich anschließen können. Manche Jungen, die sich in der Jugendgruppe ihrer Kirche nicht wohlfühlen, finden vielleicht in einer anderen Gemeindegruppe den gewünschten Anschluss. Sie sollten Ihren Sohn auf jeden Fall dazu ermutigen und darin unterstützen, regelmäßig mit anderen Gläubigen in Kontakt zu stehen.

Ich verstehe, dass es vielen Teenagern aufgrund ihrer sportlichen, schulischen oder sonstigen Verpflichtungen schwerfällt, Zeit für solche Jugendgruppen zu finden, aber ich kann gar nicht genug betonen, wie wichtig es für Ihren Sohn ist, regelmäßig mit anderen gläubigen Menschen zusammenzukommen. Obwohl mein Mann und ich unser Bestes tun, um unseren Söhnen beizubringen, was es bedeutet, Jesus nachzufolgen, finden sie doch große Ermutigung im Zusammentreffen mit anderen Teenagern, die die gleichen Ziele verfolgen. Sie kommen von solchen Jugendgruppentreffen immer ganz erleichtert und innerlich gestärkt nach Hause, weil ihnen dadurch klar wird, dass sie auf diesem Weg nicht allein sind. In dem Spruch Salomos 27:17 ist das ganz hervorragend beschrieben: »Ein Messer wetzt das andere und ein Mann den andern.«

Die Macht des Gebets

Eines der wichtigsten Dinge, die wir tun können, ist, regelmäßig für unsere Jungs zu beten. Gott hat unsere Söhne geschaffen und weiß genau über ihr Leben Bescheid. Nichts wird Ihn überraschen oder erschrecken, also brauchen Sie Ihm auch nicht viel zu erklären. *Er versteht alles.* Bitten Sie Gott, Ihnen Einblick in das Herz und die Bedürfnisse Ihres Sohnes zu geben, und dann seien Sie still und hören Sie zu. Er wird Sie dann oft durch die Heilige Schrift oder durch bestimmte Umstände zu einem besseren Verständnis hinführen.

Manchmal fühlen wir uns als Mütter völlig hilflos – als gäbe es wirklich nichts, was wir tun könnten, um unsere Söhne zu ändern oder zu erreichen, dass sie anders handeln, denken oder sprechen. Das ist das Wunderbare am Gebet: *Beten kann man immer.* Wenn wir dem Herrn unsere Sorgen, Hoffnungen und Träume für unsere Söhne vortragen, können wir sie Ihm überantworten und darauf vertrauen, dass Er uns gehört hat und sich unseres Problems annimmt.

Schon seit den ersten Lebensjahren meines erstgeborenen Sohnes habe ich stets ein Exemplar von Stormie Omartians Buch *Mein Gebet macht mein Kind stark* griffbereit.[19] Nach Themen unterteilt, enthält dieses Buch Gebete für Ihr Kind mit einer Leerstelle, in die Sie den Namen des Kindes einfügen können. Ich finde das sehr hilfreich, denn ich muss gestehen, dass meine eigenen Gebete sich oft in sehr vagen Bitten erschöpfen, zum Beispiel: »Beschütze meine Jungs« oder »Hilf ihnen, dies oder jenes zu tun«. Das Wort Gottes ist viel mächtiger als meine eigenen Worte; daher nutze ich diese Gebete gern als Inspirationsquelle für meine Gespräche mit Gott.

Außerdem habe ich mir angewöhnt, auch für die zukünftigen Ehefrauen meiner Söhne zu beten. Auf diese Idee kam ich, als Dave mir erzählte, dass seine Mutter ihm schon beigebracht hatte, *für mich* zu beten, als er gerade erst fünf Jahre alt war! Wenn meine Söhne mir dabei zuhören, höre ich zwar manchmal ein gequältes Stöhnen oder ein »Ach, Mama!«, aber dadurch lasse ich mich nicht von meinen Gebeten abhalten. Ich sporne meine Jungs auch dazu an, selbst für ihre zukünftigen Frauen zu beten: dass sie gesund und in Sicherheit sind, gute Entscheidungen treffen und niemals von ihrem Weg mit Jesus abweichen. Ich freue mich schon darauf, die künftigen Ehefrauen meiner Söhne kennenzulernen, weil ich weiß, dass ich schon sehr früh an ihrem Leben teilhatte!

Der Umgang mit Fragen und Widerständen

Im Lauf der Jahre haben meine Söhne uns viele Fragen zu religiösen Themen gestellt. Manchmal kommen sie zu meinem Mann und mir, um über irgendein spirituelles Konzept zu sprechen, mit dem sie sich gerade herumschlagen. Wir beantworten dann einige ihrer Fragen, leiten sie aber auch dazu an, selbst nach Antworten zu suchen. Mein Mann sagt immer: »Zweifel ist der Same des Glaubens. Wenn das, woran du glaubst, wahr ist, kann es auch deine Fragen verkraften.« Unser Glaube wird gestärkt, wenn wir ihn infrage stellen, denn er beruht nicht auf Gefühlen, sondern auf der Wahrheit. Also helfen wir unseren Jungen, nach Antworten zu suchen, und geben ihnen den nötigen Freiraum für diese inneren Kämpfe. Wir sind immer für sie da, wenn sie etwas mit uns besprechen wollen, und hören niemals auf, ihnen unseren Glauben vorzuleben und für sie zu beten. Bis jetzt sind sie aus allen Fragestellungen mit einem gestärkten Glauben hervorgegangen.

Man muss sich aber auch vor Augen halten, dass jeder Mensch einen freien Willen hat. Wir können unseren Jungen ein Vorbild sein, sie anleiten und belehren und sogar jeden Tag für sie beten, aber es kann trotzdem sein, dass sie sich letzten Endes dagegen entscheiden, Jesus zu folgen. Ich habe zu viele wunderbare christliche Eltern kennengelernt, deren Kinder trotzdem die Gemeinde verlassen und ihren Glauben aufgegeben haben, als dass ich mir einreden könnte, dass so etwas nicht passieren kann – auch wenn der Gedanke daran mir einen kalten Schauer über den Rücken jagt. Je authentischer wir in unserem eigenen Glauben sind und je konsequenter wir ihn praktizieren, umso wahrscheinlicher ist es, dass unsere Kinder denselben Weg gehen werden wie wir. Aber leider gibt es keine Garantie dafür. Wir können unser Bestes tun, um unsere Söhne zu inspirieren, zu unterweisen und zu erziehen. Alles andere müssen sie mit sich selbst und mit Gott abmachen.

Irgendwann wird Ihr Sohn Ihren Glauben vielleicht ablehnen oder sich zumindest gegen bestimmte Dinge – zum Beispiel den Kirchenbesuch oder das Engagement in einer Jugendgruppe – wehren. Was dann? Lesen Sie bitte zuerst mein Kapitel zum Thema Einflüsse und denken Sie gründlich über die Einflüsse im Leben Ihres Sohnes nach. Fragen Sie sich, ob Sie an den Einflüssen, denen er ausgesetzt ist, vielleicht etwas ändern müssen. Als Nächstes sollten Sie sich über Ihren eigenen Glaubensweg, Ihre geistliche Gemeinschaft und Ihre Gebetspraktiken Gedanken machen. Vielleicht können Sie mit Ihrer Rückbesinnung auf solche Dinge auch das religiöse Leben Ihres Sohnes beeinflussen?

Glauben Sie mir: Es ist gar nicht so ungewöhnlich, dass ein Teenager in seinem Streben nach Unabhängigkeit die Werte oder Prioritäten seiner Familie weit von sich schiebt. Das bedeutet aber nicht, dass Sie ihn einfach gewähren lassen sollen. Ich empfehle Ihnen dringend, mit Ihrem Sohn über seine Gefühle zu sprechen und seine wachsende Eigenständigkeit anzuerkennen. Vielleicht sollten Sie ihm auch eine gewisse Freiheit dabei geben, wie er sich in eine religiöse Gemeinschaft einbringen möchte. Damit er sich nicht gleich ganz aus seiner Kirchengemeinde verabschiedet, könnten Sie ihm eine Liste von Optionen anbieten, wie er sich dort engagieren kann: Wenn er musikalisch ist, könnte er zum Beispiel im Kirchenchor seiner Jugendgruppe mitmachen. Wenn er sich für Computer und technische Geräte begeistert, empfehlen Sie ihm, sich doch einmal mit dem Technikerteam der Kirchengemeinde zusammenzusetzen: Vielleicht kann er dort eine Schulung oder ein Praktikum absolvieren.

Manche Kinder haben einfach nicht das Gefühl, in eine Jugendgruppe hineinzupassen, arbeiten aber sehr gern im Ton- oder Beleuchtungsteam ihrer Gemeinde mit und finden dort großartige Vorbilder. Also denken Sie kreativ darüber nach, wie Sie Ihren Sohn in einem Umfeld halten können, das seine religiöse Entwicklung fördert. Auch mit Musik, technischen Spielereien oder dem Aufstellen von Stühlen vor dem Gottesdienst kann man seiner Kirchengemeinde einen wertvollen Dienst erweisen.

Sprechen Sie mit dem Pastor oder Jugendgruppenleiter über Ihren Sohn und seine Interessen oder Anliegen! Wahrscheinlich wird er gerne bereit sein, Ihnen zu helfen, damit Sie gemeinsam etwas Passendes für Ihren Sohn finden. Egal ob er Autos oder Sport oder irgendetwas anderes mag – wenn Sie sich ein paar Gedanken darüber machen, werden Sie bestimmt ein gutes Vorbild für ihn finden, das sich Zeit für ihn nimmt und ihm zeigt, wie es aussieht, Jesus zu folgen. Bitte geben Sie nicht auf, nur weil Ihr Sohn sich dagegen wehrt! Er muss nicht einmal Spaß daran haben, was Sie von ihm verlangen. Solange er in Ihrem Haus lebt, ist es Ihre Aufgabe, ihn zu unterweisen. Auch wenn ihm Ihre Ideen anfangs vielleicht nicht gefallen – bleiben Sie dran! Begleiten Sie ihn geduldig durch Zeiten des Zweifels oder innerer Kämpfe. Sie werden es bestimmt niemals bereuen.

Ein paar persönliche Fragen an Sie

1. Wie würden Sie Ihre eigene Beziehung zu Gott beschreiben? Wie nimmt Ihr Sohn Ihr religiöses Leben wahr?

2. Was könnten Sie sonst noch tun, um Ihrem Sohn ein gutes Vorbild für einen authentischen Glauben zu sein?

3. Haben Sie Ihrem Sohn genau erklärt, wer Gott ist und wie er Ihn kennenlernen kann? Wenn ja: Wie hat er darauf reagiert? Wenn nicht: Was sollten Sie als Nächstes tun, um ihm Gott näherzubringen?

4. Welche Beziehung hat Ihr Sohn zurzeit zur Kirche oder zu Jugendgruppen in Ihrer Stadt? Was könnten Sie tun, um ihn mit irgendeiner christlichen Glaubensgemeinschaft in Kontakt zu bringen?

5. Welches Gebet ist für Ihren Sohn am wichtigsten? Wie können Sie das Beten für ihn in Ihren Tagesablauf einbauen?

Die frohe Botschaft des Evangeliums

Als Eltern haben Sie die Möglichkeit, Ihren Kindern Jesus nahezubringen und ihnen zu zeigen, was Er in ihrem Leben alles bewirken kann. Hier ein paar einfache Vorschläge für Gespräche darüber, was es bedeutet, Christ zu werden. Falls Sie noch nicht an Jesus glauben, können Sie sich auch selbst an diesen Schritten orientieren.

1. Um Christ zu werden, müssen Sie zunächst einmal **anerkennen, dass es einen Gott gibt, der Sie geschaffen hat und Sie liebt**. Er hat einen perfekten Plan für Ihr Leben. »Aber ohne Glauben ist's unmöglich, Gott zu gefallen; denn wer zu Gott kommen will, der muss glauben, dass Er ist und dass Er denen, die Ihn suchen, ihren Lohn gibt« (Hebräer 11:6).

2. Sie müssen **bekennen, dass Sie ein sündiger Mensch und von Gott getrennt sind**. Bevor wir eine Beziehung zu Gott aufbauen, sind wir alle von Ihm getrennt – wir sind aufgrund unserer Verfehlungen und Sünden tot (siehe Epheser 2:1). Alle Menschen sind von Natur aus und aus freier Entscheidung Sünder. »Sie sind allesamt Sünder und ermangeln des Ruhmes, den sie bei Gott haben sollten«, und »der Lohn der Sünde ist der Tod« (Römer 3:23; 6:23). Es gibt nichts, was wir aus eigener Kraft tun können, um unsere Sünden zu sühnen oder heilig zu werden.

3. Aber Jesus liebt Sie so sehr, dass er sich entschieden hat, Ihre Sünden auf sich zu nehmen und Ihnen das wahre Leben zu schenken. In Römer 5:8 heißt es: »Gott aber erweist seine Liebe zu uns darin, dass Christus für uns gestorben ist, als wir noch Sünder waren.« Und dann ist Jesus von den Toten auferstanden! »Christus ist für unsere Sünden gestorben. Das ist das Wichtigste, und so steht es schon in der Heiligen Schrift. Er wurde begraben und am dritten Tag vom Tod auferweckt, wie es in der Heiligen Schrift vorausgesagt ist« (1. Korinther 15:3–4). Sein Leben schenkt uns vollkommene Rechtfertigung, sein Tod ist die hundertprozentige Sühne

für unsere Sünde, und seine Auferstehung gibt uns den Sieg und die Verheißung für eine bessere Zukunft.

4. Wir werden Christen und bauen eine Beziehung zu Gott auf, **wenn wir glauben und dieses Geschenk Jesu als Sühne für unsere Sünden annehmen.** »So viele ihn aber aufnahmen, denen gab er das Recht, Kinder Gottes zu werden, denen, die an seinen Namen glauben« (Johannes 1:12). Welch schöne Einladung! Glauben Sie an Gott; empfangen Sie sein Geschenk der Rechtfertigung, der Verzeihung und des Sieges; und dann leben Sie sich in Ihre Identität als neues Geschöpf Jesu Christi hinein.

Sie oder Ihr Sohn können das Geschenk Jesu annehmen und Christ werden, indem Sie gleich jetzt mit Ihm sprechen. Es gibt keine vorgefertigte Gebetsformel, an die Sie sich dabei halten müssen – Gott hört die Stimme Ihres Herzens! Wir empfangen einfach Jesu Geschenk der Errettung, indem wir daran glauben, was Er für uns getan hat. Wir entscheiden uns, Ihm zu folgen. Wenn wir das tun, schenkt Er uns Seinen Heiligen Geist und hilft uns dadurch, die Bibel zu verstehen und in unserem Glauben an Gott zu wachsen.

Hier ein Gebetsbeispiel für Ihr Kind (oder für Sie):

Jesus, ich brauche Dich. Danke, dass Du am Kreuz für meine Sünden gestorben bist. Ich öffne jetzt die Tür meines Herzens und gebe mich in Deine Hände, Du mein Retter und mein Herr. Danke, dass Du mir meine Sünden verzeihst und mir ewiges Leben schenkst. Bitte führe mich von jetzt an, damit ich in meiner Beziehung zu Dir wachse, und mache mich zu dem Menschen, der ich für Dich sein soll. Amen.

Wenn Sie dieses Gebet in ehrlicher Absicht gesprochen haben, können Sie darauf vertrauen, dass Gott es gehört hat und Sie mit offenen Armen empfängt. Ich würde mich freuen, davon zu erfahren! Sie können mir eine E-Mail an *aloha@monicaswanson.com* schicken, um mir von dieser wunderbaren Nachricht zu erzählen! Besorgen Sie sich am besten eine Bibel und beginnen

Sie, im Neuen Testament das Johannesevangelium zu lesen, um mehr über Jesus zu erfahren! Und dann suchen Sie sich eine Kirchengemeinde und werden Sie ein Teil davon. Wir brauchen einander, und es ist so schön, in der Beziehung zu anderen Christen gemeinsam zu wachsen.

5

Eine sichere Basis

Identität und der eigene Platz in der Welt

Es ist leichter, starke Kinder zu erziehen, als gebrochene Menschen zu reparieren.

Frederick Douglass

Unser dritter Sohn Luke ist Wettkampfsurfer. Er trainiert fast jeden Tag stundenlang und nimmt regelmäßig an Surfwettbewerben teil. Sein Traum ist es, eines Tages Profi-Surfer zu werden, und wenn er so weitermacht, könnte dieser Wunsch tatsächlich wahr werden. Mein Mann und ich unterstützen ihn nach Kräften dabei. Wir sind beide mit Leistungssport aufgewachsen, und es macht uns Freude, Luke bei der Verwirklichung seiner Träume anzufeuern.

Natürlich ist das Surfen zu einem wichtigen Teil seiner Identität geworden: Luke ist ein richtiger Surferboy. Trotz dicker Sonnencremeschichten ist seine Haut immer dunkelbraun und sein Haar stets von der Sonne ausgebleicht. Es gibt Marken, die ihn sponsern, und dadurch entsteht bei ihm natürlich ein gewisser Druck, Leistung zu bringen, bei Wettbewerben möglichst gut abzuschneiden und spannende Bilder und Videos in den sozialen Medien zu posten, um etwas für sein Image zu tun.

Sie können sich sicherlich vorstellen, wie all das mit der Zeit dazu führen könnte, dass Luke seinen Selbstwert hundertprozentig mit seinem Surfsport verbindet. Wenn er einen Wettkampf gewinnt oder die Aufmerksamkeit seiner Sponsoren oder der Medien auf sich zieht, hat er vielleicht das Gefühl, der Größte zu sein. Und wenn er verliert oder in den Medien nicht über ihn berichtet wird, fühlt er sich womöglich als Versager. Viele Leistungssportler werden von solchen Ängsten geplagt. Für sie gibt es nur noch Leistung, und die Angst vor dem Versagen wird zu einer stärkeren Motivation als die Liebe zum Sport.

Luke hatte sicherlich auch schon mit solchen Problemen zu kämpfen. Nachdem er kürzlich ein ganzes Jahr lang für die nationalen Meisterschaften in Kalifornien trainiert hatte, erwartete er natürlich, viele Heats zu gewinnen, und träumte sogar von einem nationalen Titel. Doch leider lief der erste Heat gar nicht gut für ihn, und er flog schon in der ersten Runde raus! Für ihn war der Wettkampf also bereits nach einer Viertelstunde vorbei. Ehrlich gesagt, war das für uns alle eine furchtbare Enttäuschung.

Wie können wir Luke helfen, seine Surfleidenschaft auszuleben, ohne seine ganze Identität daran festzumachen? Wie können wir ihm beibringen, nach bestmöglichen Leistungen zu streben *und trotzdem nicht sein Selbstvertrauen zu verlieren*, wenn er einmal nicht gewinnt? Die gleichen Fragen können sich natürlich auch Eltern eines Jungen stellen, der anderen Leidenschaften frönt – von Sport über Musik bis hin zu akademischen Leistungen.

Andererseits gibt es auch Jungs, die gar nichts haben, worauf sie ihre Energie und ihre Fähigkeiten konzentrieren könnten. Jungen, die noch nicht genau wissen, wie sie sich selbst definieren sollen. (Das kommt im Teenageralter sehr häufig vor.) Auch diese jungen Menschen suchen nach Selbstwert und Identität und wollen unbedingt herausfinden, wo ihr persönlicher Lebenssinn und -zweck liegen. Wie können wir sie dabei anleiten? Wie können wir ihnen helfen?

Als Mütter gehört es zu unseren wichtigsten Zielen, unsere Söhne so zu erziehen, dass sie eine sichere Identität haben – ein Selbstwertgefühl, das nicht von Leistung, Beliebtheit, Erfolg oder Ruhm abhängt.

Wir müssen uns darüber im Klaren sein, dass in jedem menschlichen Herzen die Sehnsucht steckt, sich wichtig und bedeutend zu fühlen – als etwas ganz Besonderes geschätzt zu werden in einer Welt, die uns normalerweise eher das Gefühl gibt, anonym und unbeachtet zu sein. Teenager, die mit dieser Sehnsucht nicht gut umgehen können, sind möglicherweise anfällig für Gruppendruck oder neigen dazu, falsche Entscheidungen zu treffen, um ihre Wichtigkeit zu beweisen.

Als Mütter können wir unseren Söhnen besonders gut dabei helfen, sich mit ein paar wichtigen Fragen auseinanderzusetzen, vor denen wir alle stehen – Fragen, die in den Teenagerjahren an die Oberfläche zu steigen scheinen:

- Wer bin ich?
- Bin ich überhaupt wichtig?
- Woraus leitet sich mein Wert als Mensch ab?

Ich glaube, die Zukunft eines Jungen kann davon abhängen, wie er sich diese Fragen zu beantworten lernt.

Falsche Identität

Die meisten Menschen entwickeln ein Identitätsgefühl, das auf den sich ständig verändernden weltlichen Maßstäben beruht. Sie nehmen Botschaften und Etiketten von ihren Eltern, ihrer Kultur und ihren Altersgenossen auf. Und die meisten Leute definieren ihren Selbstwert automatisch über ihre Leistung, ihr Aussehen und ihre Beliebtheit – darüber, was sie schon alles geschafft haben und wie sie im Vergleich zu anderen Menschen abschneiden.

In seinem Buch *Du bist du* beschreibt Robert McGee die Botschaft, die die meisten Menschen verinnerlicht haben – die Motivation, die hinter vielen ihrer Entscheidungen steht: Selbstwert = Leistung + Meinung der anderen.[20]

Bei dieser Gleichung gibt es gleich zwei große Probleme: Erstens legt sie ungeheuren Wert auf *Leistung*. Das ist für uns alle hart; aber wenn ein solcher Druck schon auf Kindern oder Jugendlichen lastet, kann es gefährlich werden. Jungen, die ihr Selbstwertgefühl mit ihren schulischen Leistungen verknüpfen, leiden zum Beispiel oft sehr darunter, wenn ihre Noten nicht den Erwartungen entsprechen. Und wenn Kinder ihre Identität von ihren Leistungen im Sport, in der Musik, irgendeiner anderen Kunstform oder einem anderen Hobby abhängig machen, kann es für sie fast schon eine Tragödie sein, nicht gut genug abzuschneiden. Oft geben Kinder irgendetwas auf, was sie vorher begeistert hat, weil sie damit eine schlechte Erfahrung gemacht oder ein schlechtes Ergebnis erzielt haben. Dann ziehen sie sich vielleicht in ihr Schneckenhaus zurück, werden wütend oder verlieren den Mut – oder sie setzen sich in Zukunft *noch* stärker unter Druck.

Unabhängig davon, wie sie auf Enttäuschungen reagieren, laufen Kinder, die das Gefühl haben, dass ihre Bedeutung von irgendwelchen äußeren Bedingungen abhängt, Gefahr, ungesunde Entscheidungen zu treffen. Und diejenigen, die keine Spitzenleistungen erbringen oder nicht das Bedürfnis haben, sich auf irgendeinem bestimmten Gebiet hervorzutun, kommen sich oft unbedeutend vor und werden übersehen. Viele Jungen haben das Gefühl, nichts wirklich gut zu können, und wünschten, es gäbe irgendein Gebiet, auf dem sie besonders begabt sind. Vielleicht fällt es ihnen schwer, Freunde zu finden, und sie sind weder in der Schule noch im Sport sonderlich gut. Auch diese Jungen sehnen sich nach Selbstwert, obwohl sie dabei ganz andere Kämpfe zu bestehen haben.

Wenn wir unseren Selbstwert von der *Meinung anderer Menschen* abhängig machen, kann das verheerende Folgen haben. Denn wie wir wissen, ändern Menschen ihre Meinung ständig. Was in der einen Woche noch cool oder beliebt war, ist vielleicht schon in der nächsten nicht mehr angesagt. Freunde sind wankelmütig und können oft sogar richtig gemein sein. Kinder, die ihr Selbstwertgefühl von der Akzeptanz ihrer Altersgenossen abhängig machen, tun oft alles, um sich anzupassen – nur um dann festzustellen, dass die Regeln sich geändert haben. Die sozialen Medien verschlimmern dieses Problem sogar noch. Teenager sind besessen von Likes und Followern, und oft hängt ihre Stimmung von ihrem aktuellen Status in den sozialen Medien ab. (Auf dieses Thema werden wir in Kapitel 8 noch näher eingehen.)

Obwohl die jeweiligen Umstände also sehr unterschiedlich sein können, ist es für alle Jungen schwierig, ihre Identität zu finden und ihren Wert in der Welt zu beweisen. Viele Kinder erfinden sogar eine Online-Präsenz, um sich beliebt zu machen, oder schummeln in der Schule, um den Notendurchschnitt zu halten, den man von ihnen erwartet. Viele Teenager werden sogar ihren Wertvorstellungen untreu, um in einer Gruppe von Gleichaltrigen akzeptiert zu werden. Und wenn Mobbing ins Spiel kommt, wird das alles oft noch schlimmer. Wir alle haben schon tragische Geschichten von Kindern gehört, die sich das Leben nahmen, nachdem sie jahrelang versucht hatten, irgendwo »dazuzugehören«, und unter einem zu niedrigen Selbstwertgefühl litten. Das ist schon ziemlich harter Tobak.

Doch zum Glück gibt es auch einen anderen Weg.

Der einzig wahre Maßstab für den Wert eines Kindes

Wir können unseren Söhnen dabei helfen, ein zuverlässiges Selbstwertgefühl zu entwickeln, das auch dann gleichbleibt, wenn ihr Leben sich verändert. Wie der Psychologe Larry Crabb sagt, sind Bedeutung und Sicherheit menschliche Grundbedürfnisse, die beide nur in einer Beziehung zu Jesus richtig erfüllt werden können.[21] Wenn unsere Söhne die Liebe Gottes auf ganz konkreter, persönlicher Ebene erfahren, beginnen sie ihren unendlichen Wert zu begreifen, und zwar in praktischer ebenso wie existenzieller Hinsicht. Dann können sie eine Identität entwickeln, die sich nicht in Abhängigkeit von Noten, Leistungen, Trends oder der Meinung ihrer Mitmenschen verändert.

Wir können unseren Kindern ein sicheres Fundament für ihre Identität und ihren Selbstwert mit auf den Weg geben, wenn wir ihnen beibringen, was Gott über sie sagt, und ihnen erklären, wie sie eine Beziehung – keine *leistungsbezogene* Religion, sondern eine echte Beziehung – zu Ihm aufbauen können, die einzig und allein auf Seiner unveränderlichen Liebe und Akzeptanz beruht. Und wenn sie wieder einmal in Versuchung kommen, ihren Wert an irgendeinem anderen Maßstab zu messen, können wir sie auf ein paar klare, einfache Wahrheiten aus dem Wort Gottes hinweisen.

In der Bibel heißt es:

- Wir sind alle nach Gottes Ebenbild geschaffen (siehe 1. Mose 1:27).
- Wir werden geliebt und wertgeschätzt, und es gibt ein Ziel und einen Plan für unser Leben (siehe Jeremia 29:11).
- Wir können Verzeihung für unsere Sünden erlangen und von aller Ungerechtigkeit geläutert werden (siehe 1. Johannes 1:9).
- Wir sind wichtig (siehe Jesaja 44:2).
- Gott hat seinen einzigen Sohn auf die Erde gesandt, um uns zu retten – bedingungslos (Johannes 3:16; Epheser 2:4–5). Philip Yancey schreibt dazu: »Gnade bedeutet, dass wir nichts tun können, damit Gott uns mehr liebt … und auch nichts tun können, damit Gott uns *weniger* liebt.«[22]

Wenn ein Kind, das in unserer heutigen lauten, geräuschvollen Welt aufwächst, diese Wahrheiten begreift, kann ihm das unheimlich viel geben!

Unsere Söhne wachsen in dem Wissen auf, dass sie in manchen Dingen versagen und sich dafür vielleicht auf anderen Gebieten hervortun – doch *was sie tun,* definiert nicht *den Menschen, der sie sind.* Und ihre Identität hängt auch nicht von ihren Freunden ab – ebenso wenig wie von ihrer Haarfarbe, ihrer Musik, ihrem Auto oder ihrem Status in den sozialen Medien. Und selbst wenn ihnen schlimme Dinge passieren, wirkt sich das nicht auf ihre Identität aus. Diese Identität ist unveränderlich und unumstößlich. Sie haben einen großen Wert, der nicht von ihrer Leistung oder ihrer Beliebtheit abhängig ist. Selbst wenn sie sich in den Augen der Welt unwichtig vorkommen, können wir ihnen helfen, den unendlichen Wert zu begreifen, den sie in den Augen ihres Schöpfers haben, und die Sicherheit und Geborgenheit zu spüren, die sich daraus ergeben.

Dave war schon als Kind Leistungsfußballer; und obwohl er in einer liebevollen christlichen Familie aufgewachsen ist, hatte er ein Problem: Seine Identität hing sehr eng von seinen Leistungen als Fußballer ab. Erst auf dem College stellte er sich diesen ungesunden Denkmustern und suchte Rat, um sie zu überwinden. Deshalb war es ihm auch so wichtig, unseren Kindern von klein auf zu vermitteln, worauf es im Leben wirklich ankommt. Wir haben unseren Jungs beigebracht, dass ihr Wert sich aus der Gewissheit herleitet, dass Gott sie wahnsinnig liebt und einen großen Plan für ihr Leben hat. Das sagen wir unseren Kindern ganz bewusst immer wieder – und zwar so oft, dass unsere Jungs schon manchmal stöhnen: »Es reicht – ich weiß inzwischen schon, dass Gott mich liebt!« Aber wir schärfen es ihnen trotzdem immer weiter ein.

Denn irgendwann müssen alle Jungen sich über dieses Thema klar werden, denn sie leben in einer Welt, die ihnen einzureden versucht, dass sie zu klein oder zu groß oder nicht klug oder witzig genug sind oder nicht genügend Follower auf irgendeiner brandneuen Social-Media-App haben. In der Schule, auf der Straße und *auch in ihren eigenen Köpfen* gibt es Stimmen, die ihnen die verschiedensten Etiketten aufdrücken. Das ist bei Teenagern nun mal so. Doch Kinder, deren Identität fest in den unerschütterlichen Wahrheiten der Bibel verwurzelt ist, sind gut dafür gewappnet, diesem Druck standzuhalten.

Der berühmte NFL-Quarterback und Bestsellerautor Tim Tebow erzählt, wie seine Mutter in seinem Zimmer und im Badezimmer Zettel aufhängte, um ihm mit Zitaten und Erinnerungen an sein Potenzial und seinen ewigen Wert mehr Kraft zu geben. Der tägliche Anblick dieser Zettel hat einen bleibenden Eindruck bei ihm hinterlassen: Diese Verse, Zitate und aufmunternden Worte fielen ihm immer dann ein, wenn er sie am meisten brauchte, vor allem während der Höhen und Tiefen seiner Karriere.

In seinem Buch *Shaken* spricht Tim Tebow darüber, wie er von der NFL aussortiert wurde und wie ihn das dazu brachte, wieder zur Wahrheit über seine Identität in Gott zurückzufinden. »Wissen Sie, was ich daraus gelernt habe? Ich habe gelernt, wie wichtig es ist, dass die Höhen oder Tiefen in unserem Leben nicht darüber entscheiden, wer wir sind«, schreibt er.[23] »Natürlich weiß ich den Applaus oder das Schulterklopfen anderer Menschen zu schätzen; doch in Wirklichkeit möchte ich hören, dass mein himmlischer Vater zu mir sagt: ›Ich bin stolz auf dich, mein Sohn.‹«[24]

Mit diesem Wissen im Hinterkopf begleiten wir Luke durch seine Surferkarriere und weisen ihn oft auf Vorbilder wie Tebow hin. Wir helfen ihm, seine Siege zu feiern, und unterstützen ihn bei seinen Niederlagen, sind uns dabei aber stets darüber im Klaren, wie sich das alles auf sein Selbstwertgefühl auswirken könnte. Deshalb sprechen wir mit ihm ganz bewusst über seine Identität – in guten und in schlechten Zeiten. Ich kann mir gut vorstellen, dass wir diese Gespräche so lange führen werden, wie er Wettkampfsurfer ist, denn in dieser Zeit wird immer ein enormer Druck auf ihm lasten. Wenn seine Karriere als Surfer irgendwann endet, werden diese Wahrheiten auch für alle anderen Beschäftigungen in seinem Leben gelten.

Schwere Zeiten überstehen

Ich weiß, dass Identität ein kompliziertes Thema ist. Eine schwierige Familiendynamik, Behinderungen, Mobbing und Fragen der Genderidentität sind nur ein paar Faktoren, die sich auf unser Identitätsgefühl auswirken können. Diese Aspekte sind sehr komplex und erfordern eine fachkundige Beratung, die den Rahmen dieses Buches sprengen. Ich selbst bin keine Expertin auf diesem Gebiet, empfehle Ihnen aber dringend, sich die Hilfe zu holen, die Sie brauchen, um Ihren Sohn bei allem, was ihm widerfährt, liebevoll zu unterstützen. Unsere heutige Kultur kann für unsere Söhne unglaublich verwirrend sein; um in so einer Welt gut aufzuwachsen, brauchen sie dringend Weisheit und gute Ratschläge.

Werden unsere Söhne nie wieder mit ihrem Selbstwert oder ihrer Identität zu kämpfen haben, wenn sie ihr Identitätsgefühl darauf aufbauen, was Gott von ihnen hält? Doch, natürlich! Aber eine solche Sichtweise kann zumindest dazu beitragen, dass bei diesen inneren Kämpfen die Wahrheit siegt. Alle meine Söhne im Teenageralter geben zu, dass sie schon schwere Zeiten durchgemacht haben. Zeiten, in denen sie nicht bereit waren, über ihre inneren Kämpfe zu sprechen – nicht einmal mit mir. Zeiten, in denen sie versucht haben herauszufinden, wer sie sind – wie sie in die Gesellschaft hineinpassen, wie sie sich anziehen, mit sozialen Medien umgehen und mit anderen Menschen interagieren sollen, ohne befangen oder unbeholfen zu wirken. Und sie erzählen mir, dass die Rückkehr zu den Wahrheiten, von denen sie überzeugt waren (auch wenn ihre Gefühle ihnen oft etwas anderes sagten), ihnen die Kraft gegeben hat, die sie brauchten, um diese schlimmen Zeiten zu überstehen.

Ganz normale Teenagerängste

Mein ältester Sohn Josiah war von Anfang an eine richtige Intelligenzbestie. Bis zur Mittelstufe widmete er seine Freizeit ausschließlich seinen ganz besonderen Interessen: sich Videos über Mathematiktheorie anzuschauen, die medizinischen Texte seines Vaters durchzulesen, sich mit Zeitreisen zu beschäftigen und Geschichten und Gedichte zu schreiben. Mit ziemlicher Sicherheit hat die Tatsache, dass wir ihn zu Hause unterrichteten, dabei eine wichtige Rolle gespielt: Damals machte er sich einfach noch keine Gedanken darüber, ob es cool war, sich mit solchen Dingen zu befassen.

Doch als Josiah dann ins Teenageralter kam (und sich mit sozialen Medien zu beschäftigen begann), wurde er befangener. Aufgrund seiner außergewöhnlichen Interessen hatte er plötzlich das Gefühl, anders zu sein als andere Jugendliche. Er begann, sich unsicher zu fühlen. Zum Beispiel hatte er eine Webseite erstellt, auf der er seine Fotografien zeigte und auch ein paar seiner Texte veröffentlichte. Doch plötzlich begann er, das alles in Frage zu stellen. Heute erzählt er mir, dass ihm damals alle möglichen negativen Stimmen im Kopf herumspukten – Stimmen, die ihm einredeten, dass er immer ein Außenseiter sein würde und dass er sich für seine Hobbys und Interessen schämen sollte. Eine Zeit lang spielte er sogar mit dem Gedanken, seine Webseite aus dem Netz zu nehmen und seine Energie stattdessen lieber in den Versuch zu investieren, zu den »coolen Kids« zu gehören.

Zum Glück beschloss Josiah dann aber doch, sich nicht von seiner Unsicherheit leiten zu lassen, und verfolgte seine Interessen weiter, obwohl sie so außergewöhnlich und unpopulär waren. Ihm war zwar immer noch nicht ganz wohl dabei, doch er versuchte, sich von diesen Gedanken nicht beherrschen zu lassen. Dabei hat es sich sehr positiv ausgewirkt, dass sein Leben eine große Bandbreite an Aktivitäten umfasste – Surfen, Skateboarden und soziales Engagement –, aber er beschloss, zusätzlich auch seinen ganz besonderen Interessen treu zu bleiben.

Im Nachhinein sind wir uns sicher, dass Josiahs einzigartigen Interessen für seine Aufnahme in bestimmte Colleges und vor allem für die Stipendien, die man ihm später anbot, eine wichtige Rolle gespielt haben. Wir sind so froh darüber, dass er sich nicht dem Gebot der Popularität gebeugt hat, nur um sich sicherer zu fühlen. Es ist schön zu beobachten, dass er jetzt als älterer Teenager wunderbare Freunde und ein starkes Identitätsgefühl hat. Josiah hat uns gesagt, dass er am liebsten alle jüngeren Teenager dazu ermutigen möchte, sich in ihrer wahren Identität sicher zu fühlen – mit all ihren gottgegebenen Interessen und Talenten: cool, ungewöhnlich oder irgendwo mittendrin.

Umgang mit Mobbing

Wir wissen, dass Mobber innerlich oft unsicher sind, doch dieses Wissen hilft nicht gegen den Schmerz, den man empfindet, wenn man selbst zum Mobbing-Opfer wird. Ich werde in Kapitel 11, in dem ich auf die Erziehung emotional gesunder Söhne eingehe, ein bisschen mehr über dieses Thema sprechen, möchte es hier aber trotzdem schon einmal anschneiden. Obwohl auch Kinder, die eine starke Identität haben, nicht immun gegen Mobbing sind, glaube ich, dass sie von den Angriffen eines Mobbers nicht so leicht erschüttert werden.

Hausunterricht bewahrt Kinder vor Mobbing in der Schule, doch gerade solche Kinder werden manchmal zu Opfern, wenn sie in die Nähe von Kindern geraten, die an Schulen unterrichtet werden. Meine Jungs mussten sich zum Beispiel gegen ein paar Raufbolde in unserer Stadt wehren – und zwar ausgerechnet bei kirchlichen Jugendveranstaltungen. Bei diesen Veranstaltungen tauchten immer wieder ein paar Jungen auf, die nur auf einen günstigen Augenblick warteten, zum Beispiel wenn die Jugendgruppenleiter sich abwendeten oder den Raum verließen. Und dann hackten diese Jungen auf meinen beiden ältesten Söhnen herum, beschimpften sie, spielten ihnen Streiche oder fanden immer neue Wege, sie auch physisch zu drangsalieren. Ich kenne Jungen gut genug, um zu wissen, dass so etwas oft auf Unreife zurückzuführen ist oder einfach nur Spaß und Spiel ist. Doch das Verhalten dieser Burschen ging weit über bloßen Spaß hinaus und wurde regelrecht gemein. Das ging monatelang so.

Ich bin fest davon überzeugt, dass das Identitätsgefühl meiner Jungs – auch wenn es damals mit ihren vierzehn und sechzehn Jahren noch nicht voll ausgeprägt war – es ihnen nicht nur ermöglichte, diese Situation eine Zeit lang zu ertragen, sondern sich schließlich auch gegen die Raufbolde zu wehren. Eines Abends kam mein ältester Sohn Josiah von einer Jugendveranstaltung nach Hause und erzählte mir, wie er am Ende des Treffens, als einige Jungen Jonah wieder einmal auf heimtückische Weise attackieren wollten, zu ihnen sagte: »Raus jetzt. Sofort. Alle beide.«

Die Jungs waren darüber so geschockt, dass sie sich erst einmal vorsichtig umschauten, um festzustellen, ob irgendein Jugendgruppenleiter etwas von dem Vorfall bemerkt hatte, und dann sang- und klanglos hinausgingen. Mein Sohn schaute nacheinander jedem Jungen gerade in die Augen – sie waren beide viel größer als er – und sagte: »Es reicht! Ihr wisst genau, was ich meine. Ihr hackt jetzt schon seit Monaten auf meinem Bruder und mir herum. Ihr wisst genau, dass euer Verhalten falsch ist, und wir haben genug davon. Jetzt ist Schluss damit!« Er wartete, doch sie sagten nichts. Dann fügte er hinzu: »Ist das klar?« Die beiden sahen ihn nur an und nickten. Da streckte mein Sohn seine Hand aus, und sie schüttelten sie. Danach gingen alle wieder hinein. An diesem Abend wurde eine neue Ebene des Respekts erreicht, und ich bin mir ziemlich sicher, dass mein Sohn einen ganzen Zentimeter größer war, als er nach Hause kam.

Wird die Konfrontation mit solchen Tyrannen immer so gut verlaufen? Sicherlich nicht. Die Zugehörigkeit zu einer christlichen Jugendgruppe hat wahrscheinlich dazu beigetragen, dass diese Situation nicht eskaliert ist. Aber was ich damit meine, ist Folgendes: Wenn ein Junge ein sicheres Identitätsgefühl entwickelt, weiß er genau, wer er ist und dass er mit allem fertig werden kann, womit das Leben ihn konfrontiert – seien es Siege, Niederlagen, Prüfungen oder Raufbolde.

Aufrecht gehen

Egal wie sehr wir darauf achten, unseren Kindern ein grundlegendes Verständnis für ihre Identität und ihren Selbstwert zu vermitteln – letztendlich werden sie doch selbst entscheiden müssen, wo sie ihren persönlichen Wert finden wollen. Vielleicht werden unsere Kinder eines Tages Leidenschaften entdecken, die zu einem positiven Teil ihrer Identität werden. Dann sollten wir ihnen beibringen, dass sie diese Dinge nicht zu ihrer *einzigen* Identität werden lassen dürfen. Manche Kinder spielen vielleicht für ihr Leben gern Basketball oder träumen von einem Studium an einer Spitzenuniversität, andere haben ein ausgeprägtes künstlerisches Talent oder sind besonders witzig. An alldem ist an und für sich nichts auszusetzen. Gefährlich wird es nur, wenn Ihr Sohn sich zu sehr an eine dieser besonderen Begabungen klammert und sie zum einzigen Maßstab für seinen Wert macht. Deshalb sollten wir unsere Söhne auf folgende Wahrheit hinweisen: Es gibt vielleicht viele Dinge, die sie *beschreiben*, aber deshalb müssen sie sie noch lange nicht *definieren*.

Wir wissen, dass jeder Junge früher oder später innere Kämpfe und Probleme mit anderen Menschen zu bestehen haben wird. Und ich bin mir sicher: Wenn unsere Söhne die göttliche Wahrheit über ihren Wert lernen und immer wieder daran erinnert werden, solange sie jung sind und ihr Identitätsgefühl noch nicht voll ausgeprägt ist, werden sie dieses Konzept noch viel besser verstehen, wenn sie älter werden und es um wichtigere Dinge geht – sei es im Geschäft oder im Familienleben, beim Profi-Surfen oder in irgendeinem anderen Lebensbereich. Ich könnte mir vorstellen, dass Luke und auch meine anderen Jungs in der Lage sein werden, mit mehr innerem Frieden und mehr Freiheit durch ihre Erfolge und Enttäuschungen hindurchzugehen, weil sie eine klare Vorstellung davon haben, was und wer sie definiert. Und dieser Eine ist immer derselbe – gestern, heute und bis in alle Ewigkeit.

Ein paar persönliche Fragen an Sie

1. Mit welchen Worten beschreibt Ihr Sohn sich selbst? Worauf beruht Ihrer Meinung nach sein Selbstwertgefühl?

2. Wo liegt für Ihren Sohn der größte Stolperstein für ein gesundes Identitätsgefühl? Wie könnten Sie mit ihm darüber sprechen und ihm – wenn nötig – helfen, zu einem positiveren Selbstbild zu finden?

3. Wie können Sie Ihrem Sohn helfen, das Vertrauen und die innere Sicherheit zu entwickeln, er selbst zu sein, statt sich den Menschen in seinem Umfeld anpassen zu wollen? Wie können Sie ihn dazu ermutigen, in einer Welt, in der unangepasstes Verhalten riskant zu sein scheint, hundertprozentig er selbst zu sein?

Meine Identität in Jesus Christus

Jesus akzeptiert mich.

- Ich bin ein Kind Gottes. (Johannes 1:12)
- Ich bin ein Freund Jesu. (Johannes 15:15)
- Ich bin gerecht geworden durch den Glauben. (Römer 5:1)
- Ich bin eins mit dem Herrn und im Geist mit ihm verbunden. (1. Korinther 6:17)
- Ich gehöre Gott. Er hat mich als sein Eigentum erworben und einen Preis dafür gezahlt. (1. Korinther 6:20)
- Ich bin der Leib Christi. (1. Korinther 12:27)
- Ich habe durch den Heiligen Geist direkten Zugang zu Gott. (Epheser 2:18)
- Ich bin erlöst, und meine Sünden sind mir vergeben. (Kolosser 1:14)
- Ich bin vollkommen in Jesus Christus. (Kolosser 2:10)

Ich bin sicher und geborgen in Jesus.

- Ich bin für immer frei von Verdammnis. (Römer 8:1–2)
- Denen, die Gott lieben, dienen alle Dinge zum Besten. (Römer 8:28)
- Nichts kann mich von der Liebe Gottes trennen. (Römer 8:35)
- Mein Leben ist verborgen mit Christus in Gott. (Kolosser 3:3)
- Ich weiß, dass Gott ein gutes Werk in mir angefangen hat, das Er auch vollenden wird. (Philipper 1:6)
- Ich bin Bürger im Himmel. (Philipper 3:20)
- Gott hat mir nicht den Geist der Furcht, sondern den Geist der Kraft, Liebe und Besonnenheit gegeben. (2. Timotheus 1:7)
- Ich bin aus Gott geboren, und der Böse tastet mich nicht an. (1. Johannes 5:18)

Ich habe eine wichtige Bedeutung für Jesus.

- Ich bin das Salz der Erde und das Licht der Welt. (Matthäus 5:13-14)
- Er hat mich erwählt und bestimmt, damit ich Früchte trage. (Johannes 15:16)
- Ich bin ein persönlicher Zeuge Jesu Christi. (Apostelgeschichte 1:8)
- Ich bin Gottes Tempel. (1. Korinther 3:16)
- Es ist mein Amt, zu versöhnen. (2. Korinther 5:17-20)
- Ich bin Gottes Mitarbeiter. (2. Korinther 6:1)
- Ich habe einen Platz bei Jesus im himmlischen Reich. (Epheser 2:6)
- Ich bin Gottes Werk. (Epheser 2:10)

6

Große Ambitionen

Formung eines edlen Charakters

Das größte Vermächtnis, das Sie an Ihre Kinder und Enkelkinder weitergeben können, ist weder Ihr Geld noch andere materielle Dinge, die Sie in Ihrem Leben angesammelt haben, sondern das Vermächtnis Ihres Charakters und Ihres Glaubens.

Billy Graham, Nearing Home

Wenn Ihnen schon jemals ein Teenager oder junger Erwachsener begegnet ist, der einen so positiven Eindruck auf Sie gemacht hat, dass Sie einfach nur sprachlos dastanden und dachten: *Wow! Die Eltern dieses Kindes würde ich gerne mal kennenlernen!*, werden Sie verstehen, worum es in diesem Kapitel – und eigentlich in meinem ganzen Buch – geht.

Vor seinem Medizinstudium und bevor wir eine Familie gründeten, coachte mein Mann ein paar Jahre lang Highschool-Fußballtrainer und war auch in der Jugendarbeit tätig. Ich unterrichtete als Lehrerin an Schulen und half ihm in seiner Jugendgruppe. Dadurch lernten wir viele junge Menschen mit sehr unterschiedlichen Charaktereigenschaften kennen. Einige beeindruckten uns. Andere – na ja –

nicht so besonders. Ich begann, mir in Gedanken Notizen über diese jungen Menschen zu machen in der Hoffnung, dabei ein paar Muster zu erkennen, mit deren Hilfe ich den Charakter unserer zukünftigen Kinder vielleicht positiv beeinflussen konnte.

Die Teenager, die mich am meisten beeindruckten, hatten keinerlei Hemmungen im Gespräch mit Erwachsenen. Sie nahmen Blickkontakt auf und suchten nach Möglichkeiten, ihren Mitmenschen zu helfen oder sie zu ermutigen. Sie suchten nicht nach Aufmerksamkeit, sondern rückten lieber andere in den Vordergrund. Wenn ich es in einem einzigen Wort zusammenfassen müsste, würde ich sagen: Sie waren *Gentlemen*. Diese Teenager waren nicht unbedingt die besten oder beliebtesten Schüler und auch keine Spitzensportler; doch schon durch ihre bloße Anwesenheit strahlten sie eine erstaunliche innere Stärke aus. Ihr Verhalten schien aus echter Bescheidenheit und charakterlichem Tiefgang zu entspringen.

Also nahm ich mir fest vor, die Eltern dieser Kinder kennenzulernen und ihnen ein paar Fragen zu stellen. Tatsächlich hatten die meisten dieser Eltern ein paar Gemeinsamkeiten. Obwohl sie sich nicht in jeder Hinsicht glichen – einige waren verheiratet, andere alleinerziehend, manche arbeiteten außer Haus, andere nicht –, erfuhr ich, dass sie ihre Elternrolle sehr ernst nahmen. Sie alle hatten sich dafür entschieden, im Leben ihrer Kinder präsent zu sein, auch wenn das eine gewisse Anstrengung erforderte. Sie fuhren sie zu außerschulischen Aktivitäten oder führten ein gastfreundliches Haus, in das andere Kinder gern zu Besuch kamen. Diese Jugendlichen erwähnten auch, dass ihre Eltern sie bei wichtigen Lebensentscheidungen beraten und unterstützt hatten. Ich spürte, dass diese Teenager ihre Eltern wirklich schätzten und respektierten.

Ich wollte meine Kinder später einmal genauso bewusst erziehen. Mir war klar, dass Eltern niemals alles unter Kontrolle haben können. Natürlich würden meine Kinder ihre eigenen Persönlichkeiten entwickeln und einen freien Willen haben. Aber ich begriff auch, dass ich als Mutter viele Möglichkeiten hatte, auf meine Kinder einzuwirken.

Das Vorbild dieser Eltern inspirierte mich dazu, meine Kinder so zu fordern und aufs Leben vorzubereiten, dass sie einen guten Charakter entwickeln würden.

Spielt Charakter heutzutage überhaupt noch eine Rolle?

Inzwischen ist es schon ein paar Jahre her, dass mich diese charakterstarken Kinder inspiriert haben, und ich lerne nach wie vor unheimlich gern junge Menschen kennen und bin immer noch begeistert, wenn ich dabei auf beeindruckende Charaktere stoße. Erst vor kurzem kam ein junger Mann im Alter von etwa zwanzig Jahren bei uns vorbei, um etwas für seine Mutter abzuholen. Er unterhielt sich nur kurz mit Dave und mir und ging dann wieder. Doch in der kurzen Zeit, in der er auf unserer Veranda stand, begrüßte er jeden von uns mit einem Händedruck oder einer Umarmung, lächelte und nahm Blickkontakt auf. Er beantwortete unsere Fragen und erkundigte sich dann sehr interessiert danach, wie es uns beiden und unseren Kindern ging. Das war ein echter Gentleman! Als er wegfuhr, stand Dave lächelnd da und sagte mit einem leichten Kopfnicken: »Was für ein gut erzogener junger Mann.« Dann fügte er hinzu: »So etwas gibt mir wieder Hoffnung für die kommende Generation.«

Wir kennen diese Familie schon, seit der Junge noch klein war, und mir ist stets aufgefallen, wie sehr seine Mutter darauf achtete, ihn zu einem Gentleman zu erziehen. Es war erfrischend und inspirierend zu beobachten, wie diese gute Erziehung sein Verhalten als junger Erwachsener geprägt hat. Obwohl es natürlich noch mehr solche jungen Männer gibt, sind sie sicherlich nicht in der Mehrheit. Leider leben wir in einer Kultur, in der Charakter nicht mehr so sehr geschätzt wird wie früher. Wie der Historiker Warren Susman in seinem Buch *Culture as History* berichtet, erreichte die Verwendung des Wortes *Charakter* ihren Höhepunkt im 19. Jahrhundert. »*Charakter* war ein Schlüsselbegriff im Wortschatz der Engländer und Amerikaner«, schreibt Susman.[25] Er spielte für die Gesellschaft eine so wichtige Rolle, dass er als wesentlicher Bestandteil der Identität eines Menschen gefördert wurde. Das begann sich erst im 20. Jahrhundert zu ändern, als unsere Gesellschaft anfing, sich mehr mit dem Konsum als mit der Produktion zu beschäftigen: Da verlagerte sich das Augenmerk unserer Kultur von Tugend und Charakter auf ein vermehrtes Interesse am eigenen Ich und an materiellen Besitztümern. »Die Vision der Selbstaufopferung begann der Vision der Selbstverwirklichung zu weichen«,[26] schreibt Susman. Jetzt wurden Äußerlichkeiten wichtiger; die Menschen strebten danach, ihre Persönlichkeit zu kultivieren und Einfluss zu gewinnen. Das war ihnen wichtiger, als ein gutes Herz zu haben und in ihrem Denken und Handeln einen edlen Charakter zu zeigen.

In den letzten Jahren sind die Menschen noch stärker vom Ideal eines guten Charakters abgekommen. Aktuelle Trends in den sozialen Medien – zum Beispiel unsere Selfie-Kultur – fördern weiterhin die Selbstdarstellung und eine Ich-komme-zuerst-Mentalität. Ist es in solchen Zeiten für Eltern überhaupt noch ein lohnendes Ziel, auf den Charakter ihrer Kinder zu achten? Kann das nicht vielleicht sogar von Nachteil für sie sein? Wäre es in unserer heutigen Ellbogengesellschaft nicht besser, wenn wir sie zu egoistischen Selbstdarstellern erzielen würden? Vielleicht spielen altmodische Tugenden heutzutage ja gar keine Rolle mehr? Dazu sage ich von ganzem Herzen: Ja – und nein!

Ja, den Charakter unserer Kinder zu formen, ist nach wie vor ein lohnendes Ziel, und nein, wir sollten unsere Kinder nicht zu Egoisten erziehen! Ich bin überzeugt davon, dass guter Charakter etwas Zeitloses ist, dass solche Menschen glücklicher sind, bessere Beziehungen führen und sogar beruflich erfolgreicher sind. Auf den ersten Blick ist das vielleicht schwer nachzuvollziehen; aber ich halte Charakter nach wie vor für den besten Weg zu wahrem Glück und echter Zufriedenheit.

Natürlich war das nicht die Idee der Menschen, sondern der Plan Gottes. Jeder wirklich tugendhafte Charakter ist in den uralten biblischen Tugenden verankert, die heute noch genauso relevant sind wie eh und je. Lehren zum Thema Charakter findet man überall in der Heiligen Schrift; vor allem aber in den Sprüchen Salomos. In Sprüche 28:6 heißt es zum Beispiel: »Besser ein Armer, der in seiner Unsträflichkeit wandelt, als ein Reicher, der auf verkehrten Wegen geht.« Das ist eine sehr tiefgründige Aussage in einer Welt, die materiellen Besitztümern einen extrem hohen Wert beimisst und Erfolg über weltlichen Reichtum definiert. Doch wenn wir uns ein bisschen Zeit nehmen, darüber nachzudenken, werden wir feststellen, dass das genau unseren Erfahrungen entspricht: Die meisten von uns haben schon Menschen aus ärmlichen Verhältnissen kennengelernt, die einen wunderbaren Charakter und ein heiteres Gemüt haben. Und wir kennen auch genügend Geschichten von den reichsten Männern der Welt, die am Ende ihrer Tage einsam und unglücklich waren, weil ihr Reichtum ihnen nie Befriedigung geschenkt hat.

Charakter: Was ist das eigentlich?

Bevor wir darüber sprechen, wie man einen Jungen erziehen sollte, damit er einen hervorragenden Charakter entwickelt, sollten wir uns zunächst einmal darüber klarwerden, was wir mit dem Begriff überhaupt meinen. Als ich meinen Mann Dave fragte, wie er Charakter definieren würde, erklärte er mir mit seinem typischen trockenen Humor: »Jeder Mensch hat Charakter – es kommt nur darauf an, *was für einen.*« Da musste ich lachen, denn er hatte Recht. Das Wörterbuch definiert Charakter als »die geistigen und moralischen Qualitäten, die ein Individuum auszeichnen«.[27] Diese Qualitäten können gut oder schlecht sein oder irgendwo dazwischen liegen.

Wenn wir sagen: »Ich möchte gern Kinder mit Charakter großziehen«, dann meinen die meisten von uns wohl in Wirklichkeit, dass wir uns Kinder mit *gutem Charakter* wünschen. Mir gefällt A. W. Tozers Definition von Charakter – »die Vortrefflichkeit moralischer Geschöpfe« – sehr gut.[28]

Solche Kinder großzuziehen, ist tatsächlich ein lohnendes Ziel! Und es sollte für uns Eltern sicherlich oberste Priorität haben. So sehr ich mir alles Mögliche für meine Jungs wünsche – von beruflichem Erfolg bis hin zu gesunden Beziehungen: Wenn sie zu Männern mit hervorragendem Charakter heranwachsen, kann ich ziemlich sicher sein, dass sich alles andere ganz von selbst ergeben wird. Einem Mann mit hervorragendem Charakter kann man vertrauen. Und ein Mann mit hervorragendem Charakter trifft wahrscheinlich auch gute Entscheidungen in seinen persönlichen Beziehungen, in seiner Arbeit, im Glauben – *in allem.* Wir sollten bei der Erziehung unserer Kinder also unbedingt auf Charakterbildung achten. Wir wollen sie zu *edlen Charakteren* heranziehen!

Charakter ist Herzenssache

Gutes Benehmen allein reicht nicht aus. Die meisten von uns kennen Kinder, die in einem strengen Elternhaus aufgewachsen sind, in dem es Hunderte von Regeln und Vorschriften gab. Solche Kinder gehorchen ihren Eltern vielleicht aufs Wort und machen mit ihren Manieren sogar einen guten Eindruck, doch das ist etwas rein Äußerliches – sie sind nicht mit dem Herzen dabei. Das sind die Kinder, von denen man später oft hört, dass sie, sobald sie von zu Hause weggegangen sind, alles tun, was ihre strengen Eltern ihnen vorher verboten hatten. Das ist nicht die Art von Charakter, zu der ich meine Kinder erziehen möchte.

Ein Sohn, der alle Regeln des guten Benimms kennt, wird Sie bei einer Einladung zum Abendessen vielleicht nicht blamieren, doch damit kommt er noch lange nicht gut durchs Leben. Unser Ziel sollte nicht darin bestehen, Kinder mit gutem *Benehmen* großzuziehen, sondern Kinder mit gutem *Herzen.* Obwohl ich meinen Jungs ziemlich viele Benimmregeln beigebracht habe – vom Öffnen der Tür für eine Dame (oh ja, das schärfe ich ihnen immer noch ein!) bis hin zum Händedruck, wenn sie jemandem vorgestellt werden –, versuche ich, das

Hauptaugenmerk bei meiner Erziehung auf das Herz zu legen und nicht auf rein äußerliches Verhalten. Der berühmte Basketballtrainer John Wooden hat das so ausgedrückt: »Der wahre Prüfstein für den Charakter eines Mannes ist das, was er tut, wenn ihm niemand zuschaut.« Der Charakter eines Menschen äußert sich zwar auch in seinem Verhalten, wird aber von den Gedanken und Einstellungen geprägt, die hinter diesem Verhalten stehen. Es ist wichtig, daran zu denken, dass Charakter durch all diese Faktoren ganz allmählich und unter verschiedenen Umständen geformt wird. Jedes Kind hat seine Glanzmomente, aber eben auch Augenblicke, in denen es ihm an Charakter fehlt. Unsere Söhne werden sich auf lange Sicht durch die *Beständigkeit* ihres Charakters hervortun.

Jesus hat gesagt: »Ein guter Mensch bringt Gutes hervor aus dem guten Schatz seines Herzens; und ein böser bringt Böses hervor aus dem bösen. Denn wes das Herz voll ist, des geht der Mund über.« (Lukas 6:45). Um einen Sohn mit edlem Charakter großzuziehen, müssen wir uns also zunächst einmal um sein Herz kümmern. Ähnlich wie bei der Vermittlung des rechten Glaubens tun wir das am besten durch tägliche Gespräche, jahrelanges geduldiges, konsequentes Training und indem wir ihm gute Vorbilder sind.

Charakterbildung bei kleinen Kindern

Falls Ihr Sohn noch im Kleinkind- oder Vorschulalter sein sollte – herzlichen Glückwunsch! Dann haben Sie noch jede Menge Zeit, um seinen Charakter zu formen. Aber Sie sollten trotzdem jetzt gleich damit anfangen. Eltern, die sich lachend über unhöfliches oder respektloses Verhalten bei ihren kleinen Kindern hinwegsetzen, werden später enttäuscht feststellen, dass sie damit ein Muster für ihr zukünftiges Verhalten geschaffen haben. Glauben Sie mir: Es ist viel einfacher, frühzeitig mit der Charakterbildung anzufangen.

Gute Manieren sind der erste Schritt zu einem guten Charakter

Umgangsformen sind eine wunderbare Möglichkeit, kleinen Kindern die wichtigsten positiven Charaktereigenschaften beizubringen. Die meisten Eltern tun das – unabhängig von ihrem Erziehungsstil oder ihrer Lebensphilosophie – ganz automatisch. Und das müssen sie auch, denn Babys haben noch keine Ahnung von sozial angemessenem Verhalten. Sie tun in ihren ersten Lebensmonaten im Grunde nichts anderes, als laut zu schreien, alles in den Mund zu stecken, ständig zu sabbern und ihr Geschäft zu verrichten, wo sie wollen, und als Eltern sind wir naturgemäß dafür verantwortlich, ihr Verhalten in die richtigen Bahnen zu lenken. Wir bringen ihnen bei, nachts zu schlafen, aufs Töpfchen zu gehen und »bitte« und »danke« zu sagen. Wir singen ihnen zwanzigmal am Tag das Aufräumlied vor und benutzen das Wort *teilen* so oft wie eine Schallplatte, die einen Sprung hat. Mit diesen grundlegenden sozialen Fähigkeiten fängt alles an.

Aber das reicht noch lange nicht aus. Denn zur Kunst eines guten Benehmens gehört noch viel mehr. Wir müssen unseren heranwachsenden Söhnen auch beibringen, wie man sich im täglichen Leben verhält: vom richtigen Benehmen am Telefon über die Aufnahme von Blickkontakt zu anderen Menschen bis hin zu dem Wissen, wie und wann man ein Gespräch auf die richtige Art und Weise unterbricht. Wie wir bereits in Kapitel 3 besprochen haben, können Rollenspiele und Übungen eine sehr sinnvolle Methode sein, unseren Kindern gute Manieren beizubringen und ihren Charakter zu entwickeln.

Ein feines Gespür für die Gefühle anderer Menschen

Je älter unsere Kinder werden, umso besser können wir ihnen die Gründe für die Verhaltensweisen erklären, die wir ihnen beibringen – das Warum hinter unserem Umgang mit anderen Menschen. Wir können ihnen zum Beispiel erzählen, was Jesus gesagt hat, als er nach dem »größten Gebot« gefragt wurde: »Du sollst den Herrn, deinen Gott, lieben mit ganzem Herzen, mit ganzer Seele und mit all deinen Gedanken. Das ist das wichtigste und erste Gebot. Ebenso wichtig ist das zweite: Du sollst deinen Nächsten lieben wie dich selbst.« (Matthäus 22:36–39).

Das gute Herz, das hinter guten Manieren steht, bringt uns dazu, unsere Nachbarn zu lieben, den Menschen, mit denen wir diese Erde bewohnen, Freundlichkeit und Respekt zu erweisen – egal ob sie in unserem Haus, am anderen Ende der Stadt oder am anderen Ende des Planeten leben. Emily Post, eine der bekanntesten Expertinnen in Sachen Manieren, hat das sehr treffend ausgedrückt: »Manieren zu haben, setzt ein feines Gespür für die Gefühle anderer Menschen voraus. Wenn Sie dieses Gespür besitzen, dann haben Sie auch gute Manieren, egal was für eine Gabel Sie benutzen.«[29] Das gilt übrigens nicht nur für das Benehmen, sondern für alle Aspekte des Charakters – beispielsweise Ehrlichkeit, Bescheidenheit und Respekt. (Eine umfassende Liste positiver Charaktereigenschaften finden Sie am Ende dieses Kapitels.)

Natürlich kommen dieses Gespür für und diese Rücksichtnahme auf andere Menschen nicht von selbst. Wir müssen diese Eigenschaften in unseren Söhnen fördern. Während ich dieses Buch schreibe, arbeite ich mit meinem jüngsten Sohn gerade sehr intensiv an diesem Thema. Die einfache, aber traurige Wahrheit lautet, dass ich jetzt die Konsequenzen meiner früheren Versäumnisse tragen muss. Bei meinen älteren Jungs habe ich mich sehr darauf konzentriert, sie in der Kunst guter Manieren zu schulen; doch bei Levi habe ich diesem Thema keine so ungeteilte Aufmerksamkeit mehr geschenkt. Denn als er auf die Welt kam, musste ich nicht nur drei ältere Geschwister zu Hause unterrichten, sondern betrieb nebenher auch noch einen Blog und hatte diverse schriftstellerische Verpflichtungen. Und außerdem, seien wir mal ganz ehrlich: Ich war inzwischen auch älter und – na ja – irgendwie *müder* geworden. Also ließ ich bei Levi vieles schleifen, als er noch klein war. Ich habe einen großen Teil des so wichtigen Verhaltenstrainings einfach übersprungen in der Hoffnung, er würde es schon von seinen älteren Brüdern lernen. Und heute – ein paar Jahre später – habe ich mit diesem siebenjährigen Sohn doppelt so viel Arbeit wie mit seinen älteren Brüdern. Ich bin sicher, dass er ein paar großartige Dinge von ihnen gelernt hat (und bete darum, dass es mit der Zeit noch mehr werden), doch leider habe ich ihm auch vieles durchgehen lassen, was seine Brüder nie gedurft hätten. Vor allem ist er dahintergekommen, wie er seine großen Brüder dazu bringen kann, Dinge für ihn zu tun, die er eigentlich selbst erledigen sollte.

Vor kurzem habe ich etwas sehr Peinliches erlebt, als ein junger Mann, den wir schon seit Jahren kennen, bei uns zu Besuch war. Er hatte früher schon viel Zeit mit meinen älteren Jungs verbracht, doch diesmal erlebte er alle vier Brüder in ihrem häuslichen Umfeld. Als Levi den Raum betrat und einem seiner Brüder befahl, ihm ein Glas Wasser zu holen, lachte unser Gast und sagte: »Ich stelle fest, dass die Anspruchshaltung in Ihrer Familie von Sohn zu Sohn höher wird. Stimmt's?« Ich lachte zwar mit, musste aber später lange über seine Worte und über die Wahrheit nachdenken, die darin steckte. Das war für mich eine sehr gute Erinnerung daran, dass ich mit der harten Arbeit der Charakterbildung bei meinem jüngsten Sohn noch lange nicht fertig bin.

Charakterbildung im Alltag

Ich versuche, ganz besonders auf das Thema Charakter zu achten, wenn ich mit Levi seinen Tag durchspreche. Ich tue mein Bestes, um Klartext mit ihm zu reden – ihm eine Vision des Mannes zu vermitteln, der er meiner Überzeugung nach später einmal werden kann. Wir sprechen über Vorbilder: von seinen älteren Brüdern bis hin zu Figuren aus Büchern oder berühmten Sportlern, die unsere Familie bewundert. Und ich versuche, ihn konsequent zu disziplinieren, wenn er Grenzen überschreitet oder andere Menschen unhöflich oder respektlos behandelt. Obwohl ich immer noch nicht so konsequent bin, wie ich es gern wäre, gebe ich mir doch große Mühe – glauben Sie mir! – und bete täglich um die Weisheit und Kraft, meine Sache so gut wie möglich zu machen.

Ich habe die Erfahrung gemacht, dass ich unsere Söhne am besten durch Geschichten zur Entwicklung guter Charaktereigenschaften inspirieren kann. Die Bibel steckt voller Geschichten, aus denen man bestimmte gute oder schlechte Eigenschaften ableiten kann, und es gibt auch wunderbare Bücher, Filme und Hörbücher, die unseren Söhnen veranschaulichen, was es bedeutet, einen anständigen Charakter zu haben. Bei Autofahrten können Sie mit Ihren Kindern Hörbücher hören. Meine älteren Jungs haben unterwegs zum Beispiel stundenlang Hörspiele gehört, die sie fesselten, ihre Fantasie anregten und ihnen ganz nebenbei auch noch ein paar hervorragende Charaktereigenschaften vermittelten.

Auch im täglichen Leben gibt es unzählige Gelegenheiten, unseren Söhnen etwas über guten Charakter beizubringen. Das fällt mir zwar nicht immer leicht, aber ich versuche, auf Situationen in unserem Alltagsleben zu achten, aus denen sie etwas lernen können. So ist es zum Beispiel eine kleine, aber wichtige Veränderung in unseren erzieherischen Bemühungen, wenn wir ein Verhalten – zum Beispiel eine negative Einstellung oder unfreundliche Worte – beobachten und uns Zeit nehmen, über das dahinterstehende *Charakterproblem* zu sprechen. Das können wir dann wiederum als Ausgangspunkt nutzen, um an einer Charaktereigenschaft unseres Sohnes zu arbeiten.

Hier ein einfaches Beispiel dazu: Angenommen, mein jüngster Sohn lässt Spielzeug oder Kleidung im Haus herumliegen. Meine erste Reaktion darauf wäre, das Problem direkt zu lösen, indem ich quer durchs Haus rufe: »Räum dein Zeug weg!« Damit erreiche ich vielleicht tatsächlich, dass er die Sachen wegräumt (oder auch nicht), aber es wird wahrscheinlich nichts an dem Kernproblem ändern, das zu diesem Verhalten geführt hat. Also wird das gleiche Problem – oder eine andere Variante dieses Problems – wahrscheinlich auch in Zukunft wieder auftreten. Viel besser ist es, die Charaktereigenschaft zu benennen, die dem gewünschten Verhalten zugrunde liegt. Ich könnte zum Beispiel sagen: »Ich weiß, dass du ein *verantwortungsbewusster junger Mann* werden möchtest, und dazu gehört auch, dass du dich um deine Sachen kümmerst. Bitte übe jetzt, dich *verantwortungsbewusst* zu verhalten, und räum deine Spielsachen weg.«

Im Idealfall behalte ich die Charaktereigenschaft, um die es mir gerade geht, im Hinterkopf und suche nach einer Gelegenheit, meinen Sohn demnächst einmal dabei zu »ertappen«, wie er diese positive Eigenschaft zeigt. Vielleicht denkt er daran, das Licht auszumachen, wenn er hinausgeht, oder räumt seine Kleidung weg, ohne dass ich ihn daran erinnern muss – und dann kann ich sagen: »Hey! Das war aber *verantwortungsbewusst* von dir! Ich freue mich sehr darüber, dass du daran gedacht hast.« Inzwischen ist meinem Sohn das Wort »verantwortungsbewusst« ein Begriff, und ich kann nur hoffen, dass es ihm im Gedächtnis haftenbleibt, vor allem wenn ich Gelegenheit finde, es immer wieder in unsere Gespräche einzubauen – sowohl im positiven als auch im korrigierenden Sinn. Das gilt natürlich nicht nur für das Thema Verantwortungsbewusstsein, sondern für *alle* Charaktereigenschaften.

Charaktererziehung bei älteren Kindern

Charakter entwickelt sich nicht von heute auf morgen, sondern innerhalb von Jahren. Daher erfordert die Erziehung unserer Kinder zu hervorragenden Charakteren viel Geduld und Ausdauer. Das mag ein schwieriger Prozess sein, doch auf lange Sicht lohnt es sich. Der Theologe N. T. Wright hat den Nagel auf den Kopf getroffen, als er schreibt, dass Tugend sich dann einstellt, wenn man täglich gute und richtige Entscheidungen trifft, die Mühe und Konzentration erfordern, worauf man nicht »von Natur aus« gekommen wäre. Wenn es dann wirklich darauf ankommt, würde man plötzlich »automatisch« das Richtige tun.

Wright schreibt, dass Tugend das sei, was passiere, wenn weise und mutige Entscheidungen zur »zweiten Natur« geworden seien.[30]

Ich möchte meine Jungs dazu inspirieren, Gentlemen zu sein. Dieses Wort hört man heutzutage zwar kaum noch, aber ich werde meine Bemühungen in dieser Richtung trotzdem niemals aufgeben.

Eine Freundin von mir hatte vor kurzem einen jungen Mann vom Militär zu Gast, der ein paar Monate lang in ihrer Gegend arbeitete. Sie war immer wieder ganz hin und weg, wenn er nach einem langen, anstrengenden Tag seiner militärischen Ausbildung zu ihr nach Hause kam, seine Tasche abstellte und dann sofort sagte: »Hallo! Kann ich euch hier irgendwie helfen?« Da fiel meiner Freundin vor lauter Verblüffung jedes Mal die Kinnlade herunter. Dann begann sie, ihm Fragen darüber zu stellen, wie er aufgewachsen war, und er erzählte ihr von seiner großen Familie und von einer Mutter, die bei der Erziehung ihrer Kinder großen Wert auf guten Charakter gelegt hatte. Solche Geschichten inspirieren mich immer wieder dazu, mit dem Charaktertraining meiner Söhne weiterzumachen.

Wachstumsschmerzen

Selbst wenn wir in den ersten Lebensjahren unserer Söhne ein solides erzieherisches Fundament gelegt haben, bringt das Teenageralter doch immer wieder neue Probleme mit sich. Jetzt bekommen unsere Söhne jede Menge Gelegenheiten, sich durch einen edlen Charakter hervorzutun – oder eben nicht. Teenager leiden zwangsläufig ab und zu unter Stimmungsschwankungen; selbst ein Sohn mit hervorragendem Charakter wird in diesem Alter manchmal reizbar, unbeherrscht und egoistisch sein.

All meine Jungs im Teenageralter hatten solche Augenblicke (oder auch Tage oder Wochen), und ich versuche, ihnen dann die gleiche Gnade zu erweisen, die ich auch für meine eigenen, manchmal schwierigen Stimmungen brauche. Trotzdem rufe ich sie stets rechtzeitig zur Ordnung, bevor sie sich in dieser Hinsicht allzu sehr gehen lassen, und bitte sie dann, ihre Gefühle erst mal allein in den Griff zu bekommen, statt sie an anderen Familienmitgliedern auszulassen. Vielleicht schlage ich ihnen vor, ein bisschen Sport zu treiben, sich für eine Weile zurückzuziehen und zu beten oder Musik zu machen – oder sie sollen irgendeinen anderen Weg finden, um die Welt wieder mit anderen Augen zu sehen. Wenn ich meinen Jungs eine solche Grenze setze, kommen sie fast immer mit einer anderen Einstellung zurück, und oft bitten sie dann um Verzeihung. Teenager brauchen aber auch Ermutigung. Ich sage ihnen zum Beispiel oft: »Fünfzehn (oder ihr derzeitiges Alter) zu sein, ist schon schwierig. Du machst das ganz toll!« Das erinnert mich daran, wie schwer es ist, Teenager zu sein, und macht ihnen gleichzeitig bewusst, dass diese emotionale Achterbahnfahrt ein zwar schwieriger, aber völlig normaler Bestandteil des Erwachsenwerdens ist.

Auch wenn Ihre Rolle als Mutter sich zwangsläufig verändern wird, sobald Ihr Sohn älter wird, gehen Sie bitte nicht davon aus, dass er im Teenageralter nicht offen für Ihre Führung und Ihren Rat ist. Die meisten Teenager freuen sich über Ratschläge von ihren Eltern, vor allem wenn sie gut durchdacht sind. Wenn ich versuche, bestimmte Charaktereigenschaften meiner Söhne zu korrigieren, hilft es mir sehr, ihnen zu erklären, *warum* ich sie zur Entwicklung einer bestimmten Eigenschaft anhalte. Ich erinnere meine Jungs daran, was für eine wichtige Rolle sie in unserer Familie und in der Gemeinschaft spielen – und dass der gute Charakter, den sie entwickeln sollen, dazu gehört, was einen echten Mann ausmacht.

In seinem einfühlsamen Buch *Boys Adrift* erzählt Dr. Leonard Sax die Geschichte einer Privatschule, die jedes Jahr eine Gruppe von Schülern für fünf Wochen in die Dominikanische Republik schickt. Die Jungen leben dort unter harten Bedingungen, bei heißem, feuchtem Klima, schlafen auf dem Boden und müssen hart arbeiten. Trotzdem sind sie sich alle darüber einig, dass diese Erfahrung zu den wichtigsten ihres Lebens gehört. Und Dr. Sax erklärt auch, warum. Weil sie »dabei im Schweiß ihres Angesichts die Antwort auf die Frage lernen: ›Was bedeutet es, ein Mann zu sein?‹« Und wenn diese Jungs dann irgendwann nach ihrer Heimkehr beim Anschauen eines Footballspiels eine Bierwerbung sehen, die ihnen einreden will, was für Bier »richtige Männer« trinken, werden sie lachen. »Denn so ein Junge weiß, dass ›ein richtiger Mann zu sein‹ nichts mit einer bestimmten Biermarke zu tun hat. Ein richtiger Mann zu sein bedeutet, seine Kraft im Dienste anderer einzusetzen«,[31] schreibt er.

Charakter ohne Herz hat keinen Sinn

Wenn Kinder älter werden, konzentrieren Eltern sich normalerweise stärker auf ihr Verhalten und weniger auf das dahinterstehende Herz, das, wie wir gesehen haben, das wahre Maß für einen guten Charakter ist. Das mag teilweise daran liegen, dass Ruf und Image für uns eine so wichtige Rolle spielen. Ich muss zugeben, dass auch ich diesen Fehler manchmal begehe. Immer wenn ich mich dabei ertappe, dass ich mehr darüber nachdenke, wie das Verhalten meiner Jungs auf *mich* als Elternteil zurückfällt, statt mir über den Charakter Gedanken zu machen, der in *ihrem Herzen* heranreift, weiß ich, dass ich etwas an meinen Prioritäten ändern muss.

Wie bereits erwähnt, bitten mein Mann und ich unsere Jungs, jeden Tag ein Kapitel aus den Sprüchen Salomos zu lesen, und versuchen, das Gleiche zu tun, damit wir hinterher gemeinsam über ein Thema oder einen Vers sprechen können, der auf eine bestimmte Situation zutrifft oder uns irgendwie inspiriert hat. Ich habe meine Jungs im Teenageralter auch immer wieder auf Bücher, Webseiten und Podcasts hingewiesen, die sich mit dem Thema Charakterentwicklung beschäftigen. Das ist ungeheuer hilfreich, weil bei diesen Medien normalerweise irgendjemand im Vordergrund steht, der erfolgreich und lustig ist und dem man viel lieber zuhört als einer Mutter, die einem zum millionsten Mal das Gleiche predigt.

Als einer meiner Teenager eine schwierige Phase durchmachte, versuchte ich es mit einer neuen Strategie. Dieser Sohn hatte sich eine sehr kritische Einstellung gegenüber anderen Familienmitgliedern angewöhnt und wies oft auf die Fehler der anderen hin, schien sich seiner eigenen aber nicht bewusst zu sein. Wenn er einen Raum betrat, wurden immer alle ganz nervös und warteten darauf, dass seine negative Stimmung auf sie übergriff. Diese ungute Atmosphäre missfiel mir nicht nur, sondern ich dachte auch mit Schrecken daran, wie es wohl weitergehen würde, wenn wir diese kritische Einstellung nicht in Grenzen hielten – vor allem wenn sie bis in sein Erwachsenenalter hinein anhalten würde. Also beschloss ich, etwas dagegen zu tun und dabei notfalls auch vor extremen Maßnahmen nicht zurückzuschrecken.

Nach vielen Gebeten und Diskussionen mit meinem Mann kam mir eines Morgens eine Idee: Ich beschloss, meinem Sohn für ein paar Monate an fünf Tagen pro Woche jeweils eine halbe Stunde »Charaktertraining« zu verordnen, wie ich es der Einfachheit halber nannte. (Wahrscheinlich hätte mir auch ein besserer Name dafür einfallen können, aber wenn man bedenkt, dass ich ihn mir »ganz nebenbei« ausgedacht habe und dabei noch tausend andere Dinge zu tun hatte, war er vielleicht gar nicht mal so schlecht.) Dieses Charaktertraining funktionierte folgendermaßen: Zusätzlich zu seiner Andachtszeit (Bibel lesen und beten oder Tagebuch schreiben) musste mein Sohn dreißig Minuten pro Tag entweder ein Buch lesen oder einen Podcast oder andere inspirierende Medien hören, in denen es um das Thema Charakterbildung ging.

Da sein Terminkalender schon ziemlich voll war, musste er für dieses Training seinen Wecker früher stellen oder irgendwo in seinem Tagesplan noch ein bisschen Zeit dafür herausschinden. Zufälligerweise fingen wir um Neujahr herum damit an, und ich hatte gerade ein leeres Tagebuch zur Hand, das ich ihm extra für diesen Zweck gab. Ich bat ihn, täglich drei Dinge in dieses Tagebuch hineinzuschreiben: das aktuelle Datum, was er an diesem Tag gelesen, gehört oder gesehen hatte sowie mindestens eine Erkenntnis, die er daraus gewonnen hatte.

Obwohl mein Sohn sich zunächst gegen diese neue Aufgabe wehrte und sagte, er habe keine Zeit dafür, blieb ich standhaft. Ich ließ ihm keine andere Alternative und kündigte an, dass ich jederzeit einen Blick in sein Tagebuch werfen könnte, um sicherzugehen, dass er sich daran hielt. Und wenn er seine Aufgabe nicht erfüllte, würde das Konsequenzen haben. Um ihm den Einstieg zu erleichtern, drückte ich ihm einen kleinen Stapel Bücher und eine Liste mit Empfehlungen für Podcasts, TED-Talks und Webseiten in die Hand.

Also machte mein Sohn sich an seine neue Aufgabe, wenn auch zuerst nur zögerlich. Und nach ein oder zwei Wochen war ich sehr ermutigt: An den meisten Tagen hatte mein Sohn tatsächlich etwas in sein Tagebuch geschrieben – und an manchen Tagen nicht nur ein paar Worte, sondern eine ganze Seite mit Notizen darüber, was er gelernt hatte! Er gab schnell jeden Widerstand auf und war wirklich begeistert von der Sache. Zwar hielt er sich nicht hundertprozentig konsequent daran (und ich ließ Gnade vor Recht ergehen), doch im Lauf der nächsten Wochen beobachtete ich tatsächlich, wie der Charakter meines Sohnes durch dieses Engagement geformt wurde. Er erzählte mir oft, was er an dem betreffenden Tag gelernt hatte, und begann, dieses neue Wissen auch anzuwenden. Ich fand Karteikarten mit Zitaten oder Listen auf seinem Schreibtisch. Er wurde weniger kritisch und ermutigte andere Menschen stärker als früher. Er hörte mehr zu und sprach weniger. Und wenn er einen Raum betrat, hatte ich oft das Gefühl, dass er nicht mehr nur mit sich selbst beschäftigt war, sondern bewusst auf andere Menschen Rücksicht nahm.

Offensichtlich verbesserte sich durch diese Disziplin sein ganzes Verhalten. Mein Sohn veränderte sich zwar nicht über Nacht, und es gab immer noch Augenblicke, in denen er in negatives oder kritisches Verhalten zurückfiel, aber mit der Zeit hatte ich doch das Gefühl, dass er in vielerlei Hinsicht ein anderer Mensch geworden war.

Obwohl dieses Charakterbildungsprojekt inzwischen schon längst abgeschlossen ist, sucht dieser Sohn auch weiterhin nach Büchern und anderen Medien zu diesem Thema. Er geht joggen und hört sich dabei immer wieder dieselben Podcasts an, die ich ihm damals vorgeschlagen hatte. Und er erzählt mir auch immer wieder von neuen Erkenntnissen, auf die er dabei gestoßen ist. Ich kann mit Gewissheit sagen, dass dieses Experiment zu einer der wertvollsten Erfahrungen in den Teenagerjahren meines Sohnes und in meiner eigenen Erziehungsarbeit geworden ist.

Wenn ich die Wahl hätte, würde ich viele Aktivitäten, mit denen Highschool-Schüler sich normalerweise beschäftigen, gegen diese Art der Charakterbildung eintauschen. Ein solches Training könnte für viele Familien hilfreich sein und ist eine sehr lohnende Beschäftigung für unsere Teenager. Doch ich erzähle Ihnen das vor allem deshalb, weil ich Sie dazu anspornen möchte, *in der Charakterbildung Ihres Sohnes nicht nachzulassen.* Wenn Sie an seinem Verhalten irgendetwas stört, sprechen Sie ihn darauf an. Und wenn Ihnen eine kreative Methode einfällt, um dieses Fehlverhalten zu korrigieren, probieren Sie sie unbedingt aus! Natürlich sollten Sie dabei auch Gott um Hilfe bitten. Manchmal reicht es schon aus, ein bisschen Geduld mit Ihrem Sohn zu haben, wenn er gerade eine schwierige Phase durchmacht. Aber wenn Sie sich wirklich Sorgen über ihn machen, bitten Sie Gott um weise Erkenntnisse für seine Erziehung. Mit diesen zielgerichteten Bemühungen könnten Sie Ihrem Sohn tatsächlich helfen, zu dem Mann heranzuwachsen, der er sein sollte.

***

Ich bin auch heute noch dankbar für die Teenager und deren Familien, die mich vor so vielen Jahren bei der Erziehung meiner Kinder inspiriert haben. Eine feste Vorstellung davon zu haben, wie charakterstarke Söhne sich verhalten sollten, ist schon eine große Hilfe. Heute kann ich sagen, dass es eine wunderschöne Belohnung für diese harte Erziehungsarbeit ist, wenn man einen Sohn aufwachsen sieht, der einen hervorragenden Charakter hat und bei dem sich das auch in seinem Verhalten zeigt.

Echte Gentlemen mit edlem Charakter. Das ist es, was wir aus unseren Söhnen machen wollen! Ich hoffe, Sie lassen in dieser schwierigen und doch wunderschönen Arbeit, Ihrem Sohn klarzumachen, wie wichtig die Entwicklung seines Charakters ist, nicht nach, liebe Mütter. Sie werden es bestimmt nicht bereuen!

Ein paar persönliche Fragen an Sie

1. Welche Umgangsformen beherrscht Ihr Sohn Ihrer Meinung nach hervorragend? In welcher Hinsicht sollten seine Manieren sich noch verbessern?

2. Auf welchen praktischen Wegen könnten Sie Ihrem Sohn positive Charaktereigenschaften anerziehen?

3. Welche Gentlemen sollte Ihr Sohn sich Ihrer Ansicht nach zum Vorbild nehmen? Wie können Sie ihn auf diese Männer aufmerksam machen oder Ihren Sohn in ihren Einflussbereich bringen?

4. Lesen Sie sich bitte die Liste auf den nächsten Seiten durch: Auf welche wichtige(n) Charaktereigenschaft(en) möchten Sie sich bei der Erziehung Ihres Sohnes im nächsten Monat konzentrieren? Und im nächsten Jahr?

Positive Charaktereigenschaften

Im Folgenden finden Sie eine Liste von zwanzig guten Charaktereigenschaften mitsamt deren Definitionen und ein paar jungengerechten Beispielen, die Ihnen im Gespräch mit Ihrem Sohn weiterhelfen können.

1. Integrität: Sich in seinem Leben an soliden moralischen Prinzipien und Wertvorstellungen orientieren.
   Nicht heimlich den letzten Keks essen, auch wenn deine Mutter es nie erfahren wird.

2. Ehrlichkeit: Die Wahrheit sagen und leben. In allem, was man tut, aufrichtig und vertrauenswürdig sein.
   Zugeben, dass du den letzten Keks gegessen hast.

3. Loyalität: Treue und aufopfernde Zuneigung gegenüber anderen Menschen.
   Nicht mitmachen, wenn andere hinter deinem Rücken schlecht über deinen Bruder oder Freund reden, und sie sogar davon abhalten.

4. Rücksichtnahme: Sich und andere Menschen höflich, freundlich, gütig, respektvoll und mit Würde behandeln.
   Lachen, wenn deine Mutter versucht, einen guten Witz zu machen.

5. Verantwortungsbewusstsein: Alles tun, was man tun sollte, damit andere Menschen wissen, dass sie auf einen zählen können.
   Deine Pflichten im Haushalt erledigen, ohne dass man dich erst dazu auffordern muss.

6. Bescheidenheit: Seine eigene Wichtigkeit nicht zu hoch einschätzen. Immer etwas lernen und sich weiterentwickeln wollen.
   Anerkennen, dass dein Freund etwas wissen könnte, was du nicht weißt.

7. Liebe: selbstlose, loyale Güte gegenüber anderen Menschen; stets ihr Wohlergehen im Auge haben.
Mit deiner kleinen Schwester spielen, um ihr eine Freude zu machen.

8. Mitgefühl: Sich um die Gefühle anderer Menschen kümmern und ihnen helfen wollen.
Dein Nutella-Pausenbrot mit einem Klassenkameraden teilen, wenn er seins vergessen hat.

9. Vergebung: Die Bereitschaft, den Groll oder die Wut auf jemanden loszulassen, der einen beleidigt hat – unabhängig davon, ob die betreffende Person um Verzeihung bittet oder nicht.
Nicht sauer sein, weil niemand sein Nutella-Pausenbrot mit dir geteilt hat, als du deins vergessen hattest.

10. Authentizität: Stets hundertprozentig man selbst sein, egal mit wem man gerade zusammen ist.
Nicht über Billys gemeinen Witz lachen, nur um dazuzugehören.

11. Courage: Das Richtige tun, auch wenn man Angst davor hat.
Billy sagen, dass sein Witz gemein war.

12. Großzügigkeit: Anderen Menschen uneigennützig etwas geben.
Sally deinen letzten Kaugummi schenken.

13. Ausdauer: An einer Handlung oder Überzeugung oder einem Ziel festhalten, auch wenn es schwerfällt.
All deine Haushaltspflichten zu Ende führen, auch wenn du müde bist.

14. Höflichkeit: Gutes Benehmen gegenüber allen Mitmenschen zeigen.
Dem alten Mann, der hinter dir den Laden betritt, die Tür aufhalten.

15. Freundlichkeit: Sich anderen Menschen gegenüber hilfsbereit und rücksichtsvoll verhalten.
Lächeln und »Hallo, wie geht's?« zu dem alten Mann sagen.

16. Sanftheit: Sanftmütig und duldsam mit anderen Menschen umgehen.
Leise sein und auf Zehenspitzen gehen, wenn deine kleine Schwester schläft.

17. Optimismus: Eine positive Einstellung gegenüber anderen Menschen, dem Leben und der Zukunft an den Tag legen.
Fröhlich sein, auch wenn das Baseballspiel wegen Regen ausfällt.

18. Zuverlässigkeit: Jemand sein, bei dem man sich darauf verlassen kann, dass er tut, was er verspricht.
Daran denken, den Hund zu füttern, wenn du an der Reihe bist, ohne dass man dich erst daran erinnern muss.

19. Gewissenhaftigkeit: Bei allem, was man tut, besonnen, rücksichtsvoll, gründlich, sorgfältig und achtsam vorgehen.
Nachdem der Hund gefressen hat, nachschauen, ob er gekleckert hat, und die Überreste seines Futters wegputzen.

20. Selbstdisziplin: Mithilfe von Willenskraft gute Entscheidungen treffen – dazu gehört normalerweise auch das Aufschieben von Belohnungen.
Nimm dir fest vor, dein Gemüse aufzuessen und beim Abräumen des Tischs zu helfen, bevor du deinen Nachtisch isst!

7

Kräfte am Werk

Einflüsse und Vorbilder

Wer mit den Weisen umgeht, der wird weise; wer aber der Narren Geselle ist, der wird Unglück haben.

Sprüche Salomos, 13:20

Ich werde nie den Tag vergessen, an dem unsere Familie loszog, um ein paar Besorgungen zu machen. Als wir am Strand vorbeifuhren, sahen wir, wie sie in einer großen Gruppe lachend am Strand entlangschlenderten: die »coolen« Kids. Die jungen Leute, die mein Sohn für seine Freunde gehalten hatte. Und da saß er nun auf dem Rücksitz unseres Autos – von niemandem eingeladen, von allen ausgeschlossen. Er schaute schnell weg, aber ich spürte trotzdem, wie verletzt er war. Er wollte dazugehören, wie jedes andere Kind im Teenageralter. Er wollte sich normal vorkommen. Akzeptiert. Cool.

Doch mein Sohn hatte im Hinblick auf seine Freunde und die Einflüsse in seinem Leben ein paar schwierige – wenn auch gute – Entscheidungen getroffen. Er wusste, dass diese Jugendlichen von dem schmalen Weg abgewichen waren, auf dem er sich bewegte, und sah sich nun mit der bitteren Realität konfrontiert, dass er nicht mehr zu ihnen passte. Natürlich waren seine Entscheidungen Gott wohlgefällig, und auch wir Eltern freuten uns darüber; aber die Konsequenzen waren trotzdem sehr schmerzhaft für ihn. Doch selbst dieser Schmerz hatte seinen Zweck, und ich hoffe, Sie mit dem, was wir daraus gelernt haben, ermutigen zu können.

Es ist sehr wichtig, auf gute Einflüsse im Leben Ihres Sohnes zu achten. Dadurch helfen Sie ihm, sein Herz und seinen Geist vor allem Negativen zu schützen. Es gibt so viele negative Ideen, die um die Aufmerksamkeit unserer Söhne wetteifern. Daher müssen wir dazu beitragen, ihren Geist mit Wahrheit und Licht und allem anderen zu erfüllen, was wahrhaftig, vorbildlich, gerecht, redlich und liebenswert ist (Philipper 4:8). Doch das ist gar nicht so einfach: Es kostet viel Zeit und Energie und erfordert auch ein paar schwierige Entscheidungen von uns Müttern. Es ist schon ein hartes Stück Arbeit, seine Kinder auf den richtigen Weg zu bringen! Und eine so kompromisslose Erziehung ist vielleicht auch nicht unbedingt cool, kommt bei den Jungs nicht immer gut an und kann anfangs sogar zu Enttäuschungen und Reibereien führen. Aber zum Glück geht es in diesem Buch ja auch nicht darum, cool oder beliebt zu sein, sondern darum, wunderbare Söhne großzuziehen. Und dafür muss man die Macht positiver Einflüsse nutzen.

Gehen Sie mit gutem Beispiel voran

Wenn es um Erziehung und Einfluss geht, lernen unsere Kinder zweifellos mehr aus dem, was wir tun, als aus dem, was wir sagen. Oder wie der Erziehungsexperte Robert Fulghum es formuliert: »Mach dir keine Sorgen darüber, dass deine Kinder dir nie zuhören; mach dir lieber Sorgen darüber, dass sie dich immer beobachten.«[32] Alles in Ihrem Leben – von der Einstellung, mit der Sie morgens aufwachen, bis zu der Art und Weise, wie Sie über andere Menschen reden; von Ihrem Umgang mit Geld bis zu Ihrer Ernährung und der Unterhaltung, mit der Sie sich in Ihrer Freizeit beschäftigen – hat Einfluss darauf, was für ein Leben Ihr Sohn später einmal führen wird.

Der beste Weg, Ihren Kindern beizubringen, wie man richtig lebt, besteht darin, es ihnen *vorzuleben*. Wenn Sie Ihren Sohn dazu ermahnen, gut über andere Menschen zu sprechen, er aber gleichzeitig hört, dass Sie immer wieder über andere Leute tratschen, sollte Ihnen klar sein, dass er sich eher an Ihrem Verhalten als an Ihren Worten orientieren wird. Wenn Sie Ihren Sohn zu positiven Fernsehsendungen oder Büchern hinzuführen versuchen, er aber genau weiß, dass Sie sich, sobald er ins Bett geht, billige Fernsehserien anschauen oder schlüpfrige Liebesromane lesen, können Sie sicher sein, dass er sich durch Ihre Worte nicht täuschen lässt. Und auf den Gebrauch (oder Missbrauch) unserer Handys brauchen wir gar nicht erst einzugehen, oder? (Umso besser – darauf hatte ich sowieso keine besondere Lust.)

Glauben Sie mir, dass ich nicht das geringste Recht habe, Sie zu verurteilen! Ich habe selbst mit all diesen Unarten zu kämpfen und entdecke immer wieder neue Bereiche, in denen mein Verhalten zu wünschen übrig lässt. Aber meine Liebe zu meinen Jungs und mein Wunsch, dass sie später einmal ein sinnvolles, vernünftiges Leben führen, zwingt mich dazu, höhere Maßstäbe an mein eigenes Leben anzulegen. So einfach ist das.

Wenn wir einmal eine kritische Bestandsaufnahme unserer eigenen Lebensgewohnheiten machen und dabei Diskrepanzen zwischen unseren erzieherischen Maßstäben und unserem eigenen Leben entdecken, müssen wir etwas verändern. Das wird sich auch auf unser eigenes Leben positiv auswirken. Es ist also eine echte Win-win-Situation. Wenn es uns gelingt, unseren Lebensstil mit dem Vorbild in Einklang zu bringen, das wir unseren Söhnen sein möchten, tun wir eigentlich nichts anderes, als nach unseren eigenen Überzeugungen zu leben.

Diese Erkenntnis hat Dave und mich dazu veranlasst, Fernsehsendungen auszuschalten oder uns schon im Voraus über bestimmte Filme zu informieren, um sicherzugehen, dass unsere Söhne aus ihrem Medienkonsum nichts Falsches lernen. Wir wollen wirklich nicht päpstlicher sein als der Papst, aber wir wollen uns klug verhalten. Schon ein kleiner fauler Kompromiss kann unseren Kindern einen großen Stolperstein in den Weg legen. Das gilt für fast alles im Leben: die Art, wie wir mit unserer Zeit und unserem Geld umgehen, wie wir uns um unseren Körper kümmern und was für ein gesellschaftliches Leben wir führen. Ich denke dabei an die Schlussworte des Briefs, mit denen Paulus die Philipper zu motivieren versuchte: »Welches ihr auch gelernt und empfangen und gehört und gesehen habt an mir, das tut.« (4:9). Kann ich das zu meinen Kindern sagen? Kann ich ihnen guten Gewissens empfehlen: »Tue das Gleiche wie ich, mein Sohn. Folge meinem Beispiel, dann bist du auf dem richtigen Weg«? Das ist ein sehr hohes Ziel.

Bedeutet das, dass ich selbst ein perfektes Leben führe? Meine Güte, nein! Mir rutschen oft Dinge heraus, die ich hinterher bereue. Nach neun Uhr abends habe ich kaum noch die Geduld, einem meiner Kinder ein Glas Wasser zu holen. Und ich lache auch manchmal über unpassende Witze und merke es erst dann, wenn mein Mann mir einen Seitenblick zuwirft. Ich muss sicherlich noch sehr an mir arbeiten. Aber ich tue es auch.

Lassen Sie uns einfach akzeptieren, dass Sie und ich nicht immer alles richtig machen werden. Aber es gibt auch eine gute Nachricht: Wir gestehen uns unsere Fehler ein und entschuldigen uns demütig bei unseren Kindern, wenn es sein muss – und das ist ein sehr wichtiger Bestandteil ihrer Erziehung. Denn auch unser Umgang mit unseren Fehlern ist ein großes Vorbild für unsere Söhne, die eines Tages ebenfalls Fehler machen werden und wissen müssen, wie man am besten damit umgeht. Das Vorleben von Demut und Authentizität ist ein wichtiger Teil des Erziehungsprozesses.

Das Beste, was wir tun können, ist, hohe Ansprüche an uns selbst zu stellen und bescheiden zu bleiben. Wir sollten versuchen, unseren Söhnen ein perfektes Beispiel einer unvollkommenen Mutter zu geben, die immer wieder versucht, alles richtig zu machen und ihr Bestes zu geben.

Söhne brauchen einen Vater oder eine Vaterfigur

Obwohl ich in diesem Buch in erster Linie auf die Rolle der Mutter bei der Erziehung von Söhnen eingehe, ist mir auch bewusst, welch wichtige Rolle der Vater für einen Jungen spielt. Wissenschaftlichen Untersuchungen zufolge verändert ein engagierter Vater (oder eine engagierte Vaterfigur) den Lebensweg eines Jungen deutlich zum Besseren. Mein eigener Mann ist ein ausgezeichnetes Vorbild und bringt sich sehr stark in die Erziehung unserer Söhne ein. Das ist ein wunderbares Geschenk für sie und für mich.

Wenn Ihr Sohn einen engagierten Vater hat, können Sie wirklich froh sein! Ich hoffe, dass Sie diese Vater-Sohn-Beziehung aktiv fördern. Wenn der Vater Ihres Sohnes nicht in seinem Leben präsent oder nicht das Vorbild ist, das Sie sich für ihn wünschen, sollten Sie nach Männern suchen, die Ihrem Sohn einen vorbildlichen Charakter vorleben können – und darum beten, dass Sie solche Männer finden. Vielleicht kann ein Großvater, Onkel oder Familienfreund einspringen und eine starke Beziehung zu Ihrem Sohn aufbauen. Niemand – nicht einmal der beste Vater – wird perfekt sein, aber ein liebevoller, engagierter Mann, der sich um Ihren Sohn kümmert, kann viele Lücken füllen.

Ich weiß sehr wohl, wie schwierig das sein kann. Eine Freundin von mir, deren Mann starb, als ihre beiden Kinder noch klein waren, hat mir erzählt, wie schwer es ihr gefallen ist, engagierte männliche Vorbilder für ihren Sohn zu finden. Obwohl es mehrere Männer gab, die ankündigten, diese Rolle im Leben ihres Sohnes übernehmen zu wollen, fehlte es ihnen letzten Endes doch meist an der nötigen Konsequenz. Diese Mutter weist ihren Sohn auf eine gesunde Beziehung zu Gott – dem einzigen perfekten Vater – hin und sucht weiterhin nach guten Vorbildern für ihn. Außerdem hat sie ihren Sohn gezielt in Aktivitäten eingebunden, bei denen es starke männliche Führungsfiguren gibt, zum Beispiel Sportmannschaften, Pfadfinder- und Jugendgruppen. Ich bewundere sie für ihre Zielstrebigkeit. Obwohl ihre Situation nicht so ist, wie sie sie gern hätte, tut sie ihr Bestes; und ich glaube, dass Gott ihren Bemühungen Seinen Segen gibt.

Geschwister

Auch Geschwisterbeziehungen spielen bei der Prägung von Kindern eine wichtige Rolle. Manchmal sage ich im Scherz: Das Beste, was Eltern für die Erziehung großartiger Kinder tun können, besteht darin, ein erstgeborenes Kind mit vorbildlichem Charakter in die Welt zu setzen. In unserer Familie ist da tatsächlich etwas Wahres dran: Unser ältester Sohn war nicht nur stets ein wunderbares Vorbild für seine Geschwister, sondern auch ein positiver und ermutigender Einfluss in ihrem Leben. Es lohnt sich also wirklich, viel Zeit und Mühe in die Erziehung Ihres erstgeborenen Kindes zu investieren!

Ich glaube fest daran, dass Geschwisterbeziehungen in Ihrer Familie eine hohe Priorität haben sollten. Statt sich dauernd mit Freunden außerhalb der Familie zum Spielen zu verabreden, sollten Ihre Kinder genügend Zeit und Gelegenheit haben, sich in allen Phasen ihres Heranwachsens kennenzulernen. Viel Zeit miteinander zu verbringen – selbst in einer nicht ganz so idealen Geschwisterbeziehung –, kann Ihren Kindern das dringend benötigte Training in allen möglichen Beziehungsfähigkeiten geben, zum Beispiel Kommunikation, Konfliktlösung, Geduld und Bereitschaft zum Verzeihen.

Viele Leserinnen und Leser meines Blogs schicken mir E-Mails zum Thema Geschwisterbeziehungen. Sie wollen zum Beispiel wissen, wie sie ihren Kindern helfen können, nicht als Feinde, sondern als gute Freunde aufzuwachsen. Oder sie fragen mich, wie man mit Streitigkeiten unter Geschwistern umgehen soll. »Wann ist die Grenze erreicht?«, »Sollen wir sie ihre Konflikte untereinander austragen lassen oder eingreifen?«, »Mit welchen Methoden soll man Kinder maßregeln, wenn sie sich streiten?« et cetera.

Deshalb möchte ich dazu an dieser Stelle nur kurz sagen: Ja, ich bin überzeugt davon, dass wir vieles tun können, um gesunde Geschwisterbeziehungen zu fördern. Wir können unsere Kinder zwar nicht dazu zwingen, gute Freunde zu sein, aber wir können sie zumindest in der Absicht erziehen, dass sie sich gut verstehen, und hoffen, dass daraus eine lebenslange Bindung entsteht.

Was das Streiten angeht, empfehle ich Ihnen, klare Grenzen zu setzen, damit es nicht zu einem ernsthaften Problem wird. Ein paar Konflikte zwischen Geschwistern sind völlig normal: Wenn sie klein sind, streiten sie sich vielleicht um ein Spielzeug oder darum, wer den größeren Keks bekommen hat. Wenn sie älter sind, geht es womöglich darum, wer das Skateboard draußen im Regen stehen gelassen oder wer den letzten Keks gegessen hat. (Manche Dinge ändern sich nie.) Aber unsere Kinder müssen lernen, mit solchen Konflikten auf vernünftige Art und Weise umzugehen, die sich dann auch auf ihre anderen zwischenmenschlichen Beziehungen überträgt.

Mit anderen Worten: Das Familienleben ist der beste Übungsplatz für das wirkliche Leben. Wenn wir unseren Kindern erlauben, sich gegenseitig anzuschreien oder womöglich sogar handgreiflich zu werden, nur weil sie sich über irgendetwas ärgern oder ungerecht behandelt fühlen – was lernen sie dann über den Umgang mit einem Freund, Mitbewohner oder Arbeitskollegen, der eine Grenze überschreitet?

Schon als meine Jungs noch klein waren, habe ich ihnen beigebracht, ihre Unstimmigkeiten mit Worten beizulegen und dabei Gnade vor Recht ergehen zu lassen. Dabei arbeitete ich oft mit Bibelversen und ließ sie die passendsten Verse sogar auswendig lernen. (Am häufigsten zitierte ich in solchen Situationen Epheser 4:29 und Philipper 2:14.) Natürlich gab es trotzdem immer noch ab und zu heftige Auseinandersetzungen zwischen ihnen, und manchmal begnügten sie sich dabei nicht mit bloßen Worten, sondern ließen sich auch zu Schubsereien oder sogar zu richtigen Ringkämpfen hinreißen. Während ich versuchte, mir ein Lächeln zu verbeißen (denn es kann wirklich lustig sein, Drei- und Fünfjährige dabei zu beobachten, wie sie versuchen, einen Konflikt »beizulegen«), trennte ich die Kampfhähne voneinander und bestand mit Nachdruck darauf, dass sie sich mit Würde einigten. Dadurch schuf ich eine Erwartungshaltung im Hinblick darauf, wie wir in unserer Familie mit Konflikten umgehen, und diese Erwartungshaltung weitete sich dann auch auf andere Beziehungen aus.

Ich weiß, wie sehr Streitereien zwischen Geschwistern einem auf die Nerven gehen können, aber je früher man seinen Kindern beibringt, Probleme mit Kompromissen, Geduld und viel Gnade zu lösen, umso eher werden sie sich dieses Verhalten (hoffentlich) angewöhnen. Ich habe meinen älteren Söhnen die große Verantwortung auferlegt, ihren jüngeren Geschwistern ein positives Vorbild zu sein. Ich zitiere dann zum Beispiel Römer 14:13, wo es heißt: »Vermeidet alles, was einem Bruder oder einer Schwester Anstoß bereiten oder sie zu Fall bringen kann.« Und ich erinnere meine beiden ältesten Söhne immer wieder daran, was für eine wunderbare Chance sie haben, die Herzen ihrer Geschwister zu formen.

Als wir einmal eine Phase durchmachten, in der einer unserer Jungs oft von seinem kleinen Bruder genervt war und ihn deshalb immer wieder kritisierte und heruntermachte, führte ich ein energisches Gespräch mit diesem älteren Sohn. Ich erklärte ihm, dass er eine wichtige Rolle dabei spielte, wie sein kleiner Bruder aufwuchs, und dass es einen großen Unterschied machte, ob er diesen Bruder mit seinen Worten herunterzog oder aufbaute. Ich wollte, dass dieser Sohn seine Aufgabe ernst nahm. Und ich machte ihm auch klar, dass er für jede gemeine oder verletzende Behandlung seines Bruders mit einer Bestrafung rechnen musste. Ich habe dieses Problem sehr ernst genommen, und inzwischen bin ich froh darüber: Mein älterer Sohn hat sein Verhalten daraufhin tatsächlich geändert, und ich bin sicher, dass das Selbstvertrauen und die Selbstsicherheit, die der jüngere Bruder heute ausstrahlt, teilweise auf die gesunde Beziehung zurückzuführen ist, die er im Lauf der Zeit zu seinem großen Bruder entwickelt hat.

Ich bin froh darüber, sagen zu können, dass meine Jungs bis jetzt wirklich wie gute Freunde aufwachsen. Sie reden nur gut übereinander, sind gerne zusammen und gehen stets freundlich miteinander um. Natürlich haben sie sehr unterschiedliche Charaktere und mussten schon so manchen Konflikt miteinander austragen. Aber sie haben gelernt, sich gegenseitig zu schätzen und zu lieben – und das ist eine meiner größten Freuden, wenn ich sie aufwachsen sehe.

Vor kurzem war ich bei einer Familie zu Besuch, deren drei Kinder inzwischen aufs College gehen. Die beiden Söhne und die Tochter verbrachten die Sommerferien zu Hause, und ich fand es wunderschön, zu beobachten, wie offen sie im Familienkreis über ihre Freundschaften sprachen (einschließlich der Jungs beziehungsweise Mädchen, mit denen sie gerade ausgingen). Die drei gaben einander sogar Ratschläge und ermutigten sich gegenseitig. Das war für mich eine große Inspiration! Als ich ihre Eltern danach fragte, erklärten sie mir, sie hätten ihre Kinder von klein auf bewusst dazu erzogen, gute Freunde zu sein. Daraus hätte sich dann eine enge Geschwisterbeziehung entwickelt, auf die sie alle sehr stolz seien. Es war für mich ein faszinierendes Erlebnis, ein so gesundes Familienumfeld zu beobachten!

Freunde und Altersgenossen

»Zeige mir, wer deine Freunde sind, und ich zeige dir deine Zukunft.« Das ist einer meiner liebsten (und am häufigsten gebrauchten) Elternsprüche. Ich zitierte ihn vor vier Jahren in einem Gespräch mit meinem Sohn – kurz nachdem wir an den bereits erwähnten Kindern am Strand vorbeigefahren waren. Jenen Kindern, die früher einmal seine Freunde gewesen waren. Die ihren Sommer fast völlig unbeaufsichtigt verbrachten und von denen damals viele in Schwierigkeiten geraten sind. Also redeten wir miteinander, mein Sohn und ich. Er kämpfte innerlich mit der grausamen Wahrheit und mit seinen Wünschen, die so ganz anders aussahen als diese Wahrheit.

»Das sind meine Freunde«, erinnerte er mich. »Sie sind nicht *alle* schlecht. Einige von ihnen hängen einfach nur zum Spaß spätabends noch draußen herum und tun deshalb nicht unbedingt etwas Falsches. Vielleicht«, setzte er hinzu, »könnte ich einen guten Einfluss auf sie ausüben. Das ist doch immer noch besser, als gar keine Freunde zu haben, oder nicht, Mama?«

Daraufhin sagte ich: »Vielleicht. Oder vielleicht auch nicht.«

Ja, es gibt eindeutig Situationen, in denen man für andere Menschen da sein muss, die gerade einen guten Einfluss in ihrem Leben brauchen. Wir finden es gut, wenn unsere Söhne Kindern, die einen Freund brauchen, eine helfende Hand hinstrecken und sich mit ihnen anfreunden. Und wir laden solche Kinder auch in unser familiäres Umfeld ein: zum Beispiel, um mit unseren Söhnen Sport zu treiben oder bei uns zu Hause oder bei Jugendveranstaltungen mit ihnen zusammen zu sein.

Aber sollen unsere Söhne sich wirklich in das Umfeld dieser Jugendlichen begeben oder mit irgendwelchen Teenagern ohne elterliche Aufsicht in der Gegend herumlungern? Das ist keine gute Idee. Es bringt unsere Kinder in potenziell gefährliche Situationen. In einer solchen Umgebung ist es viel wahrscheinlicher, dass mein Sohn von der Gruppe beeinflusst wird als umgekehrt.

Kinder brauchen elterliche Führung

Verständlicherweise sehnte mein Sohn sich nach einem guten Freund. Und wenn unsere Jungs auf der Suche nach einem engen Freund oder mehreren engen Freunden sind, müssen sie sich sehr klug und vorsichtig verhalten. Daher ist es sinnvoll, Ihrem Sohn beizubringen, nach welchen Eigenschaften er bei einem Freund suchen sollte. Echte Freunde sollten ihn innerlich aufbauen, ihn zu einem besseren Menschen machen und die gleichen Wertvorstellungen haben wie er. Echte Freunde sollten ihn nicht in eine verfängliche Lage bringen, und es sollte ihm auch nicht peinlich sein, ihnen gegenüber für seine Überzeugungen einzustehen. Echte Freunde sollten Menschen sein, denen er ähnlich sein möchte. Und jetzt kommt eine wirklich traurige Nachricht für einen Dreizehnjährigen: *Es ist nicht leicht, solche Freunde zu finden.* Erst recht nicht, wenn man wie wir in einer sehr kleinen Gemeinde lebt.

Von meinen drei ersten Söhnen hat nur einer das Glück, mit dreizehn Jahren zwei Freunde zu haben, die nicht nur seine Interessen teilen, sondern auch Christen sind und in ihrem bisherigen Leben gute Entscheidungen getroffen haben. Wir kennen auch die Familien dieser Freunde gut. Doch so etwas kommt leider nur selten vor. Für meine beiden anderen Söhne (und eigentlich für die meisten Jungen im Teenageralter, wie ich von den Müttern, mit denen ich online in Kontakt stehe, immer wieder höre) ist die Suche nach vernünftigen Freunden sehr viel schwieriger. Das liegt daran, dass junge Menschen in der Pubertät und im Teenageralter verschiedene Identitäten austesten, um zu entscheiden, wer sie sind und wer sie werden möchten. Dann beginnen Jugendliche, die früher gute Freunde waren, oft große oder kleine Entscheidungen zu treffen, die den Wertvorstellungen widersprechen, die sie früher zu haben behaupteten. Und dann stehen unsere Kinder vor der Wahl, entweder mitzuziehen oder sich von diesen Freunden zu trennen.

Daher bin ich unbedingt dafür, mit unseren Kindern rechtzeitig über dieses heikle Thema zu sprechen – lange bevor sie damit konfrontiert werden. Wenn Sie Ihren Sohn zu einem »braven Kind« erzogen, ihn aber nicht auf diese Veränderungen bei seinen Freunden vorbereitet haben, werden diese ihn wahrscheinlich völlig unvorbereitet treffen. Dann könnte er einem Gruppendruck ausgesetzt sein, ohne überhaupt zu wissen, was Gruppendruck ist. Er könnte Angst bekommen, irgendwann gar keine Freunde mehr zu haben, wenn er sich nicht an der breiten Masse orientiert. Daher sollten Sie diese wichtigen Gespräche mit Ihrem Sohn führen, *bevor* er mit den Herausforderungen des Erwachsenwerdens konfrontiert wird.

Um das tun zu können, müssen Sie in seiner Nähe sein. Wenn er niemanden hat, mit dem er über die Veränderungen in seiner Welt sprechen kann, wird er sich nach und nach in einem stetigen Strom kleiner Kompromisse immer mehr von den Prinzipien und Wertvorstellungen entfernen, die Sie ihm vermitteln möchten. Wenn Sie nicht nah genug an Ihrem Sohn dran sind, um zu erkennen, was in seinem Leben vor sich geht, könnte dieses »brave Kind« sogar besonders anfällig für ungesunde Einflüsse werden. Sie dürfen als Mutter also jetzt nicht wegschauen und Ihre Söhne in so schwierigen Zeiten einfach sich selbst überlassen. Der Drang, sich anzupassen, kann einem Jungen den Verstand vernebeln, sodass er den finsteren Abgrund, auf den er zusteuert, womöglich gar nicht sieht. Unsere Aufgabe ist es, unsere Söhne in allem zu coachen und zu ermutigen, womit sie in ihrem Leben konfrontiert werden, in zwischenmenschlichen Beziehungen, Problemen in ihrem sozialen Umfeld und anderen Dingen.

Im Lauf der Jahre haben wir in unserer Familie oft über Freundschaften und auch darüber gesprochen, wie man reagieren sollte, wenn Freunde sich plötzlich zurückziehen, in Schwierigkeiten geraten oder eine negative Einstellung gegenüber Autoritäten entwickeln. Wir helfen unseren Kindern dabei herauszufinden, wie sie sich so durch diese Beziehungen hindurchmanövrieren können, dass sie ihren Freunden gegenüber freundlich und aufrichtig bleiben, sich aber nicht in den Strudel negativer Einflüsse hineinziehen lassen.

Seien Sie präsent, wachsam und bereit zu schwierigen Entscheidungen

Da Jungen von Natur aus nicht so sehr dazu neigen, über ihre Gefühle zu sprechen, müssen wir bei ihnen besonders aufmerksam sein. Um wirklich zu wissen, welche Einflüsse unsere Söhne prägen, müssen wir an ihrem Leben teilhaben. Wir müssen die Kinder, die im Leben unserer Söhne eine Rolle spielen, und auch ihre Lehrer persönlich kennenlernen. Dabei kann es eine große Hilfe sein, sich ehrenamtlich zu engagieren und sich in der Schule oder bei außerschulischen Aktivitäten einzubringen. Egal wie Ihre persönliche Situation als Mutter aussieht:

Sie sollten sich unbedingt Zeit nehmen, im Leben Ihres Sohnes präsent zu sein und seine Welt kennenzulernen. Dadurch, dass wir unsere Kinder zu Hause unterrichteten, war das für mich in vielerlei Hinsicht einfacher, aber ich kenne viele Hausschüler, deren Eltern in ihren Teenagerjahren mit Arbeit oder Reisen beschäftigt sind und die Kinder vielleicht noch öfter unbeaufsichtigt lassen, als wenn sie zur Schule gehen würden.

Unabhängig von Ihrer familiären Situation sollten Sie Ihren Zeitplan möglichst flexibel gestalten und Wege finden, so intensiv wie möglich am Leben Ihres Sohnes teilzuhaben. Manchmal sind dazu kleine oder größere Veränderungen notwendig. Wenn Sie aufgrund Ihres Arbeitspensums nicht genügend Zeit für ihn haben, könnten Sie vielleicht eine Möglichkeit finden, eine Zeit lang weniger zu arbeiten und Ihr Leben zu vereinfachen, damit Sie mehr Zeit zu Hause verbringen können. Wenn ein Elternteil vor und nach der Schule zu Hause ist, macht das im Leben der Kinder schon sehr viel aus. Wie bereits erwähnt, haben Studien gezeigt, dass Kinder aus Familien, die regelmäßig (mindestens dreimal pro Woche) gemeinsam essen, seltener Probleme haben. Ich habe eine Freundin, die als Chefin eines Unternehmens zurücktrat, weil ihr Mann viel arbeiten musste und sie merkte, wie dringend ihre Kinder jemanden brauchten, der zu Hause für sie da war. Das war ein schwerer Schritt für sie, aber sie hat ihn niemals bereut.

Wenn Ihr Sohn den größten Teil seines Tages in der Schule verbringt oder Sie außer Haus arbeiten, wird es bewusste Anstrengung und Energie erfordern, ihn durch den Hindernislauf seiner Freundschaften und zwischenmenschlichen Beziehungen zu begleiten. Und zwar eine ganze Menge. Für die Zeiten, in denen Sie beim besten Willen nicht so präsent sein können, wie Sie es gern wären, können Sie vielleicht Familienmitglieder oder enge Freunde einbinden, um die Lücke zu füllen.

Manchmal müssen wir im Interesse unserer Kinder schwierige Entscheidungen treffen. Ich kenne Eltern, die den Schulbezirk gewechselt, ihre Kinder ein Jahr oder noch länger zu Hause unterrichtet haben oder sogar mit der ganzen Familie in eine andere Stadt gezogen sind, weil ihre Kinder unter einen negativen Einfluss geraten waren. Es gibt niemals nur *eine* einfache Antwort, doch wenn Sie das Gefühl haben, dass Ihr Sohn auf die schiefe Bahn gerät, sollten Sie unbedingt alles Nötige tun, um die negativen Einflüsse aus seinem Leben zu eliminieren oder Ihren Sohn von diesen Menschen zu trennen. Der Schlüssel zum Erfolg besteht darin, in diesen prägenden Lebensjahren Ihres Sohnes entschlossen und zielgerichtet zu handeln, auch wenn Sie dafür vielleicht umdisponieren und Opfer bringen müssen. Finden Sie Ihren Weg. Die kleinen Veränderungen, die Sie jetzt in Angriff nehmen, können den Verlauf seines ganzen Lebens ändern.

Will ich damit sagen, dass unsere Jungs überhaupt nicht mit Kindern befreundet sein sollten, die in ihrem Leben falsche Entscheidungen treffen? Nein, aber Sie sollten diese Freundschaften sehr genau überwachen. Das sind nicht die Kinder, mit denen Ihre Söhne ohne vertrauenswürdige Aufsicht zusammen sein, bei denen sie übernachten oder mit denen sie sich eng befreunden sollten. Das klingt zwar vielleicht ein bisschen hartherzig, aber es ist nun einmal so: *Wir werden genauso wie die Menschen, mit denen wir Umgang haben.* Und diese Erkenntnis ist keineswegs neu. Schon vor fast zweitausend Jahren warnte der Apostel Paulus seine Gemeinde in Korinth: »Lasst euch durch solche Sprüche nicht täuschen! Denn: ›Schlechter Umgang verdirbt gute Sitten‹.« (1. Korinther 15:33). Und bereits viele Jahrhunderte davor sagte König Salomo: »Wer mit den Weisen umgeht, der wird weise; wer aber der Narren Geselle ist, der wird Unglück haben.« (Sprüche Salomos, 13:20). Das Teenageralter ist die beste Zeit für unsere Jungen, um diese Warnung zu beherzigen.

Es gibt einen besseren Weg

Nun, da ich dieses Problem mit einigen meiner eigenen Söhne durchgemacht habe, kann ich Ihnen sagen, dass es für meinen Sohn tatsächlich besser war, ein paar einsame Jahre zu ertragen, als seinen Wertvorstellungen untreu zu werden und einen Weg einzuschlagen, den er früher oder später bereuen würde – und das alles nur aus Angst, keine Freunde zu haben.

Seit dem Tag, an dem wir an jenem Strand vorbeifuhren, sind inzwischen vier Jahre vergangen. Heute würde mein Sohn Ihnen sagen, dass er *sehr froh* darüber ist, sich seine Freunde so genau ausgesucht zu haben. Und er ist auch froh darüber, dass ich ihm einen Rat gegeben habe, als er ihn brauchte – auch wenn er ihn damals nicht hören wollte. Diese einsamen Tage, Wochen und Monate haben ihm geholfen, innerlich zu wachsen und seinen Charakter weiterzuentwickeln. In einer Zeit, als gute Freunde nicht leicht zu finden waren, fand er andere Wege, sich zu beschäftigen. Er konzentrierte sich auf die Schule. Er widmete sich seinen Hobbys, zum Beispiel dem Fotografieren, Surfen, Tauchen und Schreiben von Geschichten. Er war viel mit seiner Familie zusammen, und – *sagen Sie es bitte nicht weiter* – das machte ihm sogar Freude.

In all diesen Jahren besuchte mein Sohn auch regelmäßig die Jugendgruppe unserer Kirche. Am Anfang hat ihm das ehrlich gesagt nicht sonderlich viel Spaß gemacht. Er hatte nicht das Gefühl, sich dort mit irgendjemandem besonders gut zu verstehen, also ging er eine Zeit lang nur hin, weil wir ihn dazu aufforderten und weil er eine Beschäftigung brauchte. Doch mit der Zeit lernte er dort immer mehr Jugendliche kennen und begann, sich stärker in der Gruppe zu engagieren. Er fing an, musikalische Veranstaltungen zu leiten und sich mit einer kleinen Gruppe von Jungen zum Bibelstudium zu treffen. Schließlich wurden die Mitglieder dieser Jugendgruppe seine Freunde – kein großer Freundeskreis, aber doch ein paar wunderbare junge Leute. Er begann, seine Tage und Abende mit Aktivitäten und Menschen zu verbringen, die ihm Freude machten. Er lernte die Jugendgruppenleiter kennen und freundete sich mit ihnen an. Mit der Zeit wurde die Einsamkeit, unter der er damals gelitten hatte, zu einer bloßen Erinnerung.

Mit seinen alten Freunden vom Strand blieb er zwar noch eine Zeit lang in Kontakt und surfte auch gelegentlich mit ihnen oder tauschte

SMS aus. Doch mit der Zeit stellte sich heraus, dass die meisten von ihnen moralisch und spirituell nicht mehr denselben Weg gingen wie er. Schließlich reagierten sie nicht mehr auf die Versuche meines Sohnes, mit ihnen in Kontakt zu treten. Er sieht sie aber immer noch ab und zu und ist nach wie vor freundlich zu ihnen in der Hoffnung, für sie da sein zu können, wenn sie eines Tages einen echten Freund brauchen.

Im letzten Jahr hat dieser Sohn angefangen, sich bewusst um jüngere Teenager zu kümmern, die in der gleichen Situation stecken wie er vor vielen Jahren: Jungen, die verzweifelt auf der Suche nach Freunden sind und kurz vor wichtigen Lebensentscheidungen stehen. Er hat in der Jugendgruppe ein paar dreizehn- und vierzehnjährige Jungen kennengelernt – Jungs von der Sorte, von der man erwarten würde, dass sie ein paarmal auftauchen, Ärger machen und dann nie mehr wiederkommen. Doch mein Sohn ging auf diese Kinder zu und lud sie ein, mit ihm und seinen Brüdern surfen zu gehen. Daraus entwickelte sich eine wunderbare Freundschaft. Seit kurzem ist er offiziell Mentor eines dieser Jungen und trifft sich fast jede Woche zum Surfen und zum gemeinsamen Bibelstudium mit ihm. Er möchte diesen Jugendlichen ein positives Vorbild und ein Freund in einem schwierigen Alter sein, in dem sie so etwas am meisten brauchen, weil er noch genau weiß, wie es damals für ihn war, vierzehn Jahre alt und einsam zu sein.

Der Gedanke, wie ein paar schwere Entscheidungen und das Aushalten einer gewissen Zeit der Einsamkeit meinen Sohn auf einen unglaublich lohnenden Weg gebracht haben, aus dem wunderbare Freundschaften entstanden sind, zaubert mir immer wieder ein glückliches Lächeln auf die Lippen. Dieser junge Mann schleppt keinen Ballast falscher Entscheidungen mit sich herum. Er hat nichts zu bereuen. Stattdessen hat er einen hervorragenden Charakter, Mitgefühl für andere Menschen und eine fantastische Zukunft vor sich.

Andere Vorbilder

Obwohl der Einfluss der nächsten Familienmitglieder am allergrößten ist und wunderbare Freunde ein großer Segen sein können, brauchen unsere Jungs auch andere Menschen, zu denen sie aufschauen können – Menschen, die ihnen verschiedene Wege aufzeigen können, wie man sein Leben gut meistert.

Einige Vorbilder meiner Söhne sind Menschen, die sie persönlich kennengelernt haben, zum Beispiel Familienmitglieder oder enge Freunde. Diese Personen waren unseren Jungs wunderbare Vorbilder und haben ihnen bestimmte Fähigkeiten beigebracht oder sie in akademischer oder spiritueller Hinsicht inspiriert. Jugendgruppenleiter haben zum Beispiel großen Einfluss auf das Leben meiner Jungs ausgeübt. Als einer meiner Söhne von einem Mädchen, das er nicht gut kannte, zum Abschlussball eingeladen wurde, schrieb er sofort eine SMS an seinen Jugendgruppenleiter, um ihn um Rat zu fragen, wie er darauf reagieren solle. Das erzählte er auch meinem Mann und mir. Daraufhin lächelten wir uns leise zu und beglückwünschten uns gegenseitig mit einem »High Five«. Wir waren wirklich froh darüber, dass er so großes Vertrauen zu seinem Jugendgruppenleiter hatte.

Unsere Jungs stehen alle auf freundschaftlichem Fuß mit anderen Vätern oder jungen Erwachsenen aus unserer Kirchengemeinde. Oft gehen sie sogar mit ihnen angeln oder surfen oder helfen ihnen bei Gartenprojekten und anderen Arbeiten. Vor allem wenn Jungen ins Teenageralter kommen, sind sie häufig offener für Ratschläge von jemand anderem als ihrer Mutter oder ihrem Vater; und wir freuen uns darüber, dass unsere Söhne Vorbilder haben, bei denen wir uns darauf verlassen können, dass sie sie in die richtige Richtung lenken. Doch zu den Vorbildern meiner Söhne gehören nicht nur Männer, die sie persönlich kennen, sondern auch Leute, denen sie wahrscheinlich nie im Leben begegnen werden: Menschen, die im Rampenlicht der Öffentlichkeit stehen und meine Jungs aus der Ferne inspiriert haben, zum

Beispiel bestimmte Sportler, Musiker, Autoren, Pastoren, Lehrer und Motivationsredner. All diese Menschen haben in ihrem Leben einen edlen Charakter bewiesen und sind gute Vorbilder, an denen meine Jungs sich gern orientieren möchten. Diese Vorbilder haben meine Söhne durch ihre Präsenz in den sozialen Medien, ihre Bücher oder ihre Reden beeinflusst. Sie werden sie vielleicht niemals kennenlernen, aber wir sind trotzdem dankbar für ihren Einfluss im Leben unserer Jungs.

Vor allem wenn Jungen klein sind, kann es sie sehr ermutigen, über die großen Persönlichkeiten der Menschheitsgeschichte zu lesen. Aus deren Lebensgeschichten kann man eine Menge lernen. Ich liebe diese Geschichten von Menschen aus dem wirklichen Leben, die sich enormen Herausforderungen gestellt haben und dadurch stärker geworden sind. Wenn meine Söhne vor schwierigen Situationen stehen, werden sie sich vielleicht an diese Geschichten erinnern und sich davon inspirieren lassen. In unserer Familie sprechen wir oft über vorbildliche Menschen, von denen unsere Söhne erst vor kurzem gelesen haben – von Martin Luther King jr. über Abraham Lincoln bis hin zu Billy Graham oder Bethany Hamilton.

Nicht mit dem Strom zu schwimmen, kann etwas sehr Gutes sein

Ich weiß, dass manche Prinzipien, um die es in diesem Kapitel geht, sich gar nicht so leicht umsetzen lassen. Uns ist es sehr wichtig, dass unsere Jungs zu guten Menschen heranwachsen, aber wir wollen auch, dass sie *glücklich* sind, und zwar *jetzt*. Wir wollen, dass sie dazugehören, Freunde haben und sich akzeptiert fühlen. Und manchmal klappt das auch tatsächlich alles auf einmal!

Doch so manches Mal stehen wir in dieser Hinsicht auch vor schwierigen Entscheidungen. Kristen Welch, die Autorin des Buches *Raising Grateful Kids in an Entitled World*, schreibt dazu: »Hier eine einfache Wahrheit, die leider gar nicht so einfach ist: Wenn man Kinder so erzieht, dass sie sich vom Rest der Welt unterscheiden, dann unterscheiden sie sich hinterher auch *tatsächlich* vom Rest der Welt.«[33] Und dann fühlt man sich manchmal so wie mein vierzehnjähriger Sohn damals auf dem Rücksitz unseres Autos – einsam und ausgeschlossen. Aber vier Jahre später ist man dann vielleicht ein stolzer, glücklicher Achtzehnjähriger mit einem starken, mustergültigen Charakter, der nichts zu bereuen hat.

Die Frage ist: Sind *wir* stark genug, bei der Erziehung unseres Vierzehnjährigen bereits an diesen Achtzehnjährigen zu denken? Denn wenn wir unseren Söhnen durch unsere Erziehung die richtigen Werte mit auf den Weg geben, werden sie diese Werte später auch beherzigen. Und anders zu sein als der Rest der Welt? Das kann sogar etwas sehr Schönes sein.

Ein paar persönliche Fragen an Sie

1. In welchem Bereich Ihres Lebens sollten Sie sich bemühen, Ihrem Sohn ein besseres Vorbild zu sein?

2. Falls Sie mehr als ein Kind haben: Wie würden Sie die Beziehungen zwischen den Geschwistern beschreiben? Mit wem verbringen Ihre Kinder den größten Teil ihrer Freizeit? Was für Veränderungen würden Sie sich in den Beziehungen Ihrer Kinder zueinander wünschen?

3. Beschreiben Sie die Freunde Ihres Sohnes. Gibt es Bereiche, in denen diese ihn negativ oder positiv beeinflussen? Wie könnten Sie Ihrem Sohn helfen, Menschen zu finden, die einen besseren Einfluss auf ihn haben? Und falls er einsam ist: Wie können Sie ihm helfen, diese schwierige Phase zu überstehen?

4. Wer gehört zu den derzeitigen Vorbildern Ihres Sohnes? Gibt es jemanden in Ihrer Gemeinde, der sich vielleicht ein bisschen um Ihren Jungen kümmern könnte?

8

Durchblick im digitalen Zeitalter

Technologie und Unterhaltung

> Technologie ist ein nützlicher Diener, aber ein gefährlicher Herr.
>
> *Christian Lous Lange*

Aufgrund des fast elfjährigen Altersunterschieds zwischen meinem ersten und meinem letzten Sohn haben meine Söhne ihre Kindheit unter zwei sehr unterschiedlichen Umständen erlebt – zumindest was den Einfluss der Technologie angeht. Ich weiß noch, dass ich, als meine ersten drei Kinder klein waren, die ersten tragbaren Spielkonsolen gesehen habe – große, sperrige Geräte. Vielleicht, weil ich sie nicht kannte, machte ich lieber einen großen Bogen um diese Dinger. Damals war ich fast rund um die Uhr beschäftigt, und wenn ich heute daran zurückdenke, kann ich mir vorstellen, dass mein Leben sehr viel einfacher gewesen wäre, wenn ich dieses kostenlose Babysitting genutzt hätte.

Doch ich glaube, wir sind alle innerlich daran gewachsen, dass meine Kinder damals keinen Zugang zu elektronischen Geräten hatten: Ich musste den Löwenanteil ihrer Erziehung ohne solche technischen Hilfen bestreiten, und sie entwickelten dadurch eine ausgeprägte Vorstellungskraft und eine große Liebe zu Büchern, Kunst und (wahrscheinlich am allermeisten) zu Dreck, Schlamm, Käfern und allem anderen, was da draußen kreucht und fleucht. Meine Söhne lasen Naturzeitschriften und studierten Weltkarten, lange bevor wir mit dem Hausunterricht begannen.

Als die modernen Technologien dann zu einem wichtigen Bestandteil unserer Kultur wurden, hatten meine ersten Söhne bereits gelernt, die Welt auf anderen Wegen zu erforschen; und obwohl sie diese Technologie inzwischen alle nutzen, war sie für sie zunächst nur eine von vielen Möglichkeiten, ihrer Liebe zum Lernen zu frönen, die sie schon lange vorher entdeckt hatten.

Lassen Sie uns nun einen kleinen Zeitsprung machen – bis zur Geburt meines vierten Sohnes im Jahr 2010. Damals war die moderne Technologie bereits ein wichtiger Teil unseres täglichen Lebens. Unsere Welt veränderte sich, und alles schien sich nur noch um Smartphones zu drehen. Auch ich nutzte diese Technologie, machte Handyfotos von meinem Baby im Krankenhaus und postete sie sofort in den sozialen Medien. Wahrscheinlich hat Levi seine Eltern in den ersten Tagen und Wochen seines Lebens meistens mit irgendeinem Gerät vor der Nase gesehen (obwohl es schon ein bisschen wehtut, das zugeben zu müssen).

Smartphones, Tablets und alle möglichen anderen Technologien waren von Anfang an ein fester Bestandteil seiner Welt. Aber das hatte natürlich auch Vorteile: Als Levi schon in jungen Jahren eine große Begeisterung für Traktoren und Autos entwickelte, fanden wir pädagogische Webseiten, die Videos von technischen Geräten zeigten und sie in einprägsamen Songs vorstellten. Wir durchsuchten das Internet nach wissenschaftlichen und künstlerischen Vorschulprojekten für jede Jahreszeit. Ich war sehr froh darüber, meinem Sohn die Welt mit ein paar Mausklicks nahebringen zu können. Aber es macht mich auch ein bisschen traurig, wenn ich an die Unterschiede zwischen den ersten Lebensjahren meiner älteren Söhne und denen von Levi denke. Natürlich ist das Lernen durch unsere moderne Technik einfacher geworden – vielleicht zu einfach. Es gab kein Suchen in Büchern mehr und auch kein Warten bis zum nächsten Besuch in der Bibliothek, um Informationen zu finden. Stattdessen griffen wir einfach zum iPhone, wenn uns irgendeine Frage bewegte. Levi und Siri wurden Freunde, und der Rest ist Geschichte.

Alles hat seine Vor- und Nachteile

Auch wenn ich es nur ungern zugebe: Ich glaube nicht, dass Levi seine Vorstellungskraft in seiner Kindheit so intensiv genutzt hat wie seine älteren Brüder. Irgendwann fing er an, sich mein Smartphone zu schnappen, um Fotos von Hunden oder Autos zu machen oder ein lustiges Selfie zu schießen. Und er entdeckte Spiele-Apps. Plötzlich wurden ganz neue Kämpfe zwischen uns ausgetragen: Jetzt ging es darum, wann und wie lange Levi mein Handy oder meinen Laptop benutzen durfte. Eines Tages wurde mir klar, dass Levi das Gefühl hatte, mein Smartphone bei jeder Autofahrt zu »brauchen«. Und Augenblicke beglückender Stille bei uns zu Hause machte er oft sofort dadurch zunichte, dass er auf meinem Handy herumscrollte. Ich begann, über den Unterschied zwischen den lebhaften Gesprächen im Auto mit meinen ersten drei Söhnen und dem Schweigen nachzudenken, das ich mit Levi erlebte – und die Erkenntnis, dass ich meinen Sohn doch eigentlich ganz anders erziehen wollte, traf mich wie ein schmerzhafter Schlag.

Natürlich war es manchmal schon sehr hilfreich, mich bei Levis Erziehung auf diese modernen Technologien stützen zu können, und es war auch kulturell akzeptabel. Aber wer wusste schon, was für langfristige Konsequenzen es für einen Zweitklässler haben würde, wenn elektronische Geräte eine so magische Anziehungskraft auf ihn ausübten? Und wie viele Kontaktmöglichkeiten mit meinem Sohn habe ich dadurch verpasst?

Ich begann, mir ein paar schwierige Fragen darüber zu stellen, wie die Kindheit meines Sohnes meiner Meinung nach aussehen sollte. Ich dachte darüber nach, was das Beste an meiner eigenen Kindheit und jener meiner älteren Söhne gewesen war. Obwohl Levi natürlich nicht genau die gleichen Erfahrungen machen würde wie sie und ich, überlegte ich mir, was ich tun könnte, um ihm wenigstens das Wertvollste davon zu bieten. Und ich fragte mich, inwieweit ich bereit war, einen Plan dafür aufzustellen und mich dann auch daran zu halten. In Anbetracht meiner eigenen intensiven Bildschirmnutzung und der Tatsache, dass auch andere Mitglieder meines Haushalts für alle möglichen Zwecke elektronische Geräte verwendeten, wusste ich, dass eine Menge Arbeit vor mir lag. War ich bereit, dieser Aufgabe eine hohe Priorität einzuräumen?

In seinem Buch *Tech-Wise Family* weist Andy Crouch darauf hin, dass sowohl Kinder als auch Eltern um wichtige Wachstumschancen betrogen werden, wenn man bereits kleinen Kindern erlaubt, elektronische Geräte zu nutzen. Als Beispiel nannte er die Nutzung solcher Geräte bei Autofahrten oder im Supermarkt. Wir haben alle schon Kinder gesehen, die im Einkaufswagen saßen und so sehr in irgendein elektronisches Gerät vertieft waren, dass sie wahrscheinlich gar nicht mehr wussten, wo sie sich befanden. Wenn wir unseren Kindern jedes Mal ein Gerät in die Hand drücken, wenn das Leben schwierig wird, versäumen wir die Chance, Eigenschaften wie Geduld und Ausdauer zu entwickeln, die ein wichtiger Teil inneren Wachstums sowohl bei Eltern als auch bei Kindern sind, meint Crouch.[34]

Nachdem ich darüber nachgedacht hatte, traf ich nach ein paar Monaten die Entscheidung, meinen Siebenjährigen das Smartphone nur noch in bestimmten Situationen benutzen zu lassen. Obwohl er anfangs glaubte, daran sterben zu müssen, hat er es doch irgendwie überlebt. Mit der Zeit hat er sich sogar daran gewöhnt. Und jetzt führen wir bei unseren Autofahrten richtige Gespräche miteinander, beschäftigen uns mit Reimspielen, hören Hörbücher oder manchmal einfach nur beruhigende Musik. Ich habe ihn sogar schon das eine oder andere Mal dabei erwischt, wie er sich in irgendwelchen Tagträumereien verloren hat. Und das ist mir von allen Beschäftigungen meiner Kinder im Auto immer noch die allerliebste!

Sinnvolle Entscheidungen treffen

Natürlich können wir unseren Kindern in ihren ersten Lebensjahren Grenzen in der Nutzung moderner Technologien setzen; doch je älter sie werden, umso mehr steht auf dem Spiel. Wenn es um die Frage geht, wann Ihr Sohn sein eigenes Smartphone oder irgendein anderes Gerät bekommen soll, kann ich Ihnen nur raten, jede Entscheidung mit Bedacht zu treffen. *Bevor* Sie ein Gerät kaufen, sollten Sie sich genau überlegen, *warum* Sie es kaufen. Das Ansehen bei den Altersgenossen ist für Ihre Kinder zwar sehr wichtig; aber davon sollten Sie sich bei Ihren Entscheidungen nicht leiten lassen. Ein Smartphone mag ja ganz praktisch sein; aber das allein ist noch lange kein Grund, sich auch tatsächlich eins anzuschaffen.

Wir haben unserem ersten Sohn im Alter von dreizehn Jahren ein Smartphone geschenkt. Bei seinen jüngeren Brüdern haben wir länger damit gewartet, denn inzwischen war uns klar, mit welchen Problemen die Nutzung so eines Geräts bei einem Teenager einhergehen und dass es sehr leicht beschädigt werden oder verloren gehen kann. Luke wird zu seinem vierzehnten Geburtstag ein Klapphandy bekommen, obwohl er um ein Smartphone bettelt. Wir sind zu dem Schluss gekommen, dass ein solches Telefon den notwendigen Zweck der Kommunikation erfüllt, und das reicht in diesem Alter völlig aus. (Außerdem ist ein Flip-Telefon weniger kostspielig zu ersetzen.)

Damit wollen wir Luke keineswegs bestrafen. Wir haben ihm einfach erklärt, dass wir bei jedem unserer Söhne immer mehr dazulernen und die Verantwortung dafür tragen, ihn im Licht unseres jetzigen Wissens möglichst klug zu erziehen. Unsere Liebe zu ihm und unser Wunsch, dass er gute Gewohnheiten und positive Charaktereigenschaften entwickelt, haben uns dazu bewogen, mit der Anschaffung eines Smartphones lieber noch ein (oder zwei) Jahre zu warten. Natürlich würde mein Mutterherz ihn gerne glücklich machen, indem ich ihm alles gebe, was er sich wünscht. Doch unsere Gründe, damit noch ein bisschen zu warten, haben mehr Gewicht als der Wunsch, unserem

Sohn eine kurzfristige Freude zu bereiten. So ist es nun mal, wenn man versucht, seine Kinder so gewissenhaft wie möglich zu erziehen!

Legen Sie Spielregeln für die Nutzung elektronischer Geräte fest!

Obwohl unsere moderne Technologie sich ständig verändert, gibt es doch ein paar allgemeingültige Spielregeln, die Sie beachten sollten, wenn Sie inmitten des enormen Drucks unserer heutigen digitalen Welt vernünftige Entscheidungen treffen wollen.

Seien Sie bei den Grenzen, die Sie für die Bildschirmzeit Ihrer Kinder festgelegt haben, konsequent. Entscheiden Sie, was für Ihren Sohn sinnvoll ist, und stellen Sie klare Regeln auf. (Ein paar Anregungen dazu finden Sie weiter unten.) Ich würde vorschlagen, die Zeit für Spiele und auf Technik beruhende Unterhaltung an Schultagen stark einzuschränken; es gibt immer noch genügend andere Dinge zu tun, auch wenn die Schularbeiten erledigt sind.

Nachts keine Geräte im Schlafzimmer! Bei uns zu Hause müssen die Kinder uns abends um neun Uhr alle elektronischen Geräte aushändigen. Mein ältester Sohn nutzt sein Telefon als Wecker, hält sich aber trotzdem an die Regel, es vor dem Schlafengehen nicht zu benutzen.

Keine Computer im Schlafzimmer oder hinter verschlossenen Türen.

Kinder dürfen nur von den Eltern genehmigte Apps benutzen. Wenn möglich sollten Eltern ein Passwort für alle App-Käufe haben, damit sie jede neue App genehmigen müssen. Jedes Kind, das mit einer nicht genehmigten App erwischt wird, darf sein Smartphone für einige Zeit nicht nutzen. Die Konsequenz sollte so schmerzhaft sein, dass es nicht auf die Idee kommt zu schummeln!

Ohne Filter geht gar nichts! Eltern sollten auf allen Computern und sonstigen Geräten Filter installieren. (Zu Filtern erfahren Sie später noch mehr.)

Vielleicht sollten Sie diese Spielregeln – oder Ihre eigenen Regeln – an einem zentralen Ort in Ihrer Wohnung oder über dem Computer aushängen. Außerdem empfehle ich, einen Technologievertrag aufzustellen, den Ihre Kinder unterschreiben müssen, bevor sie das Privileg erhalten, ein neues Gerät oder eine neue App nutzen zu dürfen.

Als Mutter sind Sie am besten dazu geeignet, solch schwierige Entscheidungen im Namen Ihres Sohnes zu treffen. Die Eltern, von denen ich weiß, dass sie besonders zufrieden mit dem Umgang ihrer Söhne mit elektronischen Geräten sind, haben klare Richtlinien dafür aufgestellt, was ihre Jungen tun müssen, um sich Bildschirmzeit zu verdienen. Hier ein paar Anregungen, wie Sie dabei vorgehen können:

- Die Kinder lesen eine halbe Stunde (über die normale Schullektüre hinaus), um sich eine halbe Stunde Bildschirmzeit zu verdienen.
- Die Kinder erledigen alle Hausaufgaben und Haushaltspflichten, bevor sie sich an ein Gerät setzen – und selbst dann stellen die Eltern einen Timer für eine bestimmte Zeitspanne.
- Die Kinder joggen anderthalb Kilometer, um zwanzig Minuten lang ein Gerät nutzen zu dürfen.

Ich liebe solche kreativen Methoden und empfehle allen Eltern herauszufinden, was für ihre Kinder am besten ist und wie sie diese Regeln durchsetzen können.

Ich empfehle Ihnen, genau über die sozialen Fähigkeiten und den Gesundheitszustand Ihres Sohnes und über die Ziele nachzudenken, die Sie bei seiner Erziehung im Auge haben, und zu überlegen, wie er sich bei der Nutzung technischer Geräte bisher verhalten hat. Und dann setzen Sie die Regeln fest, die Ihrer Meinung nach am besten für ihn sind, *und bleiben konsequent dabei.* Vielleicht hilft es Ihnen weiter, sich mit anderen Eltern aus dem sozialen Umfeld Ihres Sohnes, vor denen Sie Respekt haben, zusammenzutun und gemeinsame Spielregeln aufzustellen. Doch wenn Sie nicht damit einverstanden sind, wie andere Eltern den Umgang mit elektronischen Geräten bei ihren

Kindern handhaben, sollten Sie deren Regeln auf keinen Fall übernehmen.

Verweisen Sie technische Geräte an den Platz, der ihnen zukommt

Viele Experten empfehlen Familien, bestimmte Tage und Tageszeiten festzulegen, an denen sämtliche technischen und elektronischen Geräte verboten sind. Das tut sowohl den Eltern als auch den Kindern gut. In unserer Familie sind solche Geräte beim Essen beispielsweise nicht erlaubt, und ich versuche auch durchzusetzen, dass sämtliche Familienmitglieder im Auto keine Geräte nutzen. (»Fahrzeit ist Gesprächszeit«, lautet eines meiner mütterlichen Mantras.) Außerdem halte ich sehr viel von der Idee, den Sonntag zu einem technologiefreien Tag zu machen (obwohl ich gestehen muss, dass wir diese Regel in unserer Familie bisher noch nicht eingeführt haben)!

Denken Sie daran, dass unser eigener Umgang mit modernen Technologien ein Vorbild für unsere Kinder ist, und prüfen Sie genau, wo Sie sich selbst Grenzen setzen müssen! Wenn ich mit Gruppen von Müttern über dieses Thema spreche, sagen viele Frauen, dass ihr eigener Umgang mit diesen Technologien noch problematischer ist als der ihrer Kinder. Es ist wichtig, uns selbst gut im Griff zu haben. Viele von uns arbeiten am Computer oder nutzen bei der Arbeit ihr Smartphone, und ich muss zugeben, dass dabei manchmal die Grenzen verschwimmen und meine »Arbeit« in sinnloses Scrollen übergeht. (Bitte sagen Sie mir, dass ich nicht die Einzige bin, der es so geht!)

Bedenken Sie auch, dass es zahlreiche Kontrollprogramme für elektronische Geräte gibt und dass Sie Apps herunterladen können, die Smartphones oder das WLAN zu einer bestimmten Zeit ausschalten. (Übrigens können Sie diese Apps und Programme sowohl für die Geräte Ihrer Kinder als auch für Ihre eigenen verwenden!) Außerdem gibt es Apps, mit deren Hilfe Sie verfolgen können, welche Webseiten

Ihre Kinder besuchen und wie viel Zeit sie an ihren Geräten verbringen. Nutzen Sie ruhig alle Hilfsmittel, die Sie brauchen, um dafür zu sorgen, dass Ihr Sohn sicher und verantwortungsvoll mit modernen Technologien umgeht.

Medien und Unterhaltung

Als Eltern haben wir die Aufgabe, genau darauf zu achten, welche Unterhaltungsangebote unsere Söhne nutzen. Hier muss jede Familie – je nach den Überzeugungen der Eltern und dem Reifegrad ihrer Kinder – andere Grenzen setzen. Das gilt für Fernsehsendungen, Filme oder Musik sowie sämtliche Beschäftigungen an Computern und mobilen Geräten.

Filme und Musik

Bei Unterhaltungsangeboten jeglicher Art ist es äußerst hilfreich, wenn beide Eltern der gleichen Meinung sind. Wenn das nicht der Fall ist oder wenn Ihre Kinder sich öfters bei einem Ex-Ehepartner aufhalten, der in dieser Hinsicht andere Vorstellungen hat als Sie, müssen Sie ihn vielleicht um seine Kooperation bei diesem Thema bitten und gegebenenfalls Hilfe suchen. In unserer Familie machen mein Mann und ich uns zum Beispiel oft über sehr verschiedene Probleme Gedanken: Dave möchte unsere Söhne in erster Linie vor problematischen sexuellen Inhalten schützen, weil er weiß, wie anfällig Jungen für so etwas sind. Da bin ich ganz seiner Meinung; aber ich möchte auch nicht, dass unsere Söhne zu viel Gewalt zu sehen bekommen. Dave dagegen findet es nicht so schlimm, wenn sie ab und zu ein bisschen Blut sehen. Wir sind uns bei der Auswahl von Filmen also nicht immer einig, aber wir respektieren uns gegenseitig und versuchen einen Kompromiss zu finden, wann immer wir können. (Am Ende läuft es dann meistens auf *Krieg der Sterne* hinaus …)

Mir gefällt die Philosophie eines *Focus on the Family*-Artikels zum Umgang von Familien mit den Medien sehr gut. Darin wird Eltern empfohlen, nicht in Extreme zu verfallen – also weder alle Medien zu verbieten noch in eine Alles-ist-gut-Philosophie zu verfallen:

> *Eltern sollten im Umgang mit den Medien einen kritischen Mittelweg einschlagen – eine Vorgehensweise, die Unterhaltung an biblischen Maßstäben misst. Das ist unserer Meinung nach die vernünftigste und konstruktivste Vorgehensweise. Außerdem sollten wir unseren Kindern kritisches Urteilsvermögen beibringen. Damit ermutigen wir sie zu Ausgewogenheit, was wiederum kritisches Denken fördert. Außerdem wirkt es sich positiv auf den Familienzusammenhalt aus und vermittelt Jugendlichen Lebenskompetenzen, die ihnen ihr ganzes Leben lang zugute kommen werden.*[35]

Dave und ich lesen zum Beispiel Online-Kritiken und Empfehlungen für Eltern, um uns über Filme zu informieren, bevor unsere Kinder sie sehen dürfen. Leider sagen diese Bewertungssysteme aber nichts über das Herz oder die Moral eines Films aus. Die Kriterien für die Altersfreigabe ab zwölf Jahren können sich zum Beispiel von Film zu Film stark voneinander unterscheiden. Falls Ihre Kinder Zugang zu Streaming-Apps haben, sollten Sie unbedingt eine Kindersicherung einrichten, weil man dabei leicht auf etwas Unpassendes stoßen kann, auch wenn man in völlig harmloser Absicht nach einem Film sucht.

Es ist auch wichtig, unsere Söhne bei der Auswahl ihrer Musik zu beraten, vor allem weil die meisten jungen Leute heutzutage Musik über Apps und Downloads hören und die Eltern vielleicht nicht einmal genau wissen, was ihre Jungs sich da so alles »reinziehen«. Mein Mann ist sehr musikalisch, und wir hören bei uns zu Hause die verschiedensten Musikrichtungen. Wie bei allen anderen Formen des Medienkonsums sollten Eltern jedoch auch hier über die Präferenzen ihrer Kinder Bescheid wissen und ein Wörtchen mitreden. Wir sprechen mit unseren Jungs zum Beispiel darüber, dass sie nur Musik mit Texten hören sollten, in denen andere Menschen nicht verunglimpft werden. Wie bei allen Entscheidungen im Unterhaltungsbereich wird auch der Musikkonsum bei Ihrem Sohn letztlich davon abhängen, was sein Herz ihm sagt. Daher empfehle ich Ihnen, sich lieber mehr um seinen Charakter und seinen Glauben zu kümmern, als Regeln aufzustellen.

Videospiele

Wenn Sie genauso sind wie die meisten Mütter, mit denen ich spreche, entlockt Ihnen das Thema Videospiele wahrscheinlich ein verzweifeltes Stöhnen. Viele von uns wünschen diese scheinbar allgegenwärtige Form der Unterhaltung auf den Mond. Zwar nutzen sowohl Jungen als auch Mädchen die modernen Technologien immer häufiger, doch das Gehirn eines Jungen ist viel anfälliger für die süchtig machende Wirkung von Videospielen. Daher müssen wir Eltern hier besonders wachsam sein.[36]

Wenn ich höre, wie Mütter scherzhafte Bemerkungen über die ständige Videospielerei ihrer Kinder machen, als sei das lustig oder zumindest kein besonderes Problem, mache ich mir ernsthafte Sorgen. Ich will zwar nicht so tun, als sei ich Expertin auf diesem Gebiet, aber ich habe genügend Recherchen angestellt, um Ihnen sagen zu können, dass es sich lohnt, sich gründlich über Videospiele zu informieren, den Umgang Ihres Sohnes damit genau zu überwachen. Bitte nehmen Sie dieses Thema ernst! Studien zufolge gibt es für Eltern viele Gründe, um bei Videospielen vorsichtig zu sein, doch ich möchte an dieser Stelle vor allem auf zwei Argumente eingehen, die mir besonders wichtig sind.

Erstens zeigen viele wissenschaftliche Untersuchungen, dass Videospiele das Gehirn eines Kindes in den Kampf-oder-Flucht-Zustand versetzen – einen Modus, der eigentlich für die Konfrontation mit ernsthaften Gefahren gedacht ist. Während des Spielens wird das Gehirn Ihres Kindes mit Adrenalin und Dopamin überflutet, und es dauert lange (manchmal Stunden), bis diese Hormonspiegel sich nach dem Spielen wieder normalisieren. Bei Kindern, die häufig spielen, kann das Gehirn dadurch in einen chronischen Stressmodus geraten, und das kann Gehirnfunktion, Schlaf und Konzentrationsvermögen aus dem Gleichgewicht bringen. Also nehmen Sie sich unbedingt Zeit, um sich über die Auswirkungen von Videospielen auf junge Gehirne zu informieren, denn das ist nichts, was man auf die leichte Schulter nehmen sollte.[37]

Zweitens vermuten Experten, dass die durch Videospiele überstimulierte Ausschüttung von Belohnungshormonen im Gehirn dem Jungen vorgaukelt, er habe etwas erreicht: Sein Gehirn sagt ihm, dass er Ländereien erobert, große Meisterwerke erbaut oder einen Feind bekämpft hat – obwohl er doch in Wirklichkeit die ganze Zeit nur allein herumsitzt und nichts anderes bewegt als seinen Daumen und seine Augäpfel.[38] Wenn sich so etwas ständig wiederholt, entstehen dadurch ungesunde Denk- und Verhaltensmuster. Mit der Zeit kann sich ein ansonsten gesunder Junge auf diese Weise innerlich zurückziehen und vereinsamen. Manche Kinder brauchen sogar eine intensive Therapie, um sich von dem Schaden, den solche Spiele anrichten, wieder zu erholen.

Ich habe viele E-Mails von Eltern erhalten, die ganz entsetzt sind, weil sie ihre Söhne anscheinend innerhalb kurzer Zeit verloren haben, nachdem sie ihnen das Videospielen erlaubt hatten. Ich sage das nicht, um Ihnen Angst zu machen, doch wir sollten versuchen, vom Beispiel anderer Menschen zu lernen! Zum Glück gibt es aber auch positive Nachrichten: Ich höre immer wieder von Eltern, die den Mut hatten, ihre Videospielsysteme wegzuwerfen, als sie erkannten, was das Spielen bei ihren Söhnen anrichtet. Nach ein paar Wochen der Umgewöhnung hatten sie ihre »alten« Söhne wieder und sind jetzt sehr froh darüber, dass sie sich dazu entschlossen haben, ihre Kinder ein bisschen vorausschauend zu erziehen und rechtzeitig einzugreifen.

Natürlich müssen Videospiele nicht unbedingt nur etwas Schlechtes sein, wenn man richtig damit umgeht. Manche Experten sind der Meinung, dass das Spielen eine lehrreiche und sogar verbindende

Erfahrung sein kann, vor allem wenn ein Elternteil mit seinem Kind spielt und den Inhalt dieses Spiels und die daraus gezogenen Lehren anschließend mit ihm bespricht. Videospiele können Hand-Augen-Koordination, Problemlösungsstrategien, soziale Fähigkeiten und vieles andere verbessern. Das werde ich ganz sicherlich nicht bestreiten, obwohl es mir lieber wäre, wenn meine Jungs diese Fähigkeiten auf andere Weise entwickeln und Videospiele nur als gelegentliche Freizeitbeschäftigung genießen würden.

Ich verstehe, dass das schwierig zu erreichen ist, wenn andere Kinder offensichtlich so viel Zeit mit Videospielen verbringen. Und ich will auch nicht negativ über Eltern urteilen, die in Ländern leben, wo die Winter lang und kalt sind. Aber ich bin fest davon überzeugt, dass sich die Begrenzung der Spielzeit auf lange Sicht auszahlen wird. Das ist zwar kein einfacher, aber ein guter Erziehungsweg. Eines meiner größten Probleme mit Videospielen hat ja im Grunde mit all dem zu tun, was ein Kind *versäumt*, wenn es sich damit beschäftigt. Die Zeit, die es am Bildschirm verbringt, könnte es mit einer Sportart, der Lektüre eines Buches oder im Gespräch mit einem »richtigen« Menschen verbringen.

Wenn Sie Ihrem Sohn Videospiele erlauben, sollten Sie sich zunächst einmal darüber informieren, um welche Spiele es geht, um sicherzugehen, dass sie Ihren Wertvorstellungen entsprechen. Außerdem sollten Sie herausfinden, ob er auf einer Multiplayer-Plattform spielt, wo andere Personen online mitspielen können. Falls Sie ihm das erlauben wollen, würde ich auf jeden Fall zu einer genauen elterlichen Überwachung raten. Gehen Sie die Sache langsam an und beobachten Sie, wie Ihr Sohn mit dem Spielen umgeht. Manche Kinder neigen eher zu Suchtverhalten als andere.

Wie leicht gelingt es Ihrem Sohn »umzuschalten«, wenn es an der Zeit ist, mit dem Spielen aufzuhören? Hat er sich dabei im Griff und erkennt, wann er das Spiel weglegen und sich anderen Dingen – zum Beispiel Haushaltspflichten, Schularbeiten oder der Notwendigkeit eines gesunden Nachtschlafs – zuwenden sollte? Oder müssen Sie ihn dazu zwingen, mit dem Spielen aufzuhören? Gibt es bei ihm ein gesundes Gleichgewicht zwischen Spielzeit und körperlicher Aktivität, persönlichen sozialen Kontakten und Familienleben? Oder stellt er das Spielen über alles andere (was ein erstes Warnsignal für eine Sucht ist)?

Um selbstbestimmt mit Spielen umgehen zu können, braucht ein Kind sehr viel Reife. Aus diesem Grund müssen die meisten Eltern genaue Spielregeln aufstellen und diese auch durchsetzen, damit die Kinder ein vernünftiges Spielverhalten entwickeln. Daher würde ich vorschlagen, Ihrem Sohn das Spielen nur dann zu erlauben, wenn Sie ihn dabei beaufsichtigen können. Beobachten Sie während dieser Zeiten, ob er sich beim Spielen verantwortungsbewusst verhält.

Fazit: Wenn Sie das Gefühl haben, dass Ihr Sohn zu viel Zeit mit Videospielen verbringt, oder Ihnen der Inhalt seiner Spiele nicht gefällt, sollten Sie etwas dagegen tun! Schließlich haben Sie ihn nur für eine gewisse Zeit in Ihrer Obhut, und Sie werden es später bestimmt niemals bereuen, ihn nach Ihren Überzeugungen erzogen zu haben. Wenn er später als Erwachsener anfangen sollte, seine Zeit mit Spielen zu vergeuden, ist das seine eigene Entscheidung; aber solange er noch unter Ihrer Aufsicht steht, sollten Sie ihm das nicht erlauben. Außerdem sollte Ihr Sohn als älterer Teenager meiner Meinung nach gar keine Zeit mehr für ständiges Spielen haben. Wenn er nicht mit Schularbeiten beschäftigt ist, gibt es jede Menge Jobs, gemeinnützige Projekte oder kreative Beschäftigungen, mit denen er seinen Tag auf sinnvollere Weise ausfüllen kann. Denken Sie daran, dass es unser Ziel ist, einen verantwortungsvollen jungen Mann in die Welt zu entlassen. Dieses Ziel sollten wir niemals aus den Augen verlieren!

Soziale Medien

Als Bloggerin und extrovertierter Mensch, der auf einer Insel lebt, muss ich zugeben, dass ich ganz begeistert von sozialen Medien bin! Sie können ungeheuer inspirierend sein, man kann sehr viel daraus lernen, und sie verbinden Menschen auf der ganzen Welt miteinander, die sich sonst niemals treffen würden. Aber soziale Medien haben auch ihre Schattenseiten und bergen Gefahren – vor allem für Kinder. Soziale Medien können isolieren, verletzen und beleidigen. Durch soziale Medien können Kinder eine künstliche Fassade aufbauen und sich und ihr Leben auf eine Art und Weise darstellen, die nichts mit der Wahrheit zu tun hat. Wie können wir unsere Kinder in einer Welt inszenierter Selbstdarstellung und oberflächlicher Selfies zu authentischen Menschen erziehen?

Eltern fragen mich immer wieder ganz verzweifelt, ob sie ihren Kindern den Umgang mit sozialen Medien überhaupt erlauben sollen, und wenn ja, wie sie ihnen helfen können, dabei nichts falsch zu machen. Ich wünschte, es gäbe eine einfache Antwort auf diese Frage! Auch bei diesem Thema müssen wir uns wieder an ein paar Grundprinzipien orientieren. Hier den richtigen Weg zu finden, erfordert gutes Urteilsvermögen und eine individuelle Vorgehensweise, die den Charakter und Reifegrad unserer Kinder und ihr persönliches Umfeld berücksichtigt. Je nach dem Freundeskreis Ihres Sohnes, seinen persönlichen Überzeugungen, seinem Identitätsgefühl und anderen Kriterien müssen Sie entscheiden, was für ihn sinnvoll ist und was nicht.

Meine älteren Teenager haben Instagram-Accounts, die ich anfangs genau überwacht habe. Wie sich gezeigt hat, können sie verantwortungsvoll mit diesem Privileg umgehen, und ich überprüfe den Account meines Sechzehnjährigen jetzt nur noch hin und wieder. Der dreizehnjährige Luke hat einen Instagram-Account, um sich als Surfer zu profilieren, der jedoch hauptsächlich von seinem Vater betrieben wird. Meine älteren Jungs haben inzwischen erkannt, dass das Scrollen durch ihre Feeds erstaunlich viel Zeit kosten – oder, wie sie sagen, verschwenden – kann. Und sie haben auch zugegeben, dass sie sich durch die sozialen Medien manchmal unzulänglich vorkommen oder ausgeschlossen fühlen. Inzwischen haben sie schon öfters für längere Zeit ganz auf die Nutzung von Instagram verzichtet und sagen, dass sie ohne dieses Medium glücklicher sind.

Die Erfahrungen meiner Söhne werden durch die umfangreichen Untersuchungen von Jean M. Twenge – Autorin der Bücher *Generation Me* und *Mein Kind, sein Smartphone und ich* zum Thema Teenager und moderne Technologien – bestätigt. Professor Twenge schreibt: »Wenn Sie Ihren Kindern einen Ratschlag für eine glückliche Jugend geben sollten, wäre das etwas ganz Einfaches: Leg das Handy weg, schalte den Laptop aus und tu etwas – irgendetwas –, das nichts mit einem Bildschirm oder Display zu tun hat. … Neueren Untersuchungen zufolge machen Bildschirmaktivitäten (vor allem die Nutzung sozialer Medien) tatsächlich unglücklich.« Twenge berichtet, dass Einsamkeit und Depressionen mit der Nutzung elektronischer Geräte und sozialer Medien zunehmen. »Auch hier ist der negative Effekt von Bildschirmaktivitäten deutlich erkennbar: Je mehr Zeit Jugendliche vor Bildschirmen verbringen, umso eher klagen sie über Symptome von Depressionen. Bei Achtklässlern, die sich intensiv mit sozialen Medien beschäftigen, steigt das Risiko für Depressionen um 27 Prozent, während Jugendliche, die mehr Sport treiben, zum Gottesdienst gehen oder sogar Hausaufgaben machen als der durchschnittliche Teenager, ein sehr viel geringeres Risiko dafür haben.«[39]

Wenn wir unseren Kindern also schon die Nutzung sozialer Medien erlauben, sollten wir diese zumindest stark einschränken. Ein Junge, der es mit seinen Aktivitäten in den sozialen Medien nicht übertreibt, könnte durchaus gut damit zurechtkommen, und vielleicht tut es ihm auch gut, den richtigen Umgang damit zu erlernen, solange er noch unter elterlicher Aufsicht steht. Können dabei auch Fehler passieren? Ja! Könnten unsere Söhne dabei auf irgendetwas stoßen, was sie nicht sehen sollten? Auf jeden Fall! Genau deshalb achte ich so sehr darauf, meine Söhne zu *Menschen mit gutem Herzen und anständigem Charakter* zu erziehen.

Wie bei allen Apps und Videospielen empfehle ich Eltern, sich mit sämtlichen Social-Media-Plattformen vertraut zu machen, die ihre Söhne nutzen wollen. Es gibt keine »sicheren« Apps. Jede App kann ein Kind in Schwierigkeiten bringen. Daher sollten Sie sich auf diesem Terrain entweder mit offenen Augen bewegen oder lieber ganz darauf verzichten.

Pornografie

(Bitte überblättern Sie diesen Abschnitt nicht!)

Es gibt viele Gründe, sich Sorgen über den Umgang unserer Kinder mit modernen Technologien zu machen; doch die Gefahren der Internetpornografie sind (zumindest meiner Meinung nach) noch viel größer. Ich habe schon allzu oft gesehen und gehört, wie das Leben von Menschen durch Pornografie zerstört wurde. Erschreckend häufig beginnt dieses Problem schon sehr früh – und oft auf ganz unschuldige Art und Weise. Eltern mailen mir herzzerreißende Geschichten von Kindern, die in die Welt der Pornografie hineingeraten sind, ohne dass die Eltern etwas davon ahnten, obwohl das alles direkt vor ihren Augen passierte. Leider ist Pornografie in unserem heutigen Leben so allgegenwärtig, dass wir unsere Kinder beim besten Willen nicht davor abschirmen können.

Ein paar Statistiken von der Webseite Covenant Eyes zeigen, dass das wirklich ein besorgniserregendes Phänomen ist:

- »Neun von zehn Jungen und sechs von zehn Mädchen sind vor ihrem 18. Lebensjahr im Internet schon einmal mit Pornografie in Berührung gekommen.«
- »Der erste Kontakt mit Pornografie findet bei Jungen im Durchschnitt im Alter von zwölf Jahren statt.«[40]

Die vielleicht am weitesten verbreitete Fehlvorstellung zum Thema Jungen und Pornografie ist, dass diejenigen, die damit in Berührung kommen, gezielt danach gesucht haben – dass Pornografie nur etwas für »böse Buben« ist. Doch das stimmt nicht. Pornografie findet den Weg zu unseren Söhnen – nicht umgekehrt.

Leider musste ich das auf die harte Tour lernen. Jahrelang hatte ich vor, bei unseren Computern Internetfilter zu installieren, habe es aber leider dann doch immer wieder auf die lange Bank geschoben.

Schließlich, dachte ich, sind meine Söhne anständige Jungen, die Gott lieben. Ich wusste, dass sie niemals nach pornografischen Webseiten suchen würden. Außerdem stellte ich es mir sehr zeitaufwendig vor, solche Filter zu installieren, und dachte, dass sie uns wahrscheinlich in vielen anderen Online-Aktivitäten behindern würden (was übrigens völlig falsch ist).

Leider hatte ich nicht bedacht, dass eine einfache Internetsuche nach Fotos für ein Schulprojekt einen meiner Jungs auf Webseiten führen könnte, nach denen er gar nicht gesucht hatte. Obwohl er glücklicherweise nie bei echter Pornografie gelandet ist, gelangte er doch auf Seiten und sah Bilder, von denen er wusste, dass sie nicht gut für ihn waren. Und da bei unserem Computer keine Filter installiert waren, fand er auch den Weg zur Nutzung von Google und suchte dort nach Antworten auf Fragen, die er seinen Eltern nie gestellt hätte, weil sie ihm peinlich waren. (Nebenbei bemerkt: Auch wenn ein Junge noch so eine gute Beziehung zu seinen Eltern hat – Dr. Google zu befragen, ist trotzdem immer noch weitaus weniger unangenehm!)

Mein Sohn lebte monatelang mit seinem Gefühl der Scham über diese Dinge, bevor er endlich den Mut fand, mit meinem Mann und mir offen darüber zu sprechen. Wir haben unser Kind nie mehr geliebt als an dem Tag, an dem das ans Tageslicht kam. Ihm tat das alles ungeheuer leid, und uns noch viel mehr. Schließlich hatten wir ihn in eine Situation gebracht, die kein Junge im Alter von zehn oder elf Jahren erleben sollte. Schon am nächsten Tag installierten wir Filter auf allen unseren Geräten. Das war erstaunlich einfach und für uns alle eine große Erleichterung – vor allem für unseren Sohn. Bitte lernen Sie aus dieser Geschichte, die auch sehr viel schlimmer hätte ausgehen können, und installieren Sie sofort einen Internetfilter und eine Überwachungs-App, um Ihre Kinder zu schützen!

Ich habe einmal gehört, wie jemand folgende Frage stellte: Würden Sie jemals in Betracht ziehen, Ihren Teenager mitten in der Nacht allein an einer Bushaltestelle in der Stadt abzusetzen? Ihr Kind ein Gerät ohne Filter nutzen lassen, ist das moderne Äquivalent dazu. (Ich habe übrigens auch gehört, wie ein Jugendpastor aus einer städtischen Kirchengemeinde sagte, ihm komme es so vor, als würde er mit lauter Teenagern arbeiten, die Pornoläden in der Hosentasche haben. Igitt!)

Heute gibt es jede Menge Filter und Überwachungssysteme für alle möglichen Technologien auf dem Markt: von Filtern, die direkt über Ihren Heimrouter laufen (sodass jeder, der mit Ihrem WLAN verbunden ist, gefiltert wird), bis hin zu Überwachungsservices, die Eltern in dem von ihnen gewählten Ausmaß über die Aktivitäten ihrer Kinder auf dem Laufenden halten. So können Sie unter Berücksichtigung der täglichen Abläufe und der Nutzung elektronischer Geräte in Ihrer Familie die für Sie beste Lösung wählen. Doch obwohl Internetfilter wichtig sind, reichen sie allein nicht aus. Wir müssen mit unseren Jungen auch über die Gefahren sprechen, die im Internet lauern. Denn schließlich müssen wir ihnen auch Grenzen für Situationen setzen, in denen sie mit Freunden zusammen sind oder Geräte anderer Leute benutzen. Kein Filter, keine App kann unsere Kinder hundertprozentig schützen. Deshalb führt kein Weg daran vorbei, mit ihnen offen über dieses Thema zu reden.

Wir haben unsere Söhne anhand des Buches *Schöne Bilder – schädliche Bilder* auf die Gefahren der Pornografie aufmerksam gemacht, bevor sie selbst darauf stießen.[41] Das Buch ist zum gemeinsamen Lesen für Eltern und Kinder gedacht und hilft Eltern, ein Thema zur Sprache zu bringen, das unangenehm sein kann. Es klärt Kinder (und Eltern) darüber auf, was Pornografie ist, was sie im menschlichen Gehirn anrichtet und was man tun sollte, wenn man irgendwo auf solche Inhalte stößt. Nachdem ich es mit meinen Söhnen gelesen hatte, fiel es mir viel leichter, mit ihnen über dieses Thema zu sprechen – es hat mir geholfen, das Gefühl der Peinlichkeit zu überwinden.

Ein weiterer Aspekt, den man bei Internetfiltern beachten sollte, ist, dass sie *innerhalb einer App* nicht funktionieren. Wenn Sie beispielsweise YouTube auf dem Handy oder Computer Ihres Sohnes zulassen, wird ein Filter den YouTube-Feed nicht durchsuchen. (Sie können innerhalb von YouTube eine Kindersicherung einrichten, aber Ihr normaler Filter greift nicht in Apps ein.) Auch innerhalb eines Internetbrowsers (wie beispielsweise Safari) auf einem Mobiltelefon funktionieren Filter nicht. Das ist ebenfalls ein guter Grund, alle Apps, die Ihr Sohn nutzt, genau zu prüfen und wann immer möglich, Kindersicherungen auf den Geräten einzurichten. Vielleicht sollten Sie Apps lieber erst mal auf Ihr eigenes Gerät herunterladen, um sich mit ihnen vertraut zu machen, bevor Sie Ihrem Sohn die Nutzung erlauben. Das macht viel Arbeit? Ja, klar. Aber es lohnt sich!

Letztendlich wird der wichtigste Faktor bei alldem die eigene Überzeugung eines Jungen sein, dass er sein Herz rein halten und sich von Pornografie fernhalten sollte. Wir müssen unseren Söhnen klarmachen, was für ein ernstes Thema das ist. Wir sollten alle Werkzeuge und Hilfsmittel, die uns zur Verfügung stehen, um sie zu schützen, nutzen und dafür beten, dass ihr echter Glaube und ihr guter Charakter ihnen auch dann den richtigen Weg zeigen, wenn wir einmal nicht auf sie aufpassen können.

***

Obwohl unsere moderne Technologie und die Schwierigkeit, unsere Kinder in unserer heutigen bildschirmzentrierten Kultur richtig zu erziehen, uns vielleicht manchmal zu überfordern scheinen, muss das nicht unbedingt so sein. Je mehr Raum wir der Technologie im Leben unserer Familie einräumen, umso mehr Regeln, Vorschriften und Filter werden wir brauchen. Weniger ist hierbei also auf jeden Fall mehr!

Abgesehen davon bin ich fest davon überzeugt, dass wir unsere Söhne dazu anspornen sollten, sich auf die vielen Dinge zu konzentrieren, die sie ohne Regeln oder Einschränkungen tun können, und nicht darauf, was sie *nicht* tun dürfen. Einem Jungen mit Hobbys und Interessen, für die man keinen Bildschirm braucht, wird es nichts ausmachen, sein Handy wegzulegen, wenn es Zeit dafür ist. Ein Junge, der von einem Tag voller Sport oder harter Arbeit erschöpft nach Hause kommt oder sich in irgendein kreatives Projekt vertieft, wird das Scrollen durch die sozialen Medien nicht vermissen. Und ein Junge, der die Faszination wunderbarer Bücher entdeckt, wird viel eher bereit sein, sein Videospiel auszuschalten und in eine fesselnde Geschichte einzutauchen. Im nächsten Kapitel werden wir näher auf diese Themen eingehen.

***

Ein paar persönliche Fragen an Sie

1. Nehmen Sie sich ein bisschen Zeit, um sich zu überlegen, wie die Kindheit Ihres Sohnes aussehen sollte. Welche Rolle sollen moderne Technologien dabei spielen? Was sollten Sie in dieser Hinsicht verändern, um sich später keine Vorwürfe machen zu müssen?

2. Welche Spielregeln haben Sie für den Umgang Ihres Sohnes mit modernen Technologien festgelegt? Wo sollten Sie noch mehr Grenzen setzen, und wie könnten Sie diese durchsetzen?

3. Welches Thema aus diesem Kapitel ist für die Erziehung Ihres Sohnes zurzeit am wichtigsten: Videospiele, soziale Medien, Internet, Handynutzung? Was sollten Sie als Nächstes tun, um Ihren Sohn in dem Bereich, der Ihnen am meisten Sorgen bereitet, auf einen guten Weg zu bringen?

4. Falls Sie noch keine Filter für Ihre Geräte haben: Was könnten Sie gleich heute tun, um mit der Installation von Filter- oder Überwachungssystemen für Ihr Zuhause und Ihre Familie zu beginnen?

9

Inspiration für junge Köpfe

Interessen und Freude am Lernen

Gott segne meine Mutter; alles, was ich bin oder jemals zu werden hoffe, verdanke ich ihr.

Abraham Lincoln

Abraham Lincoln ist nur einer von vielen bedeutenden Männern der Geschichte, die ihren Müttern einen großen Teil ihres Erfolgs verdanken. Lincoln lobte nicht nur seine leibliche Mutter, sondern auch seine Stiefmutter, die sein Vater nach dem Tod seiner biologischen Mutter geheiratet hatte. Er entwickelte eine sehr innige Beziehung zu dieser Stiefmutter; und obwohl sie Analphabetin war, soll sie Abe Bücher besorgt und ihn zum Lesen ermutigt haben – nicht nur in der Schule, sondern auch zu Hause. Später sagte Lincoln über seine Stiefmutter, dass sie auf dieser Welt seine beste Freundin gewesen sei und dass kein Sohn eine Mutter mehr lieben könne als er sie.[42]

Was für eine wunderschöne Erinnerung an die große Bedeutung, die uns im Leben unserer Söhne zukommt! Dank unserem feinen Gespür für ihre Talente und Fähigkeiten und für die Probleme, mit denen sie zu kämpfen haben, können wir bei ihrer akademischen Ausbildung und ihrem Lebensweg eine wichtige Rolle spielen: Wir können unseren Söhnen Mut machen, sie motivieren, mit ihnen mitfühlen und sie anfeuern wie niemand sonst. Thomas Edison sagte: »Meine Mutter hat mich zu dem Menschen gemacht, der ich bin. Sie hat immer so treu an mich geglaubt, war stets so überzeugt von mir; und da hatte ich das Gefühl, etwas zu haben, wofür ich leben konnte – jemanden, den ich nicht enttäuschen durfte.«[43] Und wie wäre es mit einem Zitat von Pablo Picasso? »Als ich noch klein war, sagte meine Mutter zu mir: ›Wenn du Soldat wirst, wirst du General sein. Wenn du Mönch wirst, wirst du Papst.‹ Stattdessen wurde ich Maler und bin Picasso geworden.«[44] Stellen Sie sich einmal vor, was wir Mütter bewirken könnten, wenn wir alle ein so festes Vertrauen in unsere Söhne und ihr Potenzial hätten und ihnen das auch zeigen würden!

Das richtige Fundament für Lernprozesse

Es steht fest, dass die Rolle, die wir im Leben unserer Söhne spielen, einen ganz entscheidenden Einfluss auf ihre Zukunft haben kann. Natürlich hört sich das sehr einfach an, wenn man auf die großen Männer der Geschichte zurückblickt. Doch was ist, wenn wir den zwar reizenden, aber doch noch ziemlich unfertigen Jungen betrachten, der vor uns steht – einen Jungen, der vielleicht begabt, vielleicht aber auch nur durchschnittlich ist oder den wir immer noch daran erinnern müssen, jeden Morgen seine Unterwäsche zu wechseln?

Der Gedanke an unseren potenziellen Einfluss auf unsere Söhne kann uns beflügeln, aber auch entmutigen. Vor allem, wenn es um ihre Ausbildung und ihren zukünftigen Erfolg geht, machen wir uns oft viel zu viele Gedanken. Ich werde nie den Tag vergessen, als mein erster Sohn zwei Jahre alt war und ich eine Mutter mit ihrem Neugeborenen im Park traf. Während unseres Gesprächs erwähnte sie, dass sie ihr Baby gerade auf eine Warteliste für eine bekannte Vorschule in unserer Stadt gesetzt habe. »Dafür gibt es nämlich eine dreijährige Warteliste«, erklärte sie mir. Ich starrte sie nur fassungslos an und versuchte, meine plötzliche Panik vor ihr zu verbergen. Ich bin zwar keine Mathematikerin, doch anhand der Berechnungen, die ich in diesem Augenblick blitzschnell anstellte, wurde mir klar, dass mein Sohn es bestimmt *nicht* auf diese Vorschule schaffen würde.

Die meisten Eltern geben zu, dass sie sich über alles Mögliche Sorgen machen: von der Schule, die ihre Kinder später einmal besuchen sollen, bis hin zu Prüfungen und Zensuren. Gedanken an das Studium und die Karriere unserer Kinder bereiten uns oft schon dann schlaflose Nächte, wenn die kleinen Hosensch... noch im Sandkasten sitzen. Falls Sie sich über dieses Thema bisher noch keine Sorgen gemacht haben, setzen Sie sich einfach mal mit ein paar Müttern von Highschool-Kindern zusammen – da können Sie schon vom bloßen Zuhören Panikattacken bekommen! Und obwohl viele Menschen der Meinung sind, dass Eltern sich heutzutage ein bisschen zu viele Gedanken über die Ausbildung und die berufliche Zukunft ihrer Kinder machen, ist das doch nicht ganz unberechtigt. Wir leben in schwierigen Zeiten, die Konkurrenz ist groß und die wirtschaftliche Lage unsicher. Wir alle haben schon einmal die Prophezeiung gehört, dass dies das erste Mal in der Geschichte ist, dass unsere erwachsenen Kinder finanziell weniger gut dastehen werden als ihre Eltern. Und wir sehen auch viele Hochschulabsolventen, die immer noch bei ihren Eltern wohnen, während sie verzweifelt auf der Suche nach einem Job sind und den Kredit für ihr Studium nicht abbezahlen können. *Kein Wunder, dass wir uns Sorgen machen!*

Uns ist nur allzu bewusst, dass die Verantwortung für die Zukunft unserer Söhne auf unseren Schultern lastet. Lassen Sie uns nun darüber reden, wie wir uns von einem Teil dieser Last befreien können, indem wir unsere Söhne so erziehen, dass sie diese Verantwortung selbst schultern und zu selbstbestimmten jungen Menschen heranwachsen, denen ihre Ausbildung wichtig ist und die schon in ihrer Jugend Hobbys und Interessen entwickeln, die sie im Erwachsenenalter weiterbringen können.

Schaffen Sie bei sich zu Hause ein positives Lernumfeld

Alles beginnt zu Hause. Ein einfacher und praktischer Weg, die Lernbegierde Ihres Sohnes zu fördern, besteht darin, Ihr Zuhause zu einem Umfeld zu machen, das dem Lernen einen hohen Stellenwert eingeräumt und viele Möglichkeiten dazu bereitstellt. Denken Sie daran, Bücher, Landkarten und andere Dinge bereitzuhalten, aus denen Ihre Kinder etwas lernen können. Schaffen Sie eine Umgebung, die Neugierde und Forschungsgeist fördert. Die gemeinsame Zeit in der Küche können Sie zum Beispiel dazu nutzen, Ihren Kindern die wichtigsten Maße oder einfache wissenschaftliche Prinzipien zu erklären. Mein Siebenjähriger kann sich ziemlich lange mit einem Zollstock oder Maßband beschäftigen.

Achten Sie auch darauf, was für Fernsehsendungen Sie sich anschauen! Manche Sendungen haben einen pädagogischen Wert, während andere eher »Junkfood fürs Gehirn« sind. Kunstwerke oder Kunstbände im Haus zu haben und Musik abzuspielen, regt Jungen dazu an, ihre rechte Gehirnhälfte zu nutzen, und stimuliert ihr kreatives Potenzial. Wenn Sie Ihr Zuhause so einrichten und strenge Grenzen für die Bildschirmzeit Ihrer Kinder festsetzen, können Sie ihnen wichtige Tore zum Lernen öffnen.

Gelegenheiten dazu gibt es tagtäglich jede Menge – Sie müssen nur darauf achten. Kleine Kinder sind neugierig und können Sie mit der Frage »Was ist denn das?« manchmal von morgens bis abends zum Wahnsinn treiben. Andererseits ist die Förderung der Neugier in den jungen Köpfen unserer Kinder so ziemlich das Beste, was wir für sie tun können.

In einem im *Guardian* erschienenen Artikel fasste Ian Leslie aktuelle Forschungsergebnisse darüber zusammen, wie wichtig es ist, Neugier bei kleinen Kindern zu fördern. Er verwendete dazu das Beispiel eines Kleinkinds, das auf einen Gegenstand zeigt. Wissenschaftlichen Untersuchungen zufolge lernt ein kleines Kind, wenn Sie ihm diesen Gegenstand daraufhin holen, dass es durch Zeigen *Dinge bekommt.*

Wenn Sie ihm daraufhin jedoch den Namen des Objekts nennen, lernt es, dass es durch Zeigen *Antworten bekommt.*

Je mehr wir bereit sind, unseren Kindern Fragen zu beantworten und selbst welche zu stellen, umso stärker fördern wir ihre Neugierde und inspirieren sie dazu, immer weiterzulernen. »Wenn Kinder aus neugierigen Familien in die Schule kommen, haben sie einen Vorsprung vor ihren Altersgenossen«, schreibt Ian Leslie. »Da sie mehr Informationen von ihren Eltern und Betreuungspersonen aufgeschnappt haben, wissen sie mehr; und dann fällt es ihnen auch leichter, mehr zu lernen.«[45] Bleiben wir also neugierig und fördern wir die Neugier unserer Kinder!

Lesen und Vorlesen

Es gibt nichts Wichtigeres für die Bildung unserer Söhne, als in ihnen die Liebe zum Lesen zu wecken. Diese entsteht oft durch Vorlesen. Studien zufolge entwickeln Kinder, denen vorgelesen wurde, bessere kommunikative Fähigkeiten, erzielen bessere Noten und schneiden sogar bei standardisierten Tests besser ab.[46] Das sollte uns doch hoffentlich zum Vorlesen anspornen!

Obwohl ich selbst nie das Gefühl hatte, besonders gut vorlesen zu können (ehrlich gesagt wirkt das auf mich immer sehr einschläfernd!), sagen meine Jungs, die heute im Teenageralter sind, dass sie wunderschöne Erinnerungen an unsere früheren gemeinsamen Vorlesezeiten haben. Ich lese immer noch jedem laut vor, der bereit ist, mir zuzuhören. (Inzwischen habe ich gelernt, dabei aufzustehen, um nicht müde zu werden.) Manchmal liest einer von uns der ganzen Familie abends oder bei Autofahrten einen Abschnitt aus einem guten Buch vor.

Jungen zum Lernen motivieren

Als ich meine Blogleser bat, mir über ihre Sorgen und Probleme im Hinblick auf die Lernbereitschaft ihrer Söhne zu berichten, kam dabei am häufigsten das Thema Motivation zur Sprache. Wir alle wollen, dass unsere Kinder selbstbestimmt lernen, dass Bildung ihnen wichtig ist und dass sie gute Lerngewohnheiten entwickeln. Der Verhaltensexperte James Lehman sagt dazu: »Sie *können* Ihr Kind nicht dazu bringen, dass ihm bestimmte Dinge wichtig sind. Seien wir ehrlich: Das alte Sprichwort ›Man kann ein Pferd zum Wasser führen, aber man kann es nicht zum Trinken zwingen‹ stimmt tatsächlich. Wir können unsere Kinder zwar nicht zum Trinken zwingen; aber wir können dafür sorgen, dass sie Durst bekommen.«[47]

Und was können Sie tun, damit Ihr Sohn Durst bekommt?

Inspirieren Sie ihn!

Suchen Sie so oft wie möglich nach Gelegenheiten, Ihren Sohn zum Lernen zu inspirieren. Das können Sie am besten durch Ihr eigenes Verhalten erreichen. Zeigen Sie ihm, dass Sie sich viel Zeit nehmen, um zu lesen, sich persönlich weiterzuentwickeln und etwas Neues zu lernen. Erzählen Sie, was Sie gerade lernen, und beziehen Sie Ihren Sohn so oft wie möglich in solche Gespräche ein. Einige meiner Freundinnen haben Unternehmen gegründet oder auf Teilzeitbasis wieder die Schulbank gedrückt, als ihre Kinder älter wurden; und es begeistert mich immer wieder, wenn ich sehe, wie ihre Kinder sich dafür interessieren, was ihre Mütter tun, und wie stolz sie auf ihre Leistungen sind. Auch ich binde meine Jungs eng in meine Arbeit als Bloggerin und Autorin ein, und das macht mir ungeheuer viel Spaß.

Inspiration kann aus den verschiedensten Richtungen kommen, doch manche Jungen brauchen eine kleine Starthilfe. Vielleicht möchten Sie Ihren Sohn auf große Vorbilder hinweisen und ihm inspirierende Geschichten erzählen. Sie können ihm auch Links zu TED-Talks, YouTube-Videos und inspirierenden Filmen geben. Bringen Sie das Thema dann am Frühstücks- oder Mittagstisch zur Sprache und tauschen Sie sich darüber aus. Sprechen Sie mit Ihrem Sohn auch über das Thema Ursache und Wirkung. Auch wenn Sie Noten und Leistungen nicht überbewerten wollen, sollte er doch erkennen, dass ein Zusammenhang zwischen seinem jetzigen Engagement für seine Ausbildung und den Türen besteht, die sich ihm in Zukunft vielleicht öffnen werden. Sie könnten zum Beispiel über verschiedene Berufe sprechen, die er eines Tages gern ausüben würde, und ihm dann den Weg dorthin aufzeigen. Jungen fällt es oft schwer, sich vorzustellen, was sie tun müssen, um ein gewünschtes Ergebnis zu erreichen. Sie können Ihrem Sohn eine bessere Vorstellung davon vermitteln, aber tun Sie das auf eine positive Art und Weise, die ihn inspiriert!

Als einer meiner Jungs gerade in die Highschool gekommen war, fragte ein Familienfreund ihn, was er denn werden wolle, wenn er einmal groß sei. Seine Antwort lautete, er wolle vielleicht Arzt werden, wie sein Vater. (Davon hatte ich noch nie etwas gehört.) Einige Zeit später schnitt er bei einem Naturkunde-Test ziemlich schlecht ab, und ich sah, dass er sich dabei nicht sehr viel Mühe gegeben hatte. Das war eine wunderbare Gelegenheit für mich, ihm diesen Zusammenhang zu erklären. Ich zeigte ihm eine Liste, die ich im Internet gefunden hatte und auf der stand, welche Voraussetzungen man für ein Medizinstudium erfüllen muss. »Ich glaube fest daran, dass du ein großartiger Arzt werden kannst«, erklärte ich ihm, »aber deine jetzige Arbeit ist ein wichtiger Schritt dazu.« Ich riet ihm, seinen Naturkundeunterricht ernster zu nehmen, wenn er wirklich eines Tages Arzt werden wollte. Bis zum nächsten Test hatte sein Lernverhalten sich deutlich verbessert, und das zeigte sich auch an seiner Note.

Vermitteln Sie Ihrem Sohn ein dynamisches Selbstbild

In ihrem Buch *Selbstbild* erklärt die Psychologin Carol Dweck von der Stanford University Eltern, wie sie ihren Kindern helfen können, von einem »fixen Selbstbild« (bei dem man glaubt, dass einem von Geburt an ein bestimmtes Maß an Intelligenz, Persönlichkeit, Begabungen und Talenten mitgegeben wurde) zu einem »dynamischen Selbstbild« überzugehen – also der Überzeugung, dass wir unsere Eigenschaften und Fähigkeiten weiterentwickeln können, indem wir an uns arbeiten. Dweck schreibt: »Die Forschungen, die ich seit 20 Jahren durchführe, haben den Beweis erbracht, dass die innere Einstellung, die Sie selbst zu dieser Frage [ob es ein fixes Selbstbild gibt] einnehmen, einen weitreichenden Einfluss darauf hat, wie Sie Ihr Leben führen«.[48]

Statt zu versuchen, unseren Kindern ein fixes Selbstbild *auszureden*, sollten wir ihnen lieber ein dynamisches Selbstbild *vorleben*. Zum Beispiel können Sie beim Essen eine Diskussion über dieses Thema anregen, indem Sie »sich und Ihr Kind [fragen]: ›Was hast du heute gelernt?‹, ›Hast du heute einen Fehler gemacht, aus dem du etwas gelernt hast?‹« Carol Dweck hat in diesem Zusammenhang einen guten Vorschlag für uns Eltern: »Sie erzählen von Fähigkeiten, die Sie früher nicht hatten und die Sie sich durch Übung angeeignet haben. Sie stellen die entscheidenden Fehler, die Sie gemacht haben, in den Mittelpunkt und berichten von Ihrem Lernerfolg, als wäre es eine Detektivgeschichte.« Dann werden die Kinder bald begierig darauf sein, ihre eigenen Geschichten zu diesem Thema beizusteuern, meint Carol Dweck. Und dann sollten Sie ganz begeistert reagieren und sagen: »Du liebe Zeit, du bist aber heute eine ganze Menge schlauer geworden!«[49]

Am Ende dieses Kapitels finden Sie eine Liste mit Fragen zum dynamischen Selbstbild, die Sie als Anregungen für Gespräche im Familienkreis nutzen können.

Setzen Sie seine »Währung« ein

Was motiviert Ihren Sohn am meisten? Den einen Jungen spornt es vielleicht am stärksten dazu an, seine Schularbeiten zu erledigen, wenn er dafür nach dem Abendessen eine Kugel Eis bekommt, während ein anderer wie verrückt büffelt, um sich dadurch Zeit im Skatepark oder Geld für irgendetwas zu verdienen, das er sich unbedingt kaufen möchte. Setzen Sie solche Belohnungen ruhig ein, um Ihre Kinder zu motivieren! Es ist kein Fehler, wenn Sie Ihren Sohn mithilfe der Dinge, die er am meisten liebt, dazu bringen, das zu tun, was am dringendsten getan werden muss. Es ist erstaunlich, wie motiviert ein Teenager sein kann, wenn es eine Belohnung dafür gibt. Mein Sohn Luke wird zum Beispiel bereitwillig zugeben, dass etliche Termine, die er in letzter Zeit bei uns zu Hause eingehalten hat, schlicht und einfach der Aussicht auf einen leckeren Eisbecher zu verdanken waren!

Ich halte es auch für sehr wichtig, Erfolge im Familienkreis zu feiern. Jeder Mensch sehnt sich nach Anerkennung! Geben Sie Ihrem Sohn möglichst viele Gründe, fleißig zu arbeiten. Loben Sie ihn für hart erarbeitete gute Noten oder andere Erfolge in den höchsten Tönen. Die meisten Jungen reagieren positiv auf Herausforderungen und Konkurrenzsituationen. Also überlegen Sie sich, wie Sie einen Wettbewerb oder eine gesunde Herausforderung in die Ausbildung Ihres Sohnes einbauen können, und setzen Sie ihm bestimmte Ziele mit genau festgelegten Belohnungen.

Motivieren Sie Ihren Sohn anhand seiner persönlichen Interessen

Wenn man Jungen dazu ermutigt, ihre persönlichen Interessen in ihre Schularbeiten einzubeziehen, prägen sie sich oft mehr Wissen ein, weil sie dann das Gefühl haben, sich auf ihrem eigenen Terrain zu bewegen.

Mein Sohn Luke behauptet, nichts mehr zu hassen als Schreiben. (Ich habe trotzdem immer noch die Hoffnung, dass er es eines Tages lieben lernt.) Jedes Mal, wenn er einen Aufsatz schreiben soll, versucht er, sich davor zu drücken. Da ich nicht damit einverstanden bin, wenn er Siri diese Aufgabe erledigen lässt (er hat tatsächlich ernsthaft versucht, uns von dieser Strategie zu überzeugen!), muss er sich seinen Schreibaufgaben auf kreative Weise stellen. Ich habe festgestellt, dass es Luke sehr weiterhilft, wenn ich jedes Aufsatzthema irgendwie mit seinen Interessen in Verbindung bringe. Als er eine Beschreibung verfassen sollte, schlug ich ihm zum Beispiel vor, über die Hütte seiner Großeltern im Staat Washington zu schreiben (für ihn gibt es auf der ganzen Welt keinen schöneren Ort), und am Ende machte ihm diese Aufgabe ungeheuren Spaß. Und das Schreiben einer Biografie über jemanden, den er wirklich bewundert (George Washington Carver), machte diese Hausaufgabe für ihn sehr viel angenehmer – oder zumindest erträglich.

Natürlich gibt es nicht immer eine Möglichkeit, Schularbeiten für unsere Söhne interessant zu gestalten, und das ist auch völlig in Ordnung so. Schließlich ist Arbeit im wirklichen Leben auch nicht immer interessant, und das werden unsere Söhne früher oder später lernen müssen. Doch wenn möglich, sollten wir sie motivieren, indem wir ihre Schularbeiten für sie sinnvoll gestalten und dabei auch ihre Hobbys und Interessen berücksichtigen. Vielleicht sollten Sie mit dem Lehrer Ihres Sohnes einmal darüber sprechen und gemeinsam mit ihm einen Schlachtplan ausarbeiten, um Ihren Sohn fürs Lernen zu begeistern.

Jungs wollen am liebsten immer in Bewegung sein

Die meisten Jungen haben jede Menge Energie und kommen in der Schule am besten zurecht, wenn sie sich austoben können. Wenn Ihr Sohn zu lange stillsitzen muss – ohne Pausen, um sich zu bewegen und zu spielen –, braucht man sich nicht darüber zu wundern, wenn er nicht gut in der Schule ist. Eine Freundin von mir hat einmal gesagt: »Unsere typischen Grundschulen sind perfekt – aber nur für ältere Mädchen.« Leider eignen viele Schulen sich tatsächlich nicht gut für Jungen, die Spielraum brauchen, um sich zu bewegen. Und Jungs mit zu viel aufgestauter Energie verursachen oft Ärger im Klassenzimmer. Deshalb werden ihnen, wie viele wissenschaftliche Untersuchungen gezeigt haben, auch zu häufig Medikamente für Verhaltensprobleme wie ADHS verschrieben.[50]

Zu Beginn dieses Buches habe ich erzählt, dass ich mir über das hohe Aktivitätsniveau und das impulsive Verhalten eines meiner Söhne Sorgen machte, als er noch klein war. Die Diagnose des Psychologen, dass er eben »einfach ein Junge« sei, brachte mich dazu, meine zu hohen Erwartungen an sein Leben ein bisschen zurückzuschrauben. Seitdem habe ich eine Menge darüber gelernt, wie wichtig es ist, Jungen möglichst viel Bewegung zu verschaffen – vor allem in jüngeren Jahren. Bevor wir unseren Schultag beginnen, versuche ich, Levi zu irgendeiner körperlichen Aktivität zu bewegen. Es hat nicht viel Sinn, ihn am Schreibtisch sitzen zu lassen, wenn er vorher nicht wenigstens ein paar Runden ums Haus gedreht hat. Und während ich ihm vorlese, lasse ich ihn nebenbei gern irgendetwas malen oder mit Knete spielen. Auch das kann sehr hilfreich sein.

Der Verstand von Jungen arbeitet am besten, wenn ihr Körper in Bewegung ist! Andrew Pudewa, der Begründer des Institute for Excellence in Writing, hat inzwischen schon Hunderte von Schreibintensivkursen durchgeführt, bei denen er Kinder tagelang hintereinander unterrichtet. Er erstellt Unterrichtsmaterialien für seinen Schreiblehrplan und hält bei Kongressen Vorträge mit dem Titel »Teaching Boys and Other Children Who Would Rather Make Forts All Day«[51]. Darin geht er auf ein paar Unterschiede zwischen den Gehirnen von Jungen und Mädchen ein – vor allem diejenigen, die sich auf ihr Verhalten im Schulunterricht auswirken. Pudewa weist darauf hin, was für Vorteile es hat, wenn man Kindern erlaubt, in kreativen Räumen zu arbeiten oder sogar einen Teil ihrer schulischen Aufgaben im Stehen zu erledigen. »Vielleicht sollten wir statt ›Setz dich hin und mach deine Matheaufgaben!‹ lieber sagen: ›Steh auf und mach deine Matheaufgaben!‹«, meint er.[52]

Ich habe tatsächlich festgestellt, dass Levi im Stehen an einem Tisch besser arbeitet und besser von Hand schreibt als im Sitzen an einem Schreibtisch. Wenn es Ihrem Sohn schwerfällt, sich in der Schule zu konzentrieren, könnten Sie seine Lehrer fragen, ob es an dieser Schule spezielle Strategien im Umgang mit besonders zappeligen Jungen gibt oder ob sie Ihrem Sohn eventuell erlauben würden, irgendetwas mit den Händen zu tun, während er einer Geschichte oder Lektion zuhört.

Wie geht man mit Widerständen um?

Selbst wenn wir alles richtig machen, haben Jungen manchmal einfach keine Lust, ihre Schularbeiten zu erledigen. Das kann für Eltern unglaublich frustrierend sein – vor allem wenn sie wissen, dass ihr Sohn es eigentlich *könnte*. Wenn Ihr Sohn Motivationsprobleme hat, fragen Sie ihn ganz offen, ob es irgendein Problem in seinem Leben gibt, das dahinterstecken könnte. Denken Sie über die Einflüsse in seinem Leben nach, wie wir es in Kapitel 7 besprochen haben. Sie könnten ihn auch fragen, ob es in der Schule irgendetwas gibt, was er sich nicht zutraut.

Wenn ein Junge sich einer Aufgabe nicht gewachsen fühlt, kann es passieren, dass er wie gelähmt ist und aufgibt (und das dann durch Ablenkungsmanöver oder schlechtes Benehmen zu vertuschen versucht). Ich weiß, dass meine Jungen viel motivierter sind, wenn sie an Themen arbeiten, bei denen sie überzeugt davon sind, sie meistern zu können. Manchmal überfordert eine neue Lektion oder Aufgabe einen Schüler oder jagt ihm Angst ein. Daher versuche ich, wenn ich Levi in Mathematik oder Rechtschreibung abfrage, immer mit etwas Einfachem anzufangen, von dem ich weiß, dass er es im Schlaf kann. Wenn ich mit irgendetwas beginne, das er mit hundertprozentiger Sicherheit weiß (»Fünf plus Fünf«), motiviert ihn das anscheinend dazu, sich auch dem übrigen Lernstoff zu stellen.

Versuchen Sie möglichen Lernhindernissen bei Ihrem Sohn auf die Spur zu kommen. Auf diese Weise können Sie und sein Lehrer vielleicht einen einfacheren Einstieg in die Materie finden, damit sein Selbstvertrauen nicht schon schwindet, bevor er überhaupt angefangen hat. Wenn Sie Ihrem Sohn zeigen, dass Sie auf seiner Seite stehen – seine Fürsprecherin und Cheerleaderin sind –, können Sie Widerstände bei schulischen Problemen leichter abbauen. Ermutigen Sie ihn, aber legen Sie die Messlatte Ihrer Erwartungen nicht niedriger. Sie wissen, was in Ihrem Sohn steckt, und vielleicht müssen Sie für seine Zukunft kämpfen, indem Sie jetzt streng mit ihm sind.

James Lehman weist darauf hin, dass Kinder, die unmotiviert zu sein scheinen, in Wirklichkeit oft sehr motiviert sind – allerdings im negativen Sinn. »Ich denke, es ist hilfreich, sich darüber klarzuwerden, dass diese Kinder nicht unmotiviert, sondern in Wirklichkeit dazu motiviert sind, *keine Leistung zu erbringen* und sich ihren Eltern *zu widersetzen*«, schreibt er. »Mit anderen Worten: Sie sind dazu motiviert, nichts zu tun … Stellen Sie sich fehlende Motivation als Verhaltensproblem vor – und das unerwünschte Verhalten besteht in diesem Fall darin, sich zu widersetzen.«[53]

Wenn bei Ihrem Sohn ein Verhaltensproblem wie beispielsweise Widerstand oder Auflehnung vorliegt, sollten Sie alles tun, um dieses Problem im Keim zu ersticken. Lassen Sie sich von seinen Lehrern oder einem Therapeuten beraten. Geben Sie nicht auf und vermitteln Sie Ihrem Sohn die wichtigste Botschaft: dass Sie *auf seiner Seite stehen* und für ihn kämpfen werden.

Retten Sie ihn nicht!

Es ist wichtig, dass wir unsere Söhne in jeder Hinsicht unterstützen, aber wir müssen uns auch zurücknehmen und ihnen den Freiraum geben, ihre Arbeit selbst zu erledigen und die Konsequenzen zu tragen, falls sie es nicht tun. Wenn Sie von einem bevorstehenden Termin wissen, ist es vernünftig, Ihren Sohn daran zu erinnern und von ihm zu verlangen, dass er sich darauf vorbereitet. Aber wenn er sein Naturkundeprojekt bis zehn Uhr abends vor dem Abgabetermin aufschiebt, sollten Sie ihn nicht retten. Er wird viel mehr daraus lernen, wenn er bei diesem Projekt durchfällt, als wenn Sie für ihn einspringen und ihn retten. Ich weiß, das ist leichter gesagt als getan, und wenn dabei seine Aufnahme an der Universität oder ein Stipendium auf dem Spiel steht, fühlen Sie sich vielleicht stark unter Druck gesetzt, einzugreifen. Helfen Sie Ihrem Sohn stattdessen lieber, sich seine Zeit besser einzuteilen! Empfehlen Sie ihm, einen Terminplan zu erstellen und sich einen festen Tagesablauf anzugewöhnen. Das wird ihn nicht nur jetzt zu einem besseren Schüler machen, sondern ihm sein Leben lang zugute kommen.

Hilfestellung bei der Entwicklung von Hobbys und Interessen

Während unsere Jungen sich immer mehr zu selbstbestimmten Lernern entwickeln, können wir nur hoffen, dass sie irgendeine Sache finden, bei der es Klick macht: ihre absolute Leidenschaft. Ist es nicht genau das, was wir uns für unsere Söhne erträumen: dass sie eine Gabe entdecken – irgendetwas, wofür sie sich begeistern und worin sie gut sind, und dass diese Gabe den Verlauf ihres restlichen Lebens positiv beeinflussen kann? Mein Mann und ich unterhalten uns immer wieder über Hobbys und Interessen. Da wir beide mit mehreren Hobbys aufgewachsen sind, nahmen wir früher an, dass sich so etwas bei Kindern ganz automatisch entwickelt. Doch bei unseren eigenen Söhnen und auch bei anderen Jungen haben wir beobachtet, dass das nicht immer so ist.

Ich habe auch schon andere Eltern sagen hören, dass »jedes Kind etwas braucht, wofür es sich begeistern kann«. Und bis zu einem gewissen Grad stimme ich dieser Aussage auch zu. Aber ich bin nicht der Meinung, dass etwas Ungewöhnliches daran ist, wenn ein Kind mit vierzehn Jahren noch nicht die große Leidenschaft seines Lebens entdeckt hat. Ich persönlich finde es völlig in Ordnung, wenn manche Kinder ihre Interessen erst ein bisschen später entwickeln. Aus meiner eigenen Kindheit kann ich mich nicht daran erinnern, dass es für ein Kind normal war, von Anfang an einem bestimmten Hobby oder Interesse nachzugehen. Viele meiner Freunde sind mit dem Fahrrad in der Gegend herumgefahren und waren einfach nur Kinder. Außerdem betrieben sie vielleicht auch noch irgendeine Sportart, die gerade Saison hatte, auch wenn sie nicht besonders gut darin waren. *Sie waren einfach nur Kinder.* Ich möchte ja nicht altmodisch klingen, aber irgendwie vermisse ich die Zeit, als es für Kinder noch völlig in Ordnung war, einfach nur Kinder zu sein.

Mein erster Sohn entdeckte schon in sehr jungen Jahren verschiedene Hobbys und Interessen. Er war außergewöhnlich zielstrebig und motiviert – stets begierig darauf, sich auf ein neues Projekt oder Abenteuer einzulassen. Mein zweiter Sohn nahm das alles ein bisschen lockerer: Er nahm zwar an allem teil, wofür wir ihn anmeldeten, aber es gab nichts, wofür er sich übermäßig begeistert hätte. Anfangs war mein Mann deswegen sehr beunruhigt; er dachte, dass mit diesem Jungen vielleicht irgendetwas nicht stimmte, wenn er bis zum Ende der Schulzeit nicht »seine Leidenschaft« entdeckt hatte. Ich riet ihm, sich keine so großen Sorgen darüber zu machen und ihm einfach ein bisschen Zeit zu lassen. Ich war sogar froh darüber, dass mein Sohn seine Kindheit genoss!

Als unser zweiter Sohn heranwuchs, begann auch er mit der Zeit, mehr Interessen und Hobbys zu entwickeln. Er probierte ein paar Sportarten aus und war in allen gut, obwohl es ihm dabei, wie ich vermute, vor allem auf das damit einhergehende soziale Leben ankam. Er spielte Gitarre – zunächst nur ab und zu, doch im Lauf der Jahre beherrschte er dieses Instrument sehr gut. Schließlich wurde er gebeten, die musikalischen Aktivitäten der Jugendgruppe seiner Kirche zu leiten, und manchmal engagierte man ihn sogar für kirchenweite Veranstaltungen. Obwohl ich ihn immer noch als vielseitigen sechzehnjährigen Jungen bezeichnen würde, denke ich schon, dass das Gitarrespielen bei meinem Sohn zu einer Leidenschaft geworden ist. In letzter Zeit hat er auch großes Interesse an verschiedenen anderen kreativen Tätigkeiten entwickelt. Dieser Sohn entwickelt sich genau so, wie er sollte! (Ich weiß, dass ich nicht »Ich hab's doch gewusst« sagen sollte, aber …)

Wie wäre es mit ein bisschen Abwechslung?

Ich glaube, Sie können Ihrem Sohn am besten helfen, seine Leidenschaften zu entdecken, indem Sie ihn mit möglichst vielen verschiedenen Dingen in Berührung bringen. Das bedeutet nicht, dass Sie ihn für jedes Sportteam, jeden Kunstkurs und jedes Gemeindeprojekt anmelden müssen, aber spornen Sie ihn wenigstens dazu an, ein paar davon auszuprobieren! Die meisten Schulen und Gemeindezentren bieten Sportmöglichkeiten oder Kurse kostenlos – oder beinahe kostenlos – an.

In unserem heutigen Internetzeitalter können wir unseren Jungs helfen, viele interessante Themen online zu erkunden. Meine Jungs haben sich stundenlang Gesteinsformationen und Vögel im Internet angeschaut oder sogar Traumurlaube auf Google Earth geplant. Bücher können Kindern die Augen für andere Kulturen und für die weite Welt öffnen – von Kunst über Geschichte und Naturwissenschaften bis hin zur Weltraumforschung.

Doch noch befriedigender als jedes Hobby oder jede persönliche Beschäftigung ist es, etwas für andere Menschen zu tun. Vor kurzem wurde einer meiner Söhne gebeten, auf ein Kind mit besonderen Bedürfnissen aufzupassen. Zuerst sagte er nur zu, um nicht ungefällig zu sein. Doch es lief alles sehr gut, und die Familie fragte, ob er ein paar Tage später wiederkommen könnte, und nach dem dritten Nachmittag mit diesem schwerbehinderten Jungen wollte mein Sohn von sich aus weiter mit ihm arbeiten, weil ihn das ermutigte und ihm ein Gefühl der Erfüllung schenkte.

In seinem Buch *Finish First* schreibt der olympische Goldmedaillen-Eiskunstläufer Scott Hamilton:

> *Wenn Sie Ihre Bestimmung nicht kennen, sollten Sie sich vielleicht ein paar Fragen stellen. Was tun Sie besonders gern? Wann sind Sie bei dem, was Sie gerade machen, am glücklichsten, begeistertsten und engagiertesten? Wofür haben Sie eine besondere Begabung? Und wie können Sie diese Gabe zu etwas Sinnvollem für Ihr Leben und für die Welt machen? … Können Sie von Natur aus gut Geschichten erzählen und verstehen? Dann konzentrieren Sie sich auf dieses Talent. Sind Sie über zwei Meter groß? Auch das ist etwas Besonderes. Können Sie gut mit Kindern umgehen? Das ist eine wunderbare Gabe. Nutzen Sie sie! Wenn wir ein paar Minuten innehalten und in uns hineinhören, können wir durch den Lärm der Welt hindurch eine Bestandsaufnahme unserer angeborenen Gaben und Fähigkeiten machen. So finden wir unsere große Bestimmung.*[54]

Wann immer Sie Ihrem Sohn etwas Neues nahebringen können – vor allem, wenn es gesunde Aspekte wie Aufenthalt im Freien, gemeinschaftliche Aktivitäten oder Hilfe für andere Menschen beinhaltet –, sollten Sie es auf jeden Fall damit versuchen. Nicht alles ist teuer oder zeitaufwendig. Die Mitwirkung in manchen Gruppen oder Clubs ist sogar ziemlich einfach.

Vielleicht hat er andere Interessen als Sie?

Wir alle haben schon einmal Eltern beobachtet, die ihre Kindheitsträume durch ihre Kinder auszuleben versuchen. Natürlich möchte niemand von uns so sein, doch gegen diese Versuchung ist niemand gefeit, auch wenn er sich noch so große Mühe gibt. Das gilt vor allem für Väter …

Mein Mann war während seines Studiums ein erfolgreicher Fußballspieler und sogar ein paar Jahre lang als Profifußballer aktiv. Als unsere ersten drei Jungs klein waren, begutachtete er alle Fußballvereine in unserer Gegend und fing sofort an, ihre Zukunft als Jugendfußballer zu planen. Wir meldeten die Jungs nicht nur für die Freizeitfußballliga, sondern auch für die private Vereinsfußballliga in unserer Gegend an. Ob er es nun zugeben würde oder nicht – ich weiß, dass mein Mann zumindest eine Art »Mini-Dave« großziehen wollte: einen Sohn, mit dem er seine Fußballerfahrung und sein Fußballwissen teilen konnte. Doch als wir unsere Jungs mit Fußballschuhen und Uniformen ausgestattet hatten und die halbe Woche damit zubrachten, sie zum Training und zu ihren Spielen hinzufahren, passierte etwas sehr Trauriges: Alle unsere Söhne hassten Fußball. Es gab jede Menge Tränen und Gejammer, manchmal pflückten sie sogar mitten auf dem Fußballfeld Blumen (oder bohrten in der Nase). Sie können sich sicherlich vorstellen, wie enttäuscht mein Mann war!

Ob meine Söhne sich nun durch die kompromisslose Fußballleidenschaft ihres Vaters überfordert fühlten oder einfach nicht zu Fußballern geboren waren – ich weiß es nicht. Aber ich bin sehr dankbar dafür, dass mein Mann die nötige Weisheit und Reife besaß, sie nicht zu diesem Sport zu zwingen. Zum Glück ließ er sie auch ein paar andere Dinge ausprobieren. Eines Tages kam er mit Schutzausrüstungen nach Hause und schleppte unsere drei Jungs in den Skatepark unserer Stadt. Ich stand daneben, betrachtete die Graffitis im Park und die Jungs, die sich dort versammelt hatten und die einen ziemlich derben, ungehobelten Eindruck auf mich machten. Ob das wirklich das Wahre für unsere Söhne ist?, dachte ich. Vielleicht sollten wir dem Fußball lieber doch noch eine Chance geben … Doch schon nach ein paar Sekunden waren alle drei Jungs hellauf begeistert vom Skateboardfahren. Und schon nach ein paar Monaten stürzten sie sich in riesige Skate-Bowls, während mein Mann sie anfeuerte (und ich meine grauen Haare zählte). Im selben Jahr begann mein Mann, die Jungs zum Surfen mitzunehmen, eine Sportart, in die er sich verliebt hatte und die er nun mit seinen Söhnen teilen konnte. Der Rest ist Geschichte.

Nur ja nicht übertreiben!

Kennen Sie diese übereifrigen Eltern, die so tun, als ob die Zukunft ihres Kindes von ihrem Erfolg bei einem Wettkampf oder Konzert oder einer Theateraufführung abhängt? Nun ja, wenn ich ganz ehrlich bin, habe ich mich auch schon öfters so benommen. Als wettbewerbsorientierter Mensch ertappte ich mich immer wieder dabei, wie ich mich furchtbar aufregte, am Spielfeldrand wie eine Besessene brüllte oder sogar mit Luke schimpfte, wenn ich das Gefühl hatte, dass er einen Surfwettbewerb in den Sand gesetzt hatte. (Ich schäme mich, das zuzugeben – zumal ich nicht einmal dann auf solchen Wellen surfen könnte, wenn mein Leben davon abhinge!)

Ich weiß sehr wohl, dass wir als Eltern nichts Besseres tun können, als unsere Kinder anzufeuern und dem Trainer oder Dirigenten das Korrigieren zu überlassen. (Und ich arbeite gerade ernsthaft daran.) Wenn Eltern ihre Söhne vom Spielfeldrand aus coachen, sie in aller Öffentlichkeit kritisieren oder dazu drängen, trotz Schmerzen weiterzukämpfen, obwohl sie offensichtlich verletzt sind, laufen sie Gefahr, die Leistung über die Beziehung zu ihren Kindern zu stellen, und vermitteln ihnen die Botschaft, dass sie nur geliebt werden, wenn sie etwas leisten. (Außerdem blamieren wir uns mit solchem Verhalten!)

Unsere Kinder sind schon streng genug mit sich selbst. Unsere Aufgabe als Eltern sollte es sein, sie zu ermutigen und ihnen zu zeigen, dass wir bedingungslos hinter ihnen stehen. Ich versuche, das zu tun, indem ich Luke einfach sage, wie viel Spaß es mir macht, ihm bei seinen Wettkämpfen zuzusehen. Statt mich auf die Ergebnisse (gut oder schlecht) zu konzentrieren, erkläre ich ihm, dass es mich freut, ihn bei etwas zu beobachten, was er gerne tut. Ich sage ihm, dass ich stolz auf ihn bin, weil er »im Rennen ist«, wie mein Vater früher immer gesagt hat. Jedes Kind, das mutig genug ist, seine Fähigkeiten bei einem Wettbewerb oder sonstigen öffentlichen Auftritt vorzuführen, sollte dafür gelobt werden. Und zu wissen, dass seine Mutter stolz auf ihn ist, kann genau der Motivationsfaktor sein, der ihn weiter an der Erreichung seiner Ziele arbeiten lässt.

In der Schule, beim Sport (oder was auch immer unsere Kinder für Interessen haben) sollten wir uns stets die unvergleichliche Kraft der Liebe, Unterstützung und Ausdauer und des unerschütterlichen Glaubens einer Mutter an ihren Sohn vor Augen halten. Wie viele Olympiaathleten verdanken ihren Erfolg der Unterstützung ihrer Mütter? Wie viele große Persönlichkeiten der Weltgeschichte sagen, dass sie nur dank ihrer Mütter in ihrem Leben so weit gekommen sind? Es sind so viele, dass mich das dazu inspiriert, meine Söhne auch so zu erziehen.

Ob Ihr Sohn nun ein Superakademiker oder ein Supersportler wird, ist längst nicht so wichtig wie seine Gewissheit, dass irgendjemand daran geglaubt hat, dass er alles schaffen kann. Denken Sie immer daran, welch ein Privileg es ist, diese Person zu sein!

Ein paar persönliche Fragen an Sie

1. Wie würden Sie das Lernumfeld bei sich zu Hause beschreiben? Was machen Sie richtig, was könnten Sie noch verbessern? Mit welchen Materialien werden Ihre Kinder zu Hause zum Lernen animiert? Wie hoch ist die Geräuschkulisse?

2. Welche Erfahrungen haben Sie bisher mit dem Vorlesen gemacht? Wären Sie bereit, Ihren Kindern künftig mehr vorzulesen? Wie könnten Sie Ihren Sohn dazu motivieren, regelmäßig zu lesen, wenn er älter ist?

3. Mit welchen Motivationsstrategien können Sie Ihren Sohn am besten zum Lernen motivieren? Worin besteht die »Währung« Ihres Sohnes, und wie könnten Sie Belohnungen oder Wettkampfsituationen in seine Ausbildung einbauen? Falls Sie das Gefühl haben, dass Ihr Sohn sich stark gegen die Schule auflehnt: Was können Sie tun, damit er sich ändert, um ihm eine erfolgreiche Zukunft zu sichern?

4. Welche Hobbys und Interessen hat Ihr Sohn zurzeit? Wie könnten Sie ihn an neue Interessen heranführen oder ihn dabei unterstützen, sich näher mit den bereits zur Verfügung stehenden Möglichkeiten zu beschäftigen?

So helfen Sie Ihrem Sohn dabei, ein dynamisches Selbstbild zu entwickeln

Die folgenden zehn Fragen eignen sich hervorragend für Gespräche im Auto oder beim Essen, vor allem, wenn es um das Thema Schularbeiten und Hausaufgaben geht. Mit diesen Fragen können Sie Ihren Sohn dazu ermutigen, ein dynamisches Selbstbild zu entwickeln:

1. Was hast du aus dem heutigen Spiel (oder der heutigen Aufführung, Trainingsstunde, Übung usw.) gelernt?

2. Wie hast du es geschafft, trotzdem weiterzumachen, als es schwierig wurde?

3. Bist du damit fertig geworden? Hast du dich genügend angestrengt, um ein Ergebnis zu erreichen, auf das du stolz bist?

4. Hast du das Gefühl, nicht weiterzukommen? Das haben wir alle manchmal. Was könnest du als Nächstes versuchen? Mit welchen Strategien könntest du es versuchen?

5. Es ist etwas schiefgelaufen? Daran ist eigentlich gar nichts Schlimmes! Wie kannst du diesen Fehler nutzen, um deine Vorgehensweise zu verbessern?

6. Was könnest du dir vorstellen, beim nächsten Mal anders zu machen?

7. Du bist nicht zufrieden mit deiner Arbeit? Mach dir deshalb keinen Stress. Von wem könnest du dir Feedback holen, um es besser zu machen?

8. Findest du _____ schwierig? Gut! Was willst du üben, um dich darin zu verbessern?

9. Du hast nicht das Gefühl, der Beste zu sein? Hervorragend! Von wem könntest du lernen?

10. Du weißt nicht, was du tun sollst? Großartig! Wie willst du diese Herausforderung angehen?

10

In Sachen Körper

Gesundheit und Hygiene

Achten Sie auf Ihren Körper. Er ist der einzige Ort, den Sie zum Leben haben.

Jim Rohn

Manchmal verliere ich mich in Tagträumereien und male mir aus, wie mein Leben in zehn oder zwanzig Jahren aussehen wird. Besonders oft passiert das um die Feiertage herum, wenn ich mir meinen festlich gedeckten Esstisch mit meinen Söhnen und deren zukünftigen Frauen und Kindern vorstelle. In meiner Fantasie ist das eine sehr schöne Szene: Meine Jungs sind alle glücklich, und die Enkelkinder sind reizend. Auch Dave und ich sind glücklich und führen ein erfülltes Leben – und obwohl wir schon siebzig Jahre alt sind, sehen wir seltsamerweise kein bisschen älter aus. (Träumen kann man ja schließlich …)

Doch in Wirklichkeit altern wir natürlich alle. Wenn meine Söhne sich eines Tages um diesen Tisch versammeln, werde ich eine ältere Frau sein, und sie werden erwachsene Männer sein. Vielleicht sind sie dann sogar schon Männer in mittleren Jahren, auch wenn ich mir das kaum vorstellen kann. Bis dahin sind sie womöglich etwas rundlicher geworden, und ihr dichtes, jungenhaftes Haar ist schütter, ergraut oder vielleicht sogar ausgefallen. Eine komische Vorstellung – aber so ist es nun mal.

Probieren Sie diese kleine Visualisierung ruhig einmal aus! Das wird Ihnen helfen, die richtige Einstellung zu diesem Thema zu entwickeln. Denn inmitten des mühsamen Erziehungsalltags vergessen wir leider oft unser wichtigstes Ziel: Wir wollen unsere Jungs dazu erziehen, eines Tages Männer zu werden. Männer, die aus Körper, Geist und Seele bestehen. Angesichts dieser Realität sollten wir uns die Frage stellen: Wenn unsere Söhne so weitermachen wie bisher, wie wird es dann im Erwachsenenalter um ihre Gesundheit bestellt sein? Werden sie körperlich gesund oder – wie so viele andere – übergewichtig und auf ein ganzes Arsenal an Medikamenten angewiesen sein? Werden sie ein ausgewogenes Leben führen, genug schlafen und sich ausreichend bewegen? Werden sie vernünftig mit Stress umgehen können? Werden sie emotional stabil sein und ein gutes soziales Netzwerk haben?

Diese Gedanken mögen Ihnen ziemlich bedrückend erscheinen; doch der Grundstein für den späteren Gesundheitszustand und das spätere Wohlbefinden Ihres Sohnes wird *jetzt* gelegt. Und obwohl es keine Garantie dafür gibt, dass er als Erwachsener vernünftige Entscheidungen treffen wird, können Sie mit den Wertvorstellungen, die er von Ihnen lernt, doch zumindest ein gutes Fundament für seinen späteren Lebensstil legen.

Natürlich spielt dabei auch die DNA eine Rolle. Ihr Sohn kann sich nicht aussuchen, wie groß er werden oder wie viele Haare er als Erwachsener noch auf dem Kopf haben wird. Auf seine Gene und bestimmte Aspekte seiner Persönlichkeit hat er keinen Einfluss. Doch vieles hat er selbst in der Hand. Unabhängig von seiner genetischen Veranlagung werden seine Ernährung und sein Bewegungsverhalten große Auswirkungen auf seine körperliche Gesundheit haben. Auch seine Fähigkeit, mit Stress umzugehen und mit anderen Menschen auszukommen, liegt in seiner persönlichen Verantwortung. Er kann über vieles entscheiden – vom Schlaf bis zum Drogenkonsum, von seinem Arbeitsleben bis hin zu seinem sozialen Engagement. Und die Entscheidungen, die

Ihr Sohn in diesen Bereichen trifft, werden sein späteres Leben prägen.

Angesichts dieser Tatsache ist es schon sinnvoll, bei der Erziehung Ihres Sohnes darauf zu achten, dass er körperlich, seelisch und geistig gesund ist und das nach Möglichkeit auch sein Leben lang bleiben wird. Dieses Thema liegt mir sehr am Herzen – vielleicht, weil mein Mann Arzt ist, aber auch weil das meinem beruflichen Hintergrund (ein Abschluss in Sportmedizin und jahrelange Tätigkeit in der Fitnessbranche) und meinen persönlichen Interessen entspricht: In meinem Arbeitszimmer stapeln sich wissenschaftliche Untersuchungen über das Thema Erziehung und die Entwicklung von Kindern. Da es über dieses Thema so viel zu sagen gibt, unterteile ich es hier in zwei Kapitel. In diesem Kapitel gehe ich auf die wichtigsten Aspekte der körperlichen Gesundheit unserer Söhne ein: Ernährung, Bewegung, Hygiene und Schlaf. Im nächsten Kapitel wird es um die emotionale Gesundheit und das soziale Leben unserer Söhne gehen. Also, schnappen Sie sich einen Textmarker und vielleicht ein Paar bequeme Hausschuhe und lassen Sie uns in die Materie einsteigen!

Gesunde Ernährung

Für die Gesundheit unserer Söhne spielen die Lebensmittel, die wir ihnen in ihrer Kindheit vorsetzen beziehungsweise erlauben, eine sehr wichtige Rolle. Ein Elternteil setzt seinem Sohn bis zum Abschluss der Highschool über zwanzigtausend Mahlzeiten (und noch mehr Snacks) vor. Das ist *eine Menge Essen*!

Man hört und liest heutzutage sehr viel vom Problem der Fettleibigkeit in den USA. Laut Angaben der Heart Foundation ist »etwa jedes dritte amerikanische Kind und jeder dritte amerikanische Jugendliche übergewichtig oder fettleibig«, und Studien zufolge sind diese Kinder »anfälliger für ein geringes Selbstwertgefühl, ein negatives Körperbild und Depressionen«.[55] Wir sehen heute schon Kinder mit Gesundheitsproblemen, die man früher für Erwachsenenkrankheiten hielt: Bluthochdruck, Typ-2-Diabetes und zu hoher Cholesterinspiegel. Jedes dieser gesundheitlichen Probleme hat seinen Ursprung in der Nahrung, mit der wir unseren Körper beziehungsweise den Körper unseres Kindes versorgen.

Es ist nicht schwer zu erkennen, wo diese Probleme entstehen. Sie brauchen sich nur einmal in einem Einkaufszentrum oder an einem öffentlichen Treffpunkt in Ihrer Stadt umzuschauen, dann erhalten Sie einen guten Einblick in unsere derzeitige Übergewichtsepidemie und die Gründe dafür. Junkfood, Fastfood und zuckerreiche Lebensmittel sind billig, leicht zugänglich und machen süchtig. Außerdem schaden sie unserem Körper. Ich habe die wissenschaftlichen Untersuchungen darüber gelesen. Und ich habe genügend Angehörige mit Herz-Kreislauf-Erkrankungen in meiner eigenen Familie, um für dieses Problem sensibilisiert zu sein. Während meines Studiums habe ich einmal am Leichnam einer Frau gearbeitet, deren Herz und innere Organe komplett von einer Fettschicht umgeben waren. Das war ein Weckruf für mich. Inzwischen bin ich mit einem Krankenhausarzt verheiratet, der Ihnen sagen wird, dass viele seiner Patienten sich ihre Krankheiten »selbst ausgesucht haben«. Das mag hart klingen, doch viele Krankheiten lassen sich durch einfache Lebensstilentscheidungen tatsächlich vermeiden.

Als Erwachsene sind wir für unsere Lebensstilentscheidungen verantwortlich. Aber wir tragen auch die Verantwortung für unsere Kinder, die noch nicht so selbstständig sind wie wir. Kleine Kinder essen, was ihre Eltern ihnen vorsetzen. Wenn sie dann etwas älter werden, essen sie das, was ihre Eltern ihnen *erlauben*. Wir leisten also einen wichtigen Beitrag dazu, den Grundstein für die künftige Gesundheit unserer Söhne zu legen. Glauben Sie mir: Meine Jungs lieben Süßigkeiten und Kartoffelchips genauso wie jedes andere Kind, und ich liebe es, sie glücklich zu machen. Es ist nicht einfach, auf gesunde und doch ausgewogene Weise mit dem Thema Ernährung umzugehen, aber ich glaube, dass wir unseren Söhnen die bestmögliche Basis für ein gesundes Essverhalten mit auf den Weg geben können, wenn wir schon von klein auf ein bisschen auf ihre Ernährung achten.

Fundierte Entscheidungen treffen

Man muss nicht Ernährungswissenschaften studiert haben, um seine Söhne zu vernünftigem Essverhalten zu erziehen. Aber wir sollten schon informiert genug sein, um unsere Kinder gesund ernähren zu können. Die Liebe zu unseren Kindern sollte uns dazu motivieren, möglichst oft vernünftige Ernährungsentscheidungen für sie zu treffen.

Ich halte nichts von Extremen, daher verbiete ich meinen Söhnen Junkfood nicht kategorisch. Allerdings achte ich darauf, dass sie zuckerhaltige Süßigkeiten und verarbeitete Lebensmittel nur zu besonderen Anlässen und an Feiertagen bekommen und nicht jeden Tag. Außerdem versuche ich, die Teller meiner Jungs mit möglichst viel Obst, Gemüse, Nüssen, Bohnen und anderen pflanzlichen Lebensmitteln zu füllen. Ich bringe mageres Fleisch und möglichst wenig verarbeitete oder zuckerhaltige Lebensmittel auf den Tisch. Das Ziel besteht nicht darin, perfekt zu sein, sondern darin, bewusst auf eine gesunde Ernährung zu achten.

Wahrscheinlich können Sie ganz gut einschätzen, wo Ihr Sohn in dieser Hinsicht steht. Ist er schlank, oder hat er zu viel Körperfett? Hat er wirklich so großen Hunger, oder futtert er vielleicht nur aus Langeweile oder Gewohnheit? Vertrauen Sie auf Ihren Instinkt und treffen Sie kluge Entscheidungen für die Gesundheit Ihres Sohnes – auch wenn das nicht immer ganz einfach ist! Auch wenn Ihr Sohn heranwächst und seine eigenen Ernährungsentscheidungen treffen kann, sollten Sie ihm in dieser Hinsicht trotzdem immer noch eine Orientierungshilfe sein und ihm unmissverständlich klarmachen, was Sie von ihm erwarten. Nur weil er jetzt ein bisschen selbstständiger ist, heißt das noch lange nicht, dass er sich nach Belieben mit Junkfood vollstopfen darf. Legen Sie ein paar vernünftige Spielregeln fest, wenn Ihr Sohn ins Teenageralter kommt, und setzen Sie diese genauso konsequent durch wie alle anderen Regeln. Solange er in Ihrem Haus wohnt (und Sie für sein Akne-Reinigungswasser und seine Krankenversicherung aufkommen), haben Sie auch ein Mitspracherecht bei seiner Lebensweise. Natürlich sollten Sie dabei flexibel und vernünftig vorgehen, schließlich wollen Sie keine Rebellion anzetteln oder ihn dazu bringen, heimlich Pommes in seinen Hosentaschen zu verstecken. Aber er sollte Ihre Autorität auf diesem Gebiet respektieren. Bleiben Sie hart – eines Tages wird er Ihnen dankbar dafür sein.

Sprechen Sie über das Thema Ernährung

Es bringt sehr viel mehr, mit Ihrem Sohn über sein Essverhalten und dessen Auswirkungen auf seine Gesundheit zu sprechen, als die meisten Eltern glauben. Ihr Sohn hört Ihnen zu und wird wahrscheinlich sogar stolz darauf sein, sich gesund zu ernähren, wenn er die Vorteile und langfristigen Auswirkungen eines vernünftigen Essverhaltens einsieht.

Beim Mittag- oder Abendessen weise ich oft darauf hin, dass auf unseren Tellern alle Regenbogenfarben vertreten sind – was normalerweise ein Zeichen für eine gesunde Mahlzeit ist. Wir besuchen den Bauernmarkt unserer Stadt und lernen Lebensmittel kennen, die in unserer Region angebaut werden. Wenn meine Jungs an der Küchentheke einen Snack zu sich nehmen oder ich eine Mahlzeit zubereite, spreche ich oft über den Nährwert dieser Lebensmittel. Oder ich erzähle ihnen ein paar interessante Fakten, zum Beispiel: »Wusstest du, dass der Verzehr von Blaubeeren und Erdbeeren die Alterung deines Gehirns hinauszögern kann?«[56] oder »Wusstest du, dass Menschen, die regelmäßig Bohnen essen, nachweislich länger leben?«[57] Kinder lieben es, solche Fakten zu lernen, und im Internet gibt es jede Menge davon.

Als meine Jungs noch klein waren, verglich ich unser Essen mit Benzin für ein Auto. Ich erklärte ihnen, dass unser Auto nicht gut fahren würde, wenn wir es mit etwas anderem als Benzin betanken würden.

»Was wäre, wenn wir statt Benzin Limonade oder Saft in den Tank unseres Autos füllen würden?«, fragte ich. Da lachten die Jungs.

»Bäh! Das würde nicht funktionieren!«

Dann erklärte ich ihnen, dass unser Körper nun einmal so konstruiert ist, dass er am besten mit bestimmten Nahrungsmitteln »funktioniert«, und dass wir ihn vernünftigerweise mit den Früchten, dem Gemüse und den Nüssen und Körnern »betanken« sollten, für die er geschaffen ist. Und irgendwann begannen sie das einzusehen. Das bedeutet zwar nicht, dass sie jetzt keine Süßigkeiten mehr mögen oder um Rosenkohl betteln, aber ich glaube, es hat ihnen doch geholfen, den Grund für unsere Bemühungen um eine gesunde Ernährung zu verstehen.

Wenn Ihr Sohn ins Teenageralter kommt, wird seine genetische Veranlagung in Kombination mit seinem Lebensstil ihn prägen. Selbst wenn Sie ihm alles über vernünftiges Essverhalten beigebracht und ihn mit den gesündesten Lebensmitteln ernährt haben, könnte er später trotzdem übergewichtig oder vielleicht sogar fettleibig werden. Als Babys oder in den ersten Lebensjahren bringen viele Kinder ein paar Pfunde mehr auf die Waage, doch Übergewicht kann im Alltagsleben eines Teenagers – sowohl körperlich als auch seelisch – zu einer echten Belastung werden. Wenn man es nicht in den Griff bekommt, kann es sogar ein Indikator für künftige gesundheitliche Probleme sein.

Sicherlich wollen Sie das Gewicht Ihres Sohnes nicht überbewerten, denn sonst würde er sich wahrscheinlich noch mehr für seine überzähligen Pfunde schämen, als er es ohnehin schon tut, doch vielleicht sind Sie die geeignetste Person, um ihm mit Rat und Tat zur Seite zu stehen und ihn zu einem gesünderen Lebensstil anzuspornen. Wenn Ihr Sohn weiß, dass Sie für ihn da sind und ihm zu einer gesunden, positiven Zukunft verhelfen möchten, ist er vielleicht eher bereit, einen Plan zu entwickeln, um ein bisschen abzunehmen und einen gesünderen Umgang mit Ernährung und Bewegung zu entwickeln. Vielleicht braucht er dazu einen besonderen Ernährungsplan. Sie sollten ihn auch dazu ermutigen, regelmäßig Sport zu treiben. Wenn Ihnen dieses Thema zu heikel ist, um es im Familienkreis anzugehen, oder wenn Sie das Gefühl haben, dass eine außenstehende Person Ihrem Sohn besser helfen könnte, empfehle ich Ihnen, einen seriösen Ernährungsberater in Ihrer Gegend aufzusuchen.

Leben Sie es ihm vor!

Mir ist es sehr wichtig, auf eine gesunde Ernährung meiner Familie zu achten. Denn ich weiß: Davon, wie ich sie jetzt ernähre, hängt wahrscheinlich das Essverhalten meiner Söhne für den Rest ihres Lebens ab – ganz zu schweigen davon, wie sie eines Tages in ihrer eigenen Familie mit dem Thema Ernährung umgehen werden. Natürlich gibt es Ausnahmen, aber Kinder behalten die Gewohnheiten, mit denen sie aufgewachsen sind, meistens bis ins Erwachsenenalter hinein bei. Jungen beobachten das Verhalten der Erwachsenen, die in ihrem Leben eine Rolle spielen – ob bewusst oder unbewusst. Wenn Sie sich ungesund ernähren, ständig ab- und wieder zunehmen oder vielleicht sogar förmlich vom Thema Essen besessen sind, wird dieses Verhalten Ihre Kinder wahrscheinlich prägen.

Ich hatte früher zum Beispiel eine ungesunde Beziehung zu Essen und Sport und ein negatives Körperbild. Ich probierte ständig neue Diäten aus, und oft bestimmte der Zeiger an der Waage meine Stimmung. Nach der Geburt meines zweiten Sohnes merkte ich, wie sehr mich das belastete und wie negativ es sich auf meine Familie auswirkte. Also nahm ich mir fest vor, diese Probleme zu überwinden, und entwickelte eine neue Beziehung zum Essen, zum Sport und zu meinem Körper. Seitdem habe ich eine gesunde Einstellung zu diesen Dingen und fühle mich innerlich frei. Ich habe ein kleines Büchlein mit dem Titel *The Secret of Your Naturally Skinny Friends* geschrieben, das meine Geschichte erzählt und beschreibt, was man tun kann, um in diesem Bereich zu einer gesunden Einstellung und zu innerer Freiheit zu finden.

Ich bin sehr dankbar dafür, dass ich diese Probleme überwunden habe, bevor meine Jungs alt genug waren, um darunter zu leiden! Jetzt kann ich ihnen einen gesunden Lebensstil vorleben, maßvoll essen und Sport treiben – und hin und wieder auch ein bisschen Geld für Naschereien für meine Kinder ausgeben. Noch einmal: Eltern zu sein motiviert uns oft am besten dazu, uns unseren eigenen Problemen zu stellen und etwas an unserem Leben zu verbessern!

Obwohl Mädchen am häufigsten unter Essstörungen leiden, neigen auch Jungen im Teenageralter in dieser Hinsicht manchmal zu Extremen. Vielleicht sind sie besessen von ihrer Größe, ihrem Körperbau oder ihrem Gewicht. Manche Jungen lassen sich auf extreme Diäten ein, um ab- oder zuzunehmen. Wenn Ihnen auffällt, dass Ihr Sohn sich sehr stark auf seinen Körper oder seine Ernährung konzentriert, sollten Sie offen mit ihm darüber reden. Aber achten Sie darauf, dabei nicht zu kritisch zu sein, damit er keine Hemmungen hat, sich Ihnen gegenüber zu öffnen. Versuchen Sie, hilfreiche Informationen aus seriösen Quellen zu sammeln, um über die Ernährungsentscheidungen Ihres Sohnes diskutieren zu können. Vielleicht ist es auch sinnvoll, einen Ernährungsberater oder eine Beratungsstelle zu konsultieren. Oft ist eine Modediät oder eine Phase mit eigenartigen Ernährungsgewohnheiten einfach nur etwas Harmloses, Vorübergehendes, aber sie kann auch sehr gefährlich sein und in Zukunft zu noch größeren Problemen führen.

Bewegung und Sport

Mein Siebenjähriger bewegt sich fast nur im Lauftempo vorwärts, und wenn er kann, klettert, springt oder purzelt er auch. Ich brauche ihn nie dazu zu ermahnen, dass er sich bewegen soll, denn wenn man ihn nicht zwingt stillzusitzen, tut er es garantiert nicht. Ständig in Bewegung – und zwar *den ganzen Tag*. Die meisten Jungen sind von Natur aus sehr aktiv, und dazu sollten wir sie auch ermutigen.

Doch wenn unsere Jungs heranwachsen, werden körperliche Aktivitäten leider von anderen attraktiven Zeitfressern verdrängt, bei denen es sich meist um sitzende Tätigkeiten handelt. Wir haben bereits über den Einfluss der modernen Technologie auf unsere Kinder gesprochen: Sie stellt vielleicht das größte Hindernis für unsere Bemühungen dar, körperlich fitte Söhne großzuziehen.

Alle Bereiche unseres Lebens (auch die Arbeit) haben sich in den letzten Jahren dahingehend entwickelt, dass wir sie größtenteils im Sitzen erledigen. Wir brauchen uns nicht mehr so viel zu bewegen wie früher. Ich bin sehr für moderne Annehmlichkeiten wie Geschirrspülmaschinen und selbstreinigende Backöfen, doch im Lauf meines Lebens haben in unserem Alltag enorme Umwälzungen stattgefunden. Wer will heute noch einen Staubsauger durch die Gegend schieben, wenn ein iRobot das Haus saugen kann? Und wer muss noch aufstehen und durchs Zimmer gehen, um den Thermostat zu verstellen oder eine Lampe anzuschalten, wenn Alexa die meisten Funktionen im Haus per Sprachbefehl steuern kann? Dadurch ist unser Leben sicherlich sehr viel einfacher, aber eben leider nicht gesünder geworden.

Trotzdem sollten wir die Hoffnung nicht aufgeben! Mithilfe einiger gezielter Erziehungsmaßnahmen können wir unseren Söhnen immer noch dazu verhelfen, ein Leben voller Aktivität und Fitness zu genießen.

Lassen Sie sie spielen!

Unstrukturiertes Spielen – also Aktivitäten, denen Kinder sich einfach nur zum Vergnügen und zur Erholung hingeben – ist für die Entwicklung unserer Jungen enorm wichtig. Die Vorteile des Spielens wurden schon in unzähligen wissenschaftlichen Untersuchungen nachgewiesen: Es hilft Kindern, Probleme zu lösen, Zusammenhänge zu lernen und zu verstehen, akzeptable Wege im Umgang mit Schwierigkeiten und Herausforderungen zu finden und Selbstbeherrschung zu entwickeln. Außerdem lernen sie dadurch, in Gruppen zu arbeiten, zu teilen, zu verhandeln, Konflikte zu lösen, ihre Emotionen und ihr Verhalten zu regulieren, sich durchzusetzen, Produktivität zu entwickeln und vieles andere mehr.[58]

Doch heutzutage spielen Kinder zum ersten Mal in der Geschichte der Menschheit nicht mehr genug. Während Spielen früher der natürlichste und normalste Bestandteil der Jugend eines Jungen war, ist das heute ganz anders: Immer mehr Schulen haben die Pausen und sogar den Sportunterricht aufgrund von Zeitmangel und Budgetkürzungen reduziert oder ganz abgeschafft. Wir können uns also nicht mehr darauf verlassen, dass die Schulen unseren Kindern die Spielzeit geben, die sie brauchen. Jungen, die ihre Freizeit an technischen Geräten verbringen oder stundenlang mit Hausaufgaben beschäftigt sind, könnten einen der größten und wichtigsten Teile ihrer Kindheit verpassen.

Als Eltern müssen wir unseren Kindern Gelegenheit zum Spielen geben. Das ist für das Erlernen von Lebenskompetenzen – zum Beispiel sich eigenständig zu beschäftigen oder mit Geschwistern und anderen Kindern zu interagieren – von enormer Wichtigkeit. Kinder brauchen aber auch die Möglichkeit, Augenblicke der Langeweile zu erleben. Ich weiß, dass mein jüngster Sohn fast schon in Panik gerät, wenn er sich einmal langweilt, aber ich bin in dieser Hinsicht derselben Meinung wie Andy Crouch, Autor des Buches *The Tech-Wise Family*, der in einem Podcast-Interview gesagt hat: »Alle Kreativität befindet sich am anderen Ufer der Langeweile.«[59] Genau diese Erfahrung habe ich bei mir zu Hause auch schon gemacht. Ja! Ihr Sohn soll sich ruhig ab und zu einmal langweilen.

Unsere Jungs brauchen es, zu klettern und ihre Umgebung zu erforschen, und an Regentagen sollen sie unstrukturierte, unbeschwerte Stunden erleben, um auch drinnen interessante Beschäftigungen zu finden. Mein kleiner Sohn bittet seine älteren Brüder öfters darum, mit ihm »Fantasie zu spielen«: Das bedeutet, dass sie eine Geschichte nachspielen, die sie zusammen erfunden haben – normalerweise eine, in der es um böse Jungs geht und irgendwelche Dinge in die Luft fliegen. Das ist etwas, was sie alle schon ihr ganzes Leben lang gemacht haben. Die älteren Jungs spielen mit und tun so, als wollten sie ihm damit nur einen Gefallen tun, aber ich kann Ihnen versichern, dass sie in Wirklichkeit begeistert davon sind! Wenn seine Brüder nicht in der Nähe sind, um mit ihm zu spielen (und wenn ich ihn nicht an irgendeinem elektronischen Gerät herumdaddeln lasse), beschäftigt Levi sich inzwischen sogar schon ganz allein – nur mit seiner Fantasie.

Integrieren Sie körperliche Aktivität in den Rhythmus Ihres Alltagslebens

Fitness zu einem normalen Bestandteil des Lebens unserer Söhne zu machen, muss gar nicht so kompliziert sein. Ich bin ein großer Fan von Mannschaftssportarten und empfehle jedem Kind, mindestens eine davon auszuprobieren. Organisierte Mannschaftssportarten sind für Kinder eine wunderbare Chance. Dabei lernen sie, mit anderen Menschen zusammenzuarbeiten, und entwickeln wichtige Charaktereigenschaften. Aber organisierter Sport ist nicht jedermanns Sache, und auch ein sportbegeistertes Kind schafft es vielleicht nicht mehr, so intensiv Sport zu treiben, wenn es auf die Highschool kommt. Schließlich nehmen Schularbeiten und andere sitzende Tätigkeiten einen Großteil des Tages eines Teenagers in Anspruch. Daneben noch Zeit für Sport zu finden, erfordert schon besonderes Engagement.

Da man die meisten Sportarten aus der Kindheit im Erwachsenenleben nicht mehr praktizieren kann, verzichten viele junge Erwachsene ganz auf Sport, weil ihr Beruf und ihre Alltagsverpflichtungen sie zu sehr in Anspruch nehmen. Um unsere Söhne auch langfristig zu einem gesunden Leben anzuspornen, sollten wir ihnen daher ein grundlegendes Verständnis für körperliche Fitness vermitteln und – was vielleicht am allerwichtigsten ist – *ihnen auch die Disziplin beibringen, regelmäßig sportlich aktiv zu sein.*

Meine Söhne sind alle Surfer; doch ich verlange schon seit ihrem frühen Teenageralter von ihnen, dass sie auch Joggen und Wandern in ihren Wochenplan aufnehmen. Ich möchte, dass sie sich daran gewöhnen, körperlichen Aktivitäten nachzugehen, die *überall* möglich sind. Man kann so gut wie überall auf der Welt laufen oder wandern – zu jeder Tageszeit, allein oder mit jemand anderem. Außerdem ist es billig! Andere leicht zugängliche Sportarten sind Schwimmen, Radfahren und Training im Fitnessstudio (Ausdauer- und Krafttraining). Kinder können bereits ab dem Teenageralter gefahrlos gewisse Krafttrainingsübungen machen, und das kann auch eine hervorragende sportliche Aktivität für Teenager sein, obwohl ich empfehlen würde, jemanden zu finden, der sich damit auskennt, um ihnen beim Einstieg in dieses Training zu helfen.

Ich kenne ein paar Teenager, die keinen Spaß am Schulsport hatten, aber großartige Erfahrungen mit Crossfit-Kursen im Fitnessstudio gemacht haben. Die meisten Teenager werden wahrscheinlich nicht begeistert von der Idee sein, Sport um seiner selbst willen zu treiben; doch wenn auch noch ein paar soziale Aktivitäten oder ein gesunder Wettbewerb dazukommen, kann das zu einem echten Wendepunkt im Leben Ihres Sohnes werden. Vielleicht müssen Sie bei der Suche nach Sportmöglichkeiten, die zu den Interessen Ihres Sohnes und zum Zeitplan Ihrer Familie passen, ein bisschen kreativ werden – aber glauben Sie mir: Es gibt genügend Sportmöglichkeiten! Von Wandervereinen über Ruderteams bis hin zu Ultimate Frisbee – das Angebot ist so groß, dass garantiert für jeden etwas dabei ist. Und jedes Kind braucht Sport!

Vielleicht denken Sie jetzt: Das ist leicht gesagt – schließlich lebt diese Autorin mit ihrer Familie in einer Gegend mit warmem Klima und kann sich die meiste Zeit des Jahres draußen aufhalten. Das ist ein berechtigtes Argument. Andererseits bin ich im pazifischen Nordwesten der USA aufgewachsen und erinnere mich noch genau daran, wie es war, tagelang kaltes, regnerisches Wetter zu haben. Bei Kälte oder Regen (oder beidem) müssen Sie ein bisschen kreativer werden, um Ihre Kinder zum Sport zu inspirieren. Immer mehr Fitnessstudios für Familien bieten viele Möglichkeiten dazu an – von Kletterwänden über Sportvereine bis hin zum Hallenbad. Oft gibt es in solchen Fitnessstudios auch sehr günstige Familientarife, sodass Sie sich an mehreren Tagen pro Woche ein lustiges Familienereignis dort gönnen können.

Doch auch wenn Sie keine Mitgliedsbeiträge zahlen oder nur zu Hause sportlich aktiv sein möchten, gibt es viele Möglichkeiten dazu. Ein guter Freund von mir, der im Nordosten der USA lebt, ist auf die Idee gekommen, an Tagen, an denen man wegen des schlechten Wetters nicht nach draußen gehen kann, drinnen Spiele zu veranstalten, bei denen der Verlierer Liegestütze oder Kniebeugen machen muss. Auch so kann man etwas für die Fitness seiner Familie tun! Ein anderer Freund empfahl uns eine Art »Familienolympiade«, bei der jedes Familienmitglied zu verschiedenen einfachen Fitnesswettbewerben antreten muss. Und einige der schönsten Kindheitserinnerungen meines Mannes bestehen darin, dass er sich einfach warm eingepackt hat und bei jedem Wetter nach draußen gegangen ist – egal ob Regen, Schnee oder Graupelschauer. Kinder können so etwas ab!

Seien Sie Ihren Kindern ein gutes Vorbild!

Ich glaube, meine Jungs treiben auch deshalb so gern Sport, weil das schon immer ein Teil unseres Familienlebens war, solange sie zurückdenken können. Als sie klein waren, sahen sie ihren Vater Fußball spielen; und ich schob ihren Buggy fast immer im Joggingtempo vor mir her oder lieferte sie im Kinderclub des Fitnessstudios unserer Stadt ab, wenn ich dort Fitnesskurse gab. (Der Kinderclub war ein so wichtiger Bestandteil des sozialen Lebens meiner kleinen Söhne, dass Luke sich früher sogar für den Leiter dieses Clubs gehalten hat!) Nach dem Abendessen gehen wir oft alle zusammen wandern oder machen Spaziergänge in der näheren Umgebung. Das ist zu einem festen Bestandteil unseres Familienlebens geworden.

Aber natürlich treibt nicht jede Familie gern Sport und unser Arbeitspensum macht oft unsere besten Absichten zunichte. Doch jeder Schritt in Richtung eines aktiveren Lebensstils wird sich positiv auf das Leben Ihres Sohnes auswirken. Wenn Sie sich bemühen, ein gesünderes Leben zu führen, sind Sie ein gutes Vorbild. Ich habe einmal jemanden sagen hören, es gebe keinen besseren Weg, unsere Söhne zum Sport zu motivieren, als selbst Sport zu treiben. Wenn Ihr Sohn sieht, wie sehr seine Eltern sich auf ein Fußballspiel am Wochenende, einen Fünf-Kilometer-Lauf oder ihren Lieblings-Fitnesskurs freuen, inspiriert ihn das vielleicht mehr, als wenn sie einfach nur am Spielfeldrand sitzen und ihn anfeuern. Also, setzen Sie sich Ziele, stellen Sie sich sportlichen Herausforderungen und binden Sie Ihre Familie in eine Gemeinschaft gesunder, körperlich aktiver Menschen ein! Das wird Ihren Sohn dazu inspirieren, das Gleiche zu tun – wenn nicht jetzt gleich, dann vielleicht später.

Hygiene

Mein vierzehnjähriger Leistungssurfer hat sonnengebleichtes blondes Haar, das wie Gold auf dem Wasser leuchtet. Es sieht toll aus, fühlt sich aber ein bisschen strohig an. Vor kurzem benutzte ich die Duschkabine meiner Jungs, da mein Mann nach einer Nachtschicht in unserem Zimmer schlief und ich ihn nicht aufwecken wollte. Als ich unter der Dusche stand und bereits klatschnass war, stellte ich fest, dass kein Shampoo da war. Also wickelte ich mich in ein Handtuch und lief tropfend quer durchs Haus, um mir eine Flasche Shampoo zu holen. Später fragte ich meinen Sohn danach, woraufhin er breit lächelte und sagte: »Ach ja. Das wollte ich dir schon seit einiger Zeit sagen. Ich hab kein Shampoo mehr, Mama.«

Jungs! Sie setzen nicht immer die richtigen Prioritäten, und manchmal kann das sogar ziemlich lustig sein. Ich weiß noch, wie mein eigener Bruder meiner Mutter erzählte, dass er weder Seife noch Duschgel benutzte, sondern sein Shampoo einfach »an seinem Körper herunterlaufen« ließ, um sauber zu werden. Und ich habe auch von meinen Blogleserinnen gehört, wie schwierig es ist, ihre Söhne dazu zu bringen, dass sie Deo und Zahnseide benutzen, sich das Gesicht waschen oder regelmäßig ihre Unterwäsche wechseln.

Wenn sie aus dem Haus gehen, werden unsere Söhne sicherlich die Grundregeln einer vernünftigen Körperhygiene beherrschen, aber sie brauchen schon ein bisschen Anleitung, um gesund, ausgeglichen und – na ja – auch einigermaßen sauber aufzuwachsen. Hier ein paar Tipps, was wir tun können, um unseren Jungs gesunde Hygienegewohnheiten beizubringen.

Stellen Sie ein tägliches »Mindestprogramm« auf

Man sollte Jungen von klein auf dazu anhalten, ihr Gesicht, ihren Körper und ihre Zähne sauber zu halten. Wir müssen sie dazu bringen, sich zweimal am Tag die Zähne zu putzen und Zahnseide zu benutzen, bis sie in der Lage sind, das von sich aus zu tun. Außerdem sollten wir ihnen beibringen, sich nach der Toilette, vor dem Essen und jedes Mal, nachdem sie mit etwas Schmutzigem gespielt haben (also eigentlich immer, wenn Ihre Söhne so sind wie meine) die Hände zu waschen. Sobald sie im Grundschulalter sind, sollten wir sie nicht mehr daran erinnern oder ständig an ihnen herumnörgeln müssen; es sollte einfach ein fester Bestandteil ihres Tagesablaufs sein. Als Mutter von Söhnen sollte man grundsätzlich immer Erfrischungstücher und antibakterielle Seifen dabei haben. Je öfter Sie diese Hygieneartikel verwenden, mit umso höherer Wahrscheinlichkeit wird Ihr heranwachsender Sohn Sauberkeit schätzen lernen!

Ich bin weder eine Sauberkeitsfanatikerin noch habe ich übertriebene Angst vor Krankheitskeimen. Oft wasche ich mir die Hände viel zu ungründlich, und ich verrate lieber niemandem, wie viel Sand und Schmutz meine Jungs im Kleinkindalter geschluckt haben. Aber mir ist stets bewusst, dass meine Söhne sich wahrscheinlich an meinem Beispiel orientieren werden. Also tue ich mein Bestes, um uns alle zur Reinlichkeit anzuhalten.

Wenn Jungen im Teenageralter sind, bekommen sie normalerweise ein bisschen Körpergeruch, also machen Sie die Benutzung von Deos zu einem zwanglosen Initiationsritus. Irgendwann im frühen Teenageralter sprießt bei den meisten Jungs außerdem ein leichter Flaum im Gesicht, und irgendjemand muss ihnen beibringen, wie man richtig mit einem Rasierapparat umgeht. Jetzt sollten Sie den Vater bitten, einzugreifen und seinen Sprössling ein bisschen zu coachen. Je nach dem Charakter Ihres Sohnes wird er das alles entweder unglaublich aufregend oder furchtbar peinlich finden. Gehen Sie daher mit jedem dieser Meilensteine in seinem Teenagerdasein sensibel und feinfühlig um.

Akne – eine unendliche Geschichte?

Akne kann verschiedene Ursachen haben, doch die meisten Teenager haben irgendwann Probleme damit. Die richtige Hautpflege kann darüber entscheiden, ob Ihr Teenager nur ab und zu ein paar kleine Pickel bekommt oder ein ernsthaftes Akneproblem entwickelt. Als sich bei meinen Söhnen die ersten Anzeichen von Akne zeigten, habe ich ihnen kurz und sachlich erklärt, dass sie ihr Gesicht gründlich waschen und nicht an den Hautunreinheiten herumpulen sollten. (Ich weiß noch, wie schwierig das für mich in diesem Alter war!) Manchen männlichen Teenagern ist dieses Thema sehr peinlich – sogar ihren Müttern gegenüber. Daher sollten Sie nicht viel Aufhebens machen, wenn es nicht unbedingt sein muss. Vielleicht wird es Ihrem Sohn helfen, wenn Sie ihm versichern, dass Sie sich noch genau daran erinnern, wie es ist, ein Teenager zu sein, und dass Sie für ihn da sind und ihm helfen wollen.

Sowohl fetthaltige Lebensmittel als auch Milchprodukte werden mit der Entstehung von Akne in Verbindung gebracht; hier haben wir also einen noch wichtigeren Motivationsfaktor für Ihren Sohn im Teenageralter, sich gesund zu ernähren. Kaufen Sie ihm einen guten Gesichtsreiniger und machen Sie ihm klar, wie wichtig es ist, sich regelmäßig das Gesicht zu waschen, vor allem nach dem Sport, morgens und vor dem Schlafengehen. Wenn er unter schwerer Akne leidet oder seine Hautunreinheiten ihn sehr stark belasten, sollten Sie mit ihm zu einem Dermatologen gehen. Es ist immer ratsam, eine professionelle Meinung einzuholen, bevor das Problem aus dem Ruder läuft.

Appellieren Sie an die Eitelkeit Ihrer Söhne

Das kann sehr wirksam sein, vor allem, wenn die Jungs gerade in die Oberstufe kommen und anfangen, sich mehr Gedanken über ihren Ruf unter Gleichaltrigen zu machen. Ihren Sohn daran zu erinnern, dass niemand in seiner Nähe sein möchte, wenn er stinkt, oder dass seine Haut wirklich besser aussehen wird, wenn er auf Junkfood verzichtet, könnte die beste Methode sein, ihn zu einer Änderung seines Verhaltens zu motivieren.

Manchmal erkennen Jungen den Zusammenhang zwischen Ursache und Wirkung nicht, also müssen Sie ihm dabei ein bisschen auf die Sprünge helfen. Ich weise meine Söhne gern lobend darauf hin, wenn sie »männlich« und sauber riechen. Ich baue ihr Ego auch gerne ein bisschen auf, indem ich ihnen sage, dass mir ihre immer praller werdenden Muskeln und breiteren Schultern auffallen. Machen Sie Ihren Söhnen ruhig Komplimente! Als Mütter können wir eine wichtige Rolle dabei spielen, unsere Jungs in einem gesunden Stolz auf ihre sich entwickelnde Männlichkeit zu bestärken.

Gehen Sie mit Ihrem Sohn regelmäßig zum Arzt

Regelmäßige Vorsorgeuntersuchungen sind wichtig! Das sage ich nicht nur deshalb, weil mein Mann Arzt ist. Ich habe schon mit Müttern gesprochen, deren Söhne jahrelang bei keinem Arzt waren und dann später Angst vor Arztbesuchen hatten. Wenn Sie mit Ihrem Sohn jedes Jahr zum Kinderarzt gehen, trägt das dazu bei, dass er positive (oder zumindest vernünftige) Assoziationen rund um das Thema Arztbesuche entwickelt. Jedes Kind sollte sich einmal pro Jahr einer Untersuchung unterziehen, bei der ein Arzt alle wichtigen Kriterien seiner Entwicklung und seines Gesundheitszustands überprüft. Wenn Ihr Sohn dann später unter gesundheitlichen Problemen leidet, wird er viel eher einen Arzt aufsuchen, weil er das von klein auf gewöhnt war.

Süße Träume

Schlaf – dieses wunderbare Geschenk Gottes, das die meisten von uns für selbstverständlich hielten. Bis wir Kinder bekamen! Schlaf ist für unser Wachstum, unsere Entwicklung und für sämtliche Körpersysteme unverzichtbar. Ein ausgeruhter Junge ist gesünder, erbringt bessere schulische und sportliche Leistungen und kann Konflikte und Stress viel besser bewältigen als ein müder.

Müdigkeit bei Kindern zu erkennen, ist gar nicht so einfach, weil sie sich bei ihnen anders äußert als bei Erwachsenen. Kleine Kinder sind oft aufgedrehter und aufgeregter als sonst, wenn sie müde sind. Das bringt Erwachsene häufig auf die falsche Fährte und sie lassen ihre Kinder dann lange aufbleiben, ohne zu erkennen, dass die lieben Kleinen in erster Linie genügend Nachtschlaf brauchen.

Um richtig zu wachsen und zu gedeihen und mit allem fertig zu werden, womit das Leben sie konfrontiert, brauchen unsere Jungs Schlaf.

Beruhigende Abendrituale

Man kann Kindern am besten helfen, zu vernünftigen Zeiten zu Bett zu gehen – und auch im Bett zu bleiben, wenn sie einmal dort sind –, indem man ein beruhigendes, erholsames Abendritual einführt. Etwa eine Stunde oder zumindest eine halbe Stunde vor dem Schlafengehen sollten keine technischen Geräte mehr benutzt werden. Aktivitäten wie ein warmes Bad, eine Gutenachtgeschichte, Gebete und Kuscheln helfen kleineren Kindern, leichter in den Schlaf zu finden.

Wenn Jungen allmählich ins Teenageralter kommen, werden Sie sie vielleicht nicht mehr ins Bett bringen und vor dem Einschlafen auch nicht mit Ihnen kuscheln, aber Sie sollten trotzdem feste Abläufe vor dem Schlafengehen beibehalten, solange Ihr Sohn bei Ihnen zu Hause wohnt. Ich gehe auch zu meinen Teenagern abends immer noch hinein, um ihnen gute Nacht zu sagen (und oft auch ein kurzes Gebet zu sprechen), kraule ihnen manchmal den Rücken oder höre zu, wenn sie mir von ihrem Tag erzählen. Wir haben auch eine Umarmung vor dem Schlafengehen zum festen Familienprogramm gemacht.

Unsere Söhne sollten von klein auf lernen, wie wichtig Schlaf ist, damit sie ihm auch dann noch einen hohen Stellenwert in ihrem Leben einräumen, wenn sie schon lange nicht mehr in den gemütlichen Etagenbetten bei uns im Dachgeschoss schlafen. Da sich in unserer Familie jeweils zwei Söhne ein Zimmer teilen, höre ich sie oft bis spät in die Nacht hinein miteinander quatschen. Und obwohl ich sie dann energisch zur Ordnung rufe, finde ich es in Wirklichkeit ganz fantastisch, dass sie sich bei ihren nächtlichen Gesprächen näherkommen. (Aus diesem und anderen Gründen bin ich ein großer Fan davon, Brüder möglichst im selben Zimmer schlafen zu lassen.)

Schlafprobleme

Wenn Ihr Sohn abends schlecht einschläft, sollten Sie zunächst einmal überprüfen, ob das nicht vielleicht vom Konsum zucker- oder koffeinhaltiger Nahrungsmittel oder Getränke zu spät am Tag herrührt. Als Nächstes sollten Sie ihn fragen, ob er gestresst ist oder vor irgendetwas Angst hat. Sofern er überhaupt bereit ist, darüber zu reden, sind Sie normalerweise die geeignetste Person, um ihn zu ermutigen und zu trösten, wenn er Sorgen hat. Falls Sie das Gefühl haben, dass sein Schlafverhalten ungesund ist oder er unter Angstzuständen oder Depressionen leidet, sollten Sie mit ihm zu einem Kinderarzt oder Psychologen gehen und professionelle Beratung bei der Bewältigung seiner Probleme suchen.

Aber das ist noch lange nicht alles!

Wir haben inzwischen einige wichtige Aspekte der körperlichen Gesundheit unserer Söhne behandelt, und ich hoffe, Sie haben dadurch ein paar gute Inspirationen für die Erziehung eines körperlich gesunden Jungen erhalten. Aber die Gesundheit Ihres Sohnes hängt nicht nur von körperlichen Faktoren ab. Ich kann es kaum erwarten, auf das Thema der emotionalen und sozialen Gesundheit zu sprechen zu kommen, und ich denke, Sie werden auch diese Ausführungen ermutigend und inspirierend finden.

Ein paar persönliche Fragen an Sie

1. Wie gut gelingt es Ihnen, Ihren Sohn gesund und ausgewogen zu ernähren? Bitte bewerten Sie dies auf einer Skala von 1 bis 10. In welchem Bereich sollten Sie Ihrer Meinung nach am dringendsten etwas verbessern? Beschreiben Sie Ihre eigene Beziehung zum Essen. Wie könnten Sie Ihrem Sohn ein gesünderes Essverhalten vorleben?

2. Welchen Sport treiben Sie regelmäßig? Durch welche Änderungen im Zeitplan Ihrer Familie könnten Sie Ihrem Sohn mehr Möglichkeiten für Spiel, Sport oder andere körperliche Aktivitäten geben? Wie leben Sie Ihrem Sohn einen aktiven Lebensstil vor? Wie könnten Sie körperliche Aktivität konsequent in Ihr Familienleben einbauen?

3. Was haben Sie Ihrem Sohn über gute Körperhygiene beigebracht? Falls er gerade in der Pubertät ist: Wer informiert ihn über die Hautpflege, Rasur und richtige Körperpflege in diesem neuen Lebensabschnitt?

4. Wie viele Stunden schläft Ihr Sohn im Durchschnitt? Was müsste in Ihrer Familie verändert werden, damit er regelmäßig Schlaf und genügend Ruhe bekommt?

Für Jungen geeignete Lebensmittel

Hier eine Liste unserer persönlichen Favoriten, die wir immer zu Hause haben.

- Frisches Obst und Gemüse: meine wichtigste Empfehlung. Bewahren Sie vorgeschnittenes Gemüse in einem Behälter auf, den Sie dann für einen schnellen Imbiss nur noch aus dem Kühlschrank zu holen brauchen.

- Hummus, Ranch-Dressing »light« und Guacamole-Dip passen hervorragend zu rohem Gemüse.

- Instant-Haferflocken eignen sich sehr gut für ein schnelles, preiswertes, herzhaftes und gesundes Frühstück für Jungen. Bio-Haferflocken in kleinen Einzelportionen sind eine wunderbare schnelle Lösung für spätabendliche Snacks oder wenn man morgens nicht viel Zeit hat.

- Joghurt ist immer gut, vor allem wenn Sie frisches Obst, Chia- oder Leinsamen, Nüsse, Müslimischungen und so weiter hineingeben. Ihr Frühstücksmüsli sollte möglichst naturbelassen sein: Reichern Sie es mit echtem Obst oder natürlichen Süßungsmitteln an. Meine Jungs essen gern Naturjoghurt, wenn sie ihn mit etwas Honig oder Agavennektar süßen dürfen. Es gibt auch Joghurt aus Soja, Kokosmilch oder anderen Alternativen auf dem Markt, falls Sie auf Milchprodukte verzichten möchten (was bei Akne sehr hilfreich sein kann).

- Für Vollkornbrote, englische Muffins, Bagels und Tortillas kann man als Aufstrich Erdnussbutter, Honig, Agavennektar, naturbelassene Marmeladen oder Fruchtaufstriche, zerdrückte Avocado, echte Butter oder Frischkäse (da ich nicht für Extreme bin, dürfen meine Jungs beides in kleinen Mengen genießen) oder Hummus verwenden.

- Auch Frühstücksflocken und Müslimischungen sind eine ausgezeichnete Wahl. Achten Sie auf die Inhaltsstoffe und kaufen Sie nach Möglichkeit zuckerarme und kaum verarbeitete Müslimischungen. Meine Jungs würden am liebsten *nur* von Müsli leben, wenn ich sie ließe, und sie würden stets Lucky Charms wählen, wenn sie könnten – also muss ich ihre Müsliauswahl genau überwachen. (Bei uns gibt es Lucky Charms nur an Geburtstagen!) Wir essen am liebsten selbst gemachtes Müsli.

- Einer unserer Lieblingssnacks ist eine Mischung aus Nüssen, Kernen und Trockenobst (möglichst ohne Zuckerzusatz). Es ist ganz einfach, eine eigene Studentenfuttermischung herzustellen, indem Sie verschiedene Zutaten in größeren Mengen kaufen und dann Ihre Lieblingszutaten miteinander kombinieren.

- Smoothies sind eine wunderbare Möglichkeit, das Frühstück oder Mittagessen oder eine Zwischenmahlzeit mit möglichst vielen Nährstoffen anzureichern. Außerdem kann man einem »mäkeligen« Jungen auf diese Weise heimlich, still und leise ein bisschen Spinat und Grünkohl ins Essen schmuggeln! Normalerweise kombiniere ich Mandelmilch mit Tiefkühl-Beeren, frischem Grünkohl, Bananen (gerne tiefgekühlt), etwas Orangen- oder Ananassaft, Eiswürfeln und allem anderen, was ich gerade zur Hand habe. Ein bisschen Honig oder Agavennektar sorgt für die nötige Süße, und manchmal reichern wir die Smoothies unserer Jungs auch mit einem pflanzlichen Eiweißpulver an, wenn sie ins Teenageralter kommen.

Kochen Sie am besten gleich größere Portionen und heben Sie die Reste auf! Ich versuche, herzhafte Suppen, Currys, Nudeln oder Aufläufe stets in doppelter Menge zuzubereiten. Reste eignen sich hervorragend als kleiner Imbiss nach der Schule für Teenager – viel besser als Chips oder andere stark verarbeitete Snacks.

Natürlich gibt es auch jede Menge gesunder Tiefkühlgerichte und Snacks, die die Jungen sich selbst aufwärmen können. Wir kaufen zum Beispiel tiefgekühlte Spinatpizza, Bio-Bohnen-Käse-Burritos, Fertigsuppen und Bio-Würstchen, die meine Jungs selber grillen können.

11

Turbulente Zeiten

Emotionale Gesundheit

> Ein fröhliches Herz macht das Gesicht heiter; aber beim Kummer des Herzens ist der Geist niedergeschlagen.
>
> *Sprüche 15:13*

Kehren wir noch einmal zu unserem Szenario aus dem vorigen Kapitel zurück: Stellen wir uns Ihren erwachsenen Sohn und seine Familie rund um den Festtagstisch vor. Was sehen Sie, wenn Sie über den Tisch hinweg in das Gesicht Ihres Sohnes schauen? Lächeln, Freude und andere positive Gefühle? Oder Anzeichen von Stress, Angst oder Unbehagen? Wird Ihr Sohn so aufwachsen, dass er gut dafür gewappnet ist, Familie und Beruf unter einen Hut zu bringen? Wie wird er mit Konflikten umgehen? Wird er wissen, wohin er sich wenden kann, wenn er emotionale Probleme bekommt?

Wir wissen, dass das Leben uns allen – auch unseren Kindern – nicht nur Freude, sondern auch Herausforderungen bringen wird. Und die Art, wie wir darauf reagieren, hat eine ganze Menge mit unserer geistigen und emotionalen Verfassung zu tun. Obwohl die emotionale Gesundheit unserer erwachsenen Söhne von verschiedenen

Faktoren abhängt, können wir als Mütter aufmerksam und vorausschauend auf das psychische Wohlbefinden unserer heranwachsenden Söhne achten und unser Bestes tun, um sie auf alles vorzubereiten, was sie erwartet.

Auf viele wichtige Aspekte der Erziehung eines emotional gesunden Sohnes bin ich bereits in den vorigen Kapiteln eingegangen: Ein Junge, der eine sichere Identität, einen starken Glauben und positive Einflüsse in seinem Leben hat, wird wahrscheinlich auch in Zukunft emotional stabil sein. Und einem *körperlich* gesunden Sohn – einem Jungen, der regelmäßig Sport treibt, sich gesund ernährt und sich genügend Schlaf und Erholung gönnt – steht wahrscheinlich auch eine gesunde *emotionale* Zukunft bevor. Wenn Sie bei der Erziehung Ihres Sohnes auf alle in diesem Buch beschriebenen Lebensbereiche geachtet haben, dann haben Sie ein gutes Fundament für seine Zukunft gelegt. Sie haben ihm einen großartigen Start ins Leben ermöglicht! Nun wollen wir darauf eingehen, was Sie sonst noch beachten müssen, um Ihren Sohn zu einem emotional gesunden Menschen zu erziehen.

Schlüssel zur emotionalen Gesundheit

Bevor ich in dieses Thema einsteige, muss ich zunächst einmal kurz auf die psychischen Probleme zu sprechen kommen, mit denen viele Eltern bei ihren Kindern heutzutage zu kämpfen haben. Obwohl ich in diesem Buch nicht ausführlich auf dieses Thema eingehen kann, verstehe ich die Sorgen, mit denen viele Mütter sich herumschlagen. Wenn Sie das Gefühl haben, dass in der Psyche Ihres Sohnes irgendetwas aus dem Gleichgewicht geraten ist oder Sie ungesunde Verhaltensmuster bei ihm beobachten, sollten Sie unbedingt professionelle Hilfe suchen. Sie können eine wichtige Rolle für die seelische Entwicklung Ihres Sohnes spielen, indem Sie ihm immer zur Seite stehen und ihm die Werkzeuge an die Hand geben, die er braucht, um ein möglichst gesundes Leben zu führen.

In diesem Kapitel werde ich auf einige der häufigsten und wichtigsten Aspekte der emotionalen Gesundheit eingehen, bei denen Mütter ihre Söhne unterstützen können.

Emotionales Vokabular als Grundlage

Manchmal haben kleine Jungen große Emotionen. Zumindest bei einigen meiner Söhne war das so, und anfangs wusste ich nicht, wie ich damit umgehen sollte. Wutausbrüche meiner Jungs verleiteten mich leider oft dazu, selbst die Beherrschung zu verlieren. Doch mit der Zeit begriff ich, dass meine Söhne mich mit ihrem Verhalten nicht in den Wahnsinn treiben wollten. Sie wussten einfach nur nicht, wohin mit ihren Gefühlen. Als ich anfing, meinen Jungs zu helfen, ihre Emotionen *in Worte zu fassen*, wurde alles einfacher. Ich lernte, ihnen auf Augenhöhe zu begegnen, und bot ihnen ein paar beschreibende Worte zur Auswahl an. »Fühlst du dich frustriert oder enttäuscht – oder bist du vielleicht einfach traurig?«, fragte ich. Ein paar »Gefühlswörter« zur Auswahl zu haben, half meinen Jungs, ihre Emotionen zu benennen und auf vernünftige Art mit ihnen umzugehen.

Da zwischen meinem dritten und vierten Sohn fast sieben Jahre liegen, fühlt Levi sich oft von den lustigen oder spannenden Aktivitäten seiner großen Brüder ausgeschlossen. Er hängt ganz besonders an Luke, der gutmütig versucht, Levi in viele seiner Aktivitäten einzubeziehen. Aber wenn Luke einmal etwas ohne Levi unternimmt, wird mein jüngster Sohn oft sehr weinerlich und bockig. Das frustriert mich manchmal, doch diese Reaktion hilft uns auch nicht weiter. Wenn ich mir dagegen die Zeit nehme, mich mit Levi zusammenzusetzen, und ihm helfe, seine Gefühle in Worte zu fassen, bringt uns das auf einen viel besseren Weg.

Vor kurzem fragte ich Levi, wie er sich fühle, und zuerst sagte er nur: »Ich bin so sauer! Ich wollte doch mit Luke mitgehen!«

Daraufhin hakte ich noch einmal nach und fragte ihn: »Aber *unter* deiner Wut – was spürst du da?«

Da hielt er kurz inne und sagte dann mit gesenktem Blick: »Ich wünschte, ich wäre schon so alt wie Luke. Ich glaube, ich bin einfach neidisch auf ihn.«

Das eröffnete uns die Möglichkeit, über Neid und Eifersucht zu sprechen – und darüber, wie schmerzhaft diese Gefühle sind. Ich erinnerte mich an eine Geschichte, die wir vor kurzem über Eifersucht gelesen hatten, und fragte ihn, ob wir gemeinsam um Gottes Hilfe beten könnten, um diese Emotion loszulassen und uns stattdessen lieber auf ein Gefühl der Dankbarkeit zu konzentrieren. In diesem Moment wurde Levi klar, dass wir uns tatsächlich dafür entscheiden können, unsere Emotionen zu beherrschen und unseren Schmerz in Gottes Hände zu legen. Dadurch verschwindet er zwar nicht sofort, aber der Junge bekommt seine Gefühle dann wenigstens besser in den Griff und fühlt sich nicht mehr wie ein Spielball seiner Emotionen. Bald darauf beschäftigten Levi und ich uns mit einem Puzzle, und seine Stimmung hob sich wieder.

Vielleicht ist Ihnen aufgefallen, dass ich Levi nicht vorgeschlagen habe, in dieser Situation seinen Willen durchzusetzen, sondern ihm gezeigt habe, wie wir gemeinsam Lösungen finden können, indem wir über seine Gefühle sprechen. Jede Situation ist anders. In diesem Fall bestand die beste Lösung darin, seine Emotionen in eine andere Richtung zu lenken, indem ich ihn mit etwas anderem beschäftigte.

Im Gespräch bleiben

Wenn man Jungen schon von klein auf beibringt, einfache »Gefühlswörter« zu benutzen, lernen sie, ihre Emotionen besser zu verstehen und zu beschreiben; und das wird ihnen auch eine große Hilfe sein, wenn sie älter werden. Unsere Söhne sollten wissen, dass es wichtig ist, seine Gefühle wahrzunehmen – dass diese sich aber auch ständig ändern, also unzuverlässig sind. Wir sollten unsere Jungen so erziehen, dass sie erkennen und eingestehen, was sie empfinden, aber dennoch Entscheidungen treffen, die auf *Wahrheit und Weisheit* beruhen. (Das ist auch für uns Erwachsene manchmal schwierig; je eher die Jungs es also lernen, umso besser!) Ich sage meinen Söhnen oft: »Du musst deine Gefühle im Griff haben, sonst werden deine Gefühle *dich* im Griff haben.«

Vor allem wenn Jungen in die Pubertät kommen, sollten wir sie unbedingt dazu ermutigen, über ihre Gefühle zu sprechen. Als Mutter werden Sie es wahrscheinlich zuallererst bemerken, wenn Ihr Sohn »neben sich steht« oder irgendetwas mit ihm nicht stimmt. Dann sollten Sie ihn wissen lassen, dass Sie für ihn da sind – aber nicht, um ihn auszufragen, sondern um ihm zu helfen. Dadurch öffnen Sie ihm eine Tür, durch die er gehen kann – jetzt gleich oder vielleicht auch erst später. Ihre mütterliche Wärme und bedingungslose Liebe bedeutet ihm in solchen Zeiten wahrscheinlich mehr, als er Ihnen zeigen wird (oder vielleicht erfahren Sie es erst sehr viel später).

Die erstaunliche Macht der Gemeinsamkeit

Wenn ich jede Familie dazu ermutigen könnte, nur *eines* für ihren Sohn zu tun, dann wäre es ganz einfach Folgendes: Verbringen Sie bewusst Zeit miteinander. *Und zwar möglichst viel.* Es gibt kaum etwas Befriedigenderes für unsere Seele als das Zusammensein mit Menschen, die wir lieben, doch in der Hektik unseres Alltagslebens wird das leider oft vernachlässigt. Als ich vor kurzem Hunderte meiner Blogleserinnen danach fragte, was ihnen die größte Erfüllung schenkt, antwortete die überwältigende Mehrheit: »Zusammensein mit meiner Familie«.

Wenn unsere Kinder noch klein sind, verbringen wir automatisch mehr Zeit mit der Familie (und das kann ehrlich gesagt schon ziemlich anstrengend sein!). Sobald sie älter werden, müssen wir uns diese »Familienzeit« bewusst nehmen. Natürlich haben wir alle viel zu tun, und an manchen Tagen scheint es keine Sekunde zu geben, in der alle Familienmitglieder gleichzeitig zu Hause sind. Daher sind Mahlzeiten offenbar die beste Möglichkeit für ein regelmäßiges Zusammensein mit der ganzen Familie. Und das ist nicht nur meine Meinung. Studien zufolge wirken regelmäßige Familienmahlzeiten sich in vielerlei Hinsicht positiv auf Kinder aus – und zwar nicht nur deshalb, weil sie auf diese Weise wenigstens *eine* gesunde Mahlzeit pro Tag bekommen. Wissenschaftliche Untersuchungen bringen regelmäßige Familienmahlzeiten mit seltenerem Risikoverhalten (also weniger Alkohol- und Drogenkonsum, Gewalt, schulischen Problemen, Essstörungen und sexuellen Aktivitäten) in Zusammenhang. Außerdem verbessern gemeinsame Mahlzeiten im Familienkreis offenbar auch die sozialen Fähigkeiten, die Sprachentwicklung und das allgemeine Glücks- und Selbstwertgefühl. Manche Experten vermuten sogar, dass regelmäßige Familienmahlzeiten ein zuverlässigerer Prädiktor für den späteren Erfolg von Kindern sind als Noten oder Ergebnisse standardisierter Tests![60] Und all das nur durch den einfachen Akt des gemeinsamen Essens? Ja! Das sollte uns eigentlich alle dazu motivieren, uns öfters gemeinsam an den Esstisch zu setzen.

Ich weiß, dass einige der besten Gespräche und herzhaftesten Gelächter in unserer Familie am Esstisch stattgefunden haben. Natürlich erlebt man beim gemeinsamen Essen auch hin und wieder schlechte Manieren, Meinungsverschiedenheiten oder den Möchtegern-Komiker aus der zweiten Klasse, der sich gestern Abend darüber beschwert hat, dass seine Suppe nach »Hundepopo« schmeckt. Aber durch das Gute und das Schlechte – durch Essen und Gespräche – wachsen wir alle zusammen. So entstehen Erinnerungen. Sie sehen: Es lohnt sich, regelmäßig gemeinsame Mahlzeiten im Familienkreis einzuplanen!

Einen kühlen Kopf bewahren

Wie bei so vielen positiven Erziehungskonzepten, die wir besprochen haben, ist es wichtig, unseren Kindern gesunde Emotionen vorzuleben. Wenn wir uns in ihrem Beisein ständig über irgendetwas aufregen, was sollen sie dann lernen? Natürlich ist ein gelegentlicher Nervenzusammenbruch bei einer Mutter völlig normal (zumindest versuche ich, mir das immer wieder einzureden!), aber er sollte nicht die Norm, sondern die Ausnahme sein. Wir müssen uns aus verschiedenen Gründen in Selbstbeherrschung üben. Einer davon ist, dass unsere Kinder dadurch lernen, besser mit ihren eigenen Gefühlen umzugehen.

Ich habe in stressigen Situationen schon öfters zu meinen Jungs gesagt: »Tut mir leid, dass ich so gestresst bin, aber ehrlich gesagt habe ich gerade ziemlich viel um die Ohren!« Und dann habe ich versucht, ihnen vorzuleben, was man tun sollte, wenn man im Stress ist: »Anscheinend nehme ich mir gerade zu viel auf einmal vor. Ich muss überlegen, was ich heute von meiner To-do-Liste streichen kann, um wieder besser drauf zu sein.« Bumm. Das waren zwei einfache und ehrliche Aussagen – ein großartiges Beispiel, aus dem meine Kinder lernen konnten, wie man mit schwierigen Emotionen umgeht. Wenn ich mir in solchen Situationen vor Augen halte, dass meine Kinder etwas von mir lernen, hilft mir das tatsächlich, meine negativen Gefühle besser in den Griff zu bekommen.

Strategien für den Umgang mit Emotionen

So sehr wir uns ein glückliches Leben für unsere Jungs wünschen – sie werden trotzdem unweigerlich mit vielen Lebensumständen konfrontiert werden, die nicht unseren Erwartungen entsprechen und unsere Hoffnungen für sie ins Wanken bringen. Natürlich können wir unseren Söhnen keine schmerzfreie Zukunft garantieren, aber wir können Maßnahmen ergreifen, die sie dazu befähigen, auf gesunde Weise mit den Wechselfällen des Lebens umzugehen – und dabei hoffentlich etwas zu lernen und innerlich zu wachsen.

Was uns nicht umbringt, macht uns stark

Viele Teenager stehen heute unter enormem schulischem Leistungsdruck. Sie fühlen sich – sei es durch ihre Eltern, die Schule oder ihre eigenen Ziele – zum Perfektionismus gedrängt: Sie wollen alles richtig machen in der Hoffnung, gut in der Schule abzuschneiden und später an der gewünschten Universität studieren zu dürfen. Um ihnen dabei zu helfen, stellen manche Eltern Stundenpläne für ihre Kinder auf, engagieren Nachhilfelehrer und organisieren ihre Schulzeit bis ins letzte Detail durch, sodass die Teenager unselbstständig bleiben. Solchen Kindern fällt es später in der realen Welt – beim Studium, in der Berufsausbildung oder am Arbeitsplatz – oft schwer, ihr Leben selbst in die Hand zu nehmen, weil ihre Eltern überfürsorglich waren.

Maria Panaritis, die als Kolumnistin für den *Philadelphia Inquirer* schreibt, schildert diese besorgniserregende Dynamik zwischen Eltern und Teenagern folgendermaßen: »Die Eltern von heute tun ihren Kindern keinen Gefallen, wenn sie sie so fest in eine schmerzfreie Zone einwickeln, dass es den Teenagern später nicht gelingt, mit den unvorhersehbaren Höhen und Tiefen des wirklichen Lebens zurechtzukommen. Unternehmerisch denkende Arbeitgeber brauchen Menschen mit Mumm in den Knochen sehr viel dringender als Menschen mit perfekten Testergebnissen. Kinder verdienen es, zu gesunden Erwachsenen heranwachsen zu dürfen.«

In ihrem Artikel beschreibt Panaritis die Erfahrungen zweier Therapeutinnen, die mit Teenagern gearbeitet haben; diese Frauen versuchen gerade, Workshops zu organisieren, in denen sie junge Menschen auf das Leben nach dem Abitur vorbereiten, um etwas gegen dieses Problem der Bevormundung durch überfürsorgliche Eltern zu tun. Doch interessanterweise können sie die Eltern nur schwer davon überzeugen, dass das wirklich notwendig ist. »Eines weiß ich: Diese Workshops … werden nie gut besucht sein, wenn die Eltern nicht anfangen, über den Tellerrand der hervorragenden Notendurchschnitte und Testergebnisse ihrer Kinder hinauszuschauen und zu erkennen, dass unter dieser glanzvollen Oberfläche irgendetwas total schiefläuft.«[61]

Vor kurzem hörte ich von zwei Familien, die das durch negative Erfahrungen lernen mussten. Diese liebevollen Eltern taten alles, was sie konnten, um ihren Kindern die Aufnahme am College ihrer Träume zu ermöglichen, und investierten jede Menge Geld in Vorbereitungskurse, Nachhilfelehrer, professionelle Hilfe beim Ausfüllen von College-Bewerbungen und so weiter. Doch als diese Kinder dann aufs College gingen, sahen sie sich mit einer bitteren Realität konfrontiert: Ohne Mütter und Väter, die ihren Alltag minutiös organisierten, konnten sie ihr Studium beim besten Willen nicht bewältigen und auch ihre guten Notendurchschnitte nicht halten. Beide Kinder mussten das Studium an ihrem Traumcollege abbrechen. Zum Glück waren sie jedoch sehr engagiert und schrieben sich an einem Community- oder Online-College ein, um ihre Noten zu verbessern. Aber das war nicht das, was sie sich erhofft hatten!

In ihrem Buch *How to Raise an Adult* berichtet Julie Lythcott-Haims von ihren Erfahrungen bei der Arbeit mit angehenden Studenten an der Stanford University. Nach den Beobachtungen der Autorin sind viele Studenten nicht auf die Herausforderungen am College vorbereitet, weil ihre Eltern ihnen während ihrer Kindheit zu viele Kämpfe abgenommen haben. Ihrer Meinung nach sollten wir unseren Kindern die Möglichkeit geben, während des Heranwachsens Kämpfe und Mühen, ja sogar Misserfolge zu erleben, um sie auf das Erwachsenendasein vorzubereiten. »Wenn Schüler erst in ihren späten Teenagerjahren oder frühen Zwanzigern zum ersten Mal mit der ganz normalen menschlichen Erfahrung des Versagens konfrontiert werden, fehlt ihnen die Mentalität, die sie schon in ihrer Kindheit hätten entwickeln können oder *sollen* – diese Einstellung: ›Ich wische mir einfach den Staub von der Hose, steige wieder aufs Pferd, versuche es noch mal und gebe nicht auf‹«, schreibt sie.[62]

Wir sollten unsere Söhne also schon ein paar Kämpfe und Mühen durchstehen lassen, *bevor* sie unser Nest verlassen. Wir sollten tun, was wir können, um emotional gesunde Söhne zu erziehen, die Arbeit, Leistung, Erfolg, Misserfolg und das wahre Leben aus einer ausgewogenen Perspektive betrachten. Wir müssen unsere Söhne aufwachsen lassen, ohne ihnen ständig im Nacken zu sitzen, auch wenn sie auf diese Weise vielleicht ein paar Misserfolge erleben werden. Die innere Stärke, die sie dadurch gewinnen, wird sie gut auf das wahre Leben vorbereiten.

Helfen Sie Ihrem Sohn, sich nach außen zu orientieren

Die meisten von uns wissen, dass egozentrische Menschen nicht glücklich sind. Trotzdem ziehen viele Eltern egoistische Kinder auf, ohne es zu merken. Als Mütter sind wir nun einmal darauf programmiert, alles für unsere Liebsten zu tun und uns liebevoll um sie zu kümmern. Das kann dazu führen, dass unsere Kinder sich für den Mittelpunkt des Universums halten. Es bedarf einer bewussten Erziehung, um das Augenmerk unserer Söhne auf die Welt um sie herum zu lenken. Sobald wir das eingesehen haben, werden die meisten von uns erkennen, dass eine solche Erziehung sich lohnt – nicht nur für uns, sondern auch für unsere Kinder.

Damit können wir durch einfache Gespräche im täglichen Leben beginnen. Solange unsere Jungen noch klein sind, können wir ihnen Bücher vorlesen und mit ihnen auf altersgerechte Weise über Themen wie Armut und andere Probleme in unserer Region oder auf der Welt sprechen. Wir können gemeinsam Bücher über Missionare lesen, ein wohltätiges Projekt unterstützen oder für Menschen in Not beten. Wenn unsere Söhne sich mit den Problemen auseinandersetzen, denen so viele Menschen auf der Welt gegenüberstehen, werden sie erkennen, wie privilegiert sie in ihrem Leben sind.

Kinder profitieren sehr davon, sich für eine Sache zu interessieren, die über ihre persönlichen Interessen hinausgeht. Vielleicht entwickeln sie ein Herz für die Arbeit mit behinderten Kindern oder älteren Menschen. Manche Kinder fühlen sich besonders zu Tieren hingezogen oder erkennen ihren Lebenszweck darin, das Bewusstsein der Öffentlichkeit für Umweltfragen zu schärfen. Ich sporne meine Jungs immer wieder dazu an, darum zu beten, dass Gott sie ihr Herz für irgendetwas entdecken lässt, womit sie anderen Menschen dienen können. Dann können sie für diese Sache beten und praktische Möglichkeiten finden, sich dafür zu engagieren.

Mein Neffe Micah leidet unter Duchenne-Muskeldystrophie (DMD), einer erblich bedingten Krankheit, die dazu führt, dass seine Muskeln verkümmern. Solche Menschen führen ein sehr schweres

Leben und sterben normalerweise bereits im Alter von rund zwanzig Jahren. Meine Söhne haben miterlebt, wie Micahs Zustand sich mit der Zeit immer mehr verschlechterte: Anfangs konnte er noch an Krücken gehen, dann brauchte er einen Rollstuhl, und schließlich war er fast ständig auf die Hilfe anderer Menschen angewiesen. Wir haben in unserer Familie über die Untersuchungen von Experten gesprochen, die nach einem Heilmittel für DMD suchen. Und meine Söhne erhielten Gelegenheit, mit Kongressabgeordneten bei uns auf Oahu zusammenzutreffen, und setzten sich in diesem Gespräch für einen Gesetzentwurf zur Unterstützung von mehr Forschungsarbeit auf dem Gebiet der DMD ein. Das war ein Aha-Erlebnis für meine Jungs, denn es zeigte ihnen, dass Gott unsere besonderen Lebenssituationen dazu nutzen kann, etwas für andere Menschen zu bewirken. Durch den Kontakt mit Micah haben meine Söhne mehr Einfühlungsvermögen für behinderte Kinder entwickelt, und es fällt ihnen jetzt leichter, auf Menschen zuzugehen, die im Rollstuhl sitzen oder anders aussehen als sie selbst.

Ich lasse mich oft vom Vorbild anderer Familien inspirieren, die Wege finden, gemeinsam Hilfe zu leisten – sei es in Suppenküchen, Senioren- oder auch Tierheimen. Von der Patenschaft für ein bedürftiges Kind über das Verpacken von Mahlzeiten für Obdachlose bis hin zum Nachhilfeunterricht für kleinere Kinder: Es gibt viele Möglichkeiten für Menschen, anderen selbstlos zu dienen. Wo auch immer Sie leben – Sie werden nicht lange suchen müssen, um ein passendes Angebot für ein Kind zu finden, das bereit ist, sich nach außen zu orientieren.

Es gibt keinen Zweifel daran: Junge Menschen, die dazu erzogen werden, nicht nur an sich selbst, sondern auch an andere zu denken, werden mit viel höherer Wahrscheinlichkeit im Erwachsenenalter selbstlos und hilfsbereit sein. Ich habe gehört, dass man nicht gleichzeitig Angst und Dankbarkeit empfinden kann; und diese Erfahrung habe ich selbst gemacht. Ich bin überzeugt davon: Je mehr wir unsere Söhne dazu anhalten, sich um andere Menschen zu kümmern und etwas für sie zu tun, umso weniger egozentrisch werden sie, und umso weniger innere Kämpfe werden sie zu bestehen haben – jetzt und in Zukunft.

Helfen Sie Ihrem Sohn, eine bessere Selbstwahrnehmung zu entwickeln

Ein Mensch mit ausgeprägter Selbstwahrnehmung betrachtet sich in seiner Beziehung zu anderen Menschen und zu den Situationen, in denen er sich befindet. Er achtet darauf, wie andere sein Verhalten und seine Worte wahrnehmen. Er nimmt in seinem täglichen Leben stets Rücksicht auf die Gefühle seiner Mitmenschen und darauf, was gesellschaftlich akzeptabel ist, statt sich einfach nur von seinen Emotionen und Impulsen leiten zu lassen. Wenn wir unseren Söhnen bei der Entwicklung einer besseren Selbstwahrnehmung helfen, bieten wir ihnen damit einen großartigen Start ins Erwachsenenleben. Das wird sich in jeder Hinsicht positiv auf ihre Zukunft auswirken – von den Berufschancen bis hin zu ihren persönlichen Beziehungen und ihrem Sozialleben.

Eine wissenschaftliche Untersuchung über einige der erfolgreichsten Geschäftsleute der Welt hat gezeigt, dass »eine hohe Punktzahl im Bereich ›Selbstwahrnehmung‹ der *stärkste* Prädiktor für den Erfolg dieser Menschen in allen Lebensbereichen war«.[63] Selbstwahrnehmung rangierte in dieser Hinsicht sogar noch höher als Intelligenz, Erfahrung oder andere Eigenschaften und Fähigkeiten. Darüber freue ich mich ganz besonders, denn im Gegensatz zu manchen anderen Faktoren kann jeder Mensch in jeder beliebigen Lebensphase anfangen, seine Gabe der Selbstwahrnehmung zu schulen.

Um unseren Söhnen dabei zu helfen, müssen wir ihnen zunächst einmal beibringen, sich selbst ehrlich einzuschätzen. Ein Mensch, der sich selbst gut kennt, kann seine Stärken und Schwächen objektiv betrachten und dieses Wissen nutzen, um sein Leben zu meistern. Natürlich hängt die Persönlichkeit eines Menschen von vielen verschiedenen Faktoren ab: Neben der genetischen Veranlagung spielen dafür auch die Geburtsreihenfolge, die Kindheit, kulturelle Einflüsse und Lebenserfahrungen eine Rolle.

Ich habe mit meinen Söhnen über Gary Chapmans Buch *Die 5 Sprachen der Liebe für Kinder* gesprochen und ihnen geholfen, sich über ihre persönliche Liebessprache klarzuwerden. Wir haben uns auch über das Thema Geburtsreihenfolge unterhalten und darüber diskutiert, welche Vorteile und Probleme es mit sich bringt, das jüngste, älteste oder mittlere Geschwisterkind zu sein. Diese Einblicke in ihre eigenen Charaktere und persönlichen Neigungen haben meinen Söhnen praktische Werkzeuge an die Hand gegeben, die sie in ihrem täglichen Leben nutzen können. Einer meiner Jungs, dessen persönliche Liebessprache ermutigende Worte sind, hat daraus zum Beispiel gelernt, um Ermutigung zu bitten, wenn er sie braucht. Jonah – der Mittlere meiner ersten drei Söhne – hat erkannt, dass er sich im Trubel unserer großen Familie leicht übergangen fühlt, und gelernt, wie er sich am besten durchsetzen kann, um den negativen Auswirkungen seiner »mittleren Position« entgegenzuwirken.

Persönlichkeitstests können dabei sehr hilfreich sein und sind auch für Familien ein interessantes Thema. Vor ein paar Jahren entdeckte ich das Enneagramm-Persönlichkeitsprofil, und mein Mann und ich wurden beide schnell zu Fans dieser Einteilung in neun verschiedene Persönlichkeitstypen. Wir empfanden sie als große Hilfe – nicht nur bei der Erziehung unserer Jungs, sondern auch weil wir es ihnen dadurch erleichtern konnten, sich selbst und einander besser zu verstehen und mehr zu schätzen. Und ich freue mich immer wieder darüber, wenn ich höre, wie sie die Begriffe des Enneagramms benutzen, um Konflikte untereinander zu lösen!

Internale statt externale Kontrollüberzeugung

Ein weiteres psychologisches Konzept zum Thema emotionale Gesundheit, von dem ich glaube, dass es für Jungen eine wichtige Rolle spielt, ist die Kontrollüberzeugung. Ich erkläre meinen Söhnen, dass es dabei im Grunde darum geht, Verantwortung für die eigene Stimmung und das eigene Glücksempfinden zu übernehmen.

Nach Meinung von Experten hat jeder Mensch eine bestimmte Kontrollüberzeugung. Wenn man glaubt, selbst die Kontrolle darüber zu haben, was einem im Leben passiert, hat man eine *internale Kontrollüberzeugung*. Wenn man dagegen glaubt, keine Kontrolle über die Ereignisse in seinem Leben zu haben, und anderen Menschen oder äußeren Einflüssen die Schuld daran gibt, hat man eine *externale Kontrollüberzeugung*.[64]

Dieses Thema kam kürzlich bei einer unserer Familienwanderungen auf. Meinem Mann und mir fiel auf, dass unser jüngster Sohn sich über alles Mögliche beschwerte und dass in seinen Augen immer irgendjemand anders daran schuld war. Obwohl wir ihm geraten hatten, Wasser in seinen Rucksack zu packen, hatte er es nicht getan, und nun hatte er Durst. »Ihr hättet mich daran erinnern sollen, das Wasser mitzunehmen!«, warf er uns vor. Als ihm zu warm wurde, ärgerte er sich darüber, dass ihm niemand gesagt hatte, er solle keine Hose, sondern lieber Shorts anziehen. Es war fast schon lustig, wie stark sich seine externale Kontrollüberzeugung auf dieser Wanderung zeigte.

Ich nutzte diese Gelegenheit, um allen vier Söhnen das Konzept der Kontrollüberzeugung nahezubringen – und zwar in einer Sprache, die auch für einen Siebenjährigen verständlich war. Außerdem versuchte ich, meinem jüngsten Sohn begreiflich zu machen, dass sein Leben auf lange Sicht viel besser verlaufen würde, wenn er lernte, selbst die Verantwortung für seine emotionale Verfassung zu übernehmen, statt anderen die Schuld daran zu geben.

Wir alle erleben Situationen, in denen wir zu einer externalen Kontrollüberzeugung neigen. (Jedes Mal, wenn ich mir den Zeh anstoße, ist jemand anders daran schuld!) Doch wir sollten uns unbedingt um eine internale Kontrollüberzeugung bemühen, denn das macht glücklicher – nicht nur Jungen, sondern auch deren Mütter.

Kontakte innerhalb der Gemeinde

Ich habe die Gemeinschaft mit anderen Menschen noch nie so sehr zu schätzen gewusst wie in meiner jetzigen Lebensphase. Da wir auf einer Insel leben und meine Familie und die meines Mannes meistens nicht in unserer Nähe sein können, ist die Gemeinschaft der Menschen auf unserer Insel für uns so etwas wie eine Familie geworden. Obwohl ich unsere Besuche bei Großmutter am Sonntagnachmittag vermisse und wünschte, wir hätten Cousins in der Nähe, mit denen unsere Kinder spielen könnten, bin ich dankbar für das, was wir haben. Meine Söhne haben zum Beispiel enge Freundschaften zu ein paar älteren Männern entwickelt, die in unserer Nähe wohnen. Sie gehen mit verschiedenen »Onkeln« surfen, und wenn sie bei ihren Spaziergängen Nachbarn treffen, bleiben sie stehen und unterhalten sich mit ihnen. Befreundete Familien laden sie zum Essen ein, wenn Dave und ich einmal außer Haus sind. Diese Gemeinschaft mit anderen Menschen ist so ein wertvolles Geschenk! Sie gibt mir auch ein Gefühl der Sicherheit – denn ich weiß: Wenn meinem Mann oder mir einmal irgendetwas zustieße, würde sich unser ganzes soziales Umfeld um unsere Jungs kümmern.

Ich freue mich auch darüber, dass meine Söhne lernen, wie sehr Gemeinschaft das Leben bereichert. Ich glaube, dass Gott uns dafür geschaffen hat, mit anderen Menschen zu leben – und zwar mit *vielen verschiedenen Menschen*. Die Entwicklungspsychologin Susan Pinker hat einen faszinierenden TED-Vortrag mit dem Titel »The Secret to Living Longer May Be Your Social Life«[65] gehalten. In diesem Vortrag präsentiert sie überzeugende Daten, die zeigen, dass »zwischenmenschliche Interaktionen nicht nur für unser Glück notwendig sind, sondern auch ein Schlüssel zu Gesundheit und einem langen Leben sein könnten«.[66] Dazu führt sie Beispiele aus dem täglichen Leben an: das Gespräch mit einem Nachbarn, während man seine Post holt, oder den Smalltalk mit Menschen, die man im Supermarkt trifft.

Gerade in unserer heutigen schnelllebigen Welt halte ich es für wichtig, unser Tempo hin und wieder zu drosseln und mit den Menschen, denen wir unterwegs begegnen, in Kontakt zu treten: Das kann unseren Tagen eine ganze Menge Leben hinzufügen. Und wenn unsere Kinder in einer Gemeinschaft aufwachsen, werden sie sich auch eher zu einem engen, herzlichen Gemeinschaftsleben hingezogen fühlen, nachdem sie das elterliche Nest verlassen haben.

Navigieren in schwierigen Zeiten

Probleme und Konflikte sind ein unvermeidlicher Bestandteil unseres Lebens. Selbst das emotional stabilste Kind wird schwere Tage oder Wochen oder vielleicht sogar längere Krisenzeiten durchmachen. Doch zum Glück können Sie als Mutter in solchen Situationen eine besondere Rolle im Leben Ihres Sohnes spielen. Die Chancen stehen gut, dass er mit Ihnen über seine Gefühle spricht, wenn Sie ihn danach fragen und ihm Zeit geben, sich Ihnen zu öffnen. Hoffentlich wird er dann mit Ihnen reden! Doch selbst wenn nicht, sollten Sie zumindest eine Tür für ihn offen lassen, damit er vielleicht doch noch irgendwann zu Ihnen kommt, sobald er bereit dazu ist.

Hilfe suchen, wenn nötig

Vor allem in der Pubertät wechseln die Stimmungen junger Menschen oft sehr schnell. Außerdem haben Kinder in dieser Lebensphase häufig mit sozialem Druck, Hormonen, Familienproblemen, Schulstress und anderen schwierigen Situationen zu kämpfen. Obwohl diese Gefühle oft schnell wieder abklingen, sollten wir genau auf unsere Söhne achten, damit wir es sofort merken, wenn ihre emotionalen Probleme sich verschlimmern oder sie professionelle Hilfe benötigen.

Daher ist es für Sie sehr wichtig, Symptome einer Depression zu erkennen. Die Webseite Helpguide.org beschreibt folgende warnenden Anzeichen, auf die man bei Teenagern achten sollte:

- Traurigkeit oder Hoffnungslosigkeit,
- Reizbarkeit, Wut oder Feindseligkeit,
- Weinerlichkeit oder häufiges Weinen,
- Rückzug von Freunden und Familie,
- Verlust des Interesses an Aktivitäten,
- schlechte schulische Leistungen,

- Veränderungen der Ess- und Schlafgewohnheiten,
- Unruhe- und Erregungszustände,
- Gefühle von Schuld und Wertlosigkeit,
- Mangel an Begeisterung und Motivation,
- Müdigkeit oder Energielosigkeit,
- Konzentrationsschwierigkeiten,
- unerklärliche Schmerzen oder sonstige Wehwehchen,
- Gedanken an Tod oder Suizid,
- extreme Empfindlichkeit gegenüber Kritik,
- Rückzug von einigen (aber nicht allen) Menschen.[67]

Wenn diese Symptome länger als ein paar Tage andauern oder Ihnen eine starke Veränderung im Verhalten Ihres Sohnes auffällt, sollten Sie unbedingt einen Therapeuten oder Berater suchen, der Ihrem Kind Konfliktlösungsstrategien beibringen oder ihm helfen kann, besser mit seinen Gefühlen klarzukommen. Sie können sich zum Beispiel vom Kinderarzt Ihres Sohnes, einem vertrauenswürdigen Freund, seiner Schulleitung oder einer Kirchengemeinde in Ihrer Wohngegend einen Therapeuten empfehlen lassen. Ein paar Beratungssitzungen könnten eigentlich fast jedem Menschen guttun, und während der schwierigen Teenagerjahre kann so etwas besonders hilfreich sein.

Doch selbst wenn unsere Söhne im Teenageralter keine psychologische Beratung brauchen, sollten sie wissen, dass es keine Schande ist, Hilfe zu suchen, wenn es einem nicht gut geht. Ich habe ein paar Freunde, deren Söhne nach der Highschool aufs College gegangen oder ins Berufsleben eingetreten sind und dann irgendwann in eine depressive Phase gerieten. Diese Jungen zögerten lange, einen Berater aufzusuchen, und gaben später zu, dass sie sich geschämt hatten oder es ihnen peinlich gewesen war, um Hilfe zu bitten. Deshalb habe ich mit meinen Söhnen darüber gesprochen, wie hilfreich eine Beratung sein kann, und werde sie auch in Zukunft immer wieder daran erinnern, dass es keine Schande ist, über problematische Gefühle zu sprechen, wenn man Hilfe braucht.

Probleme im Umgang mit anderen Kindern

Mobbing ist in unserer heutigen Welt nichts Neues, doch inzwischen haben das Internet und die sozialen Medien auch noch Cybermobbing auf die Liste der Probleme gesetzt, die uns Eltern graue Haare wachsen lassen. Mobber schüchtern andere Menschen durch Manipulation ein. Sie setzen sie herab, um sich dadurch stark oder mächtig zu fühlen. Heutzutage hören und lesen Eltern sehr viel über Mobbing, aber es ist wichtig, dass auch unsere Kinder verstehen, was das ist.

Wir wollen Söhne großziehen, die erstens niemals jemanden mobben werden und zweitens gut darauf vorbereitet sind, mit der Situation umzugehen, wenn sie selbst Opfer von Mobbing werden. Es gibt keine einfache Lösung für dieses Problem. Wir können unseren Söhnen beibringen, dass Mobber normalerweise selbst psychische Probleme haben. Doch dieses Wissen hilft ihnen nicht viel, wenn sie zum Opfer eines solchen Typen werden. Wir müssen also dafür sorgen, dass unsere Söhne wissen, wie sie reagieren sollten, falls sie jemals gemobbt werden.

Manchmal kann man solche Menschen einfach ignorieren, dann verschwinden sie von allein wieder. Meine Mutter hat früher immer gesagt: »Was macht es für einen Spaß, jemandem das Leben schwerzumachen, wenn er nicht darauf reagiert?« Doch manchmal ist es am besten, einen Tyrannen außer Gefecht zu setzen, indem man ihm die Stirn bietet, wie das in Kapitel 5 beschriebene Erlebnis meines Sohnes zeigt. Sprechen Sie mit Ihrem Sohn am besten verschiedene Szenarien durch, in die er geraten könnte, auch wenn das hoffentlich nie passieren wird.

Tyrannen gibt es in allen Gestalten und Körpergrößen. Ein Freund erzählte uns einmal folgende Geschichte: »Mein Sohn, der für sein Alter ziemlich klein ist, wurde in der siebten Klasse immer wieder körperlich von Mädchen angegriffen, die ganze dreißig Zentimeter größer waren als er selbst. Das war furchtbar erniedrigend für ihn! Manchmal hatte er das Gefühl, sich in einer ausweglosen Situation zu befinden: Er wusste nicht, wie er sich verteidigen sollte, weil man ihm beigebracht hatte, keine Mädchen zu schlagen.« Da dieser Junge sich mit dem Problem an seine Eltern wandte, konnten sie ihm einen Weg zeigen, wie er damit umgehen konnte, ohne Gewalt anzuwenden oder sich in Schwierigkeiten zu bringen.

Wenn Ihr Sohn ständig gemobbt wird, würde ich vorschlagen, dass Sie einen Schulberater oder die Schulleitung darauf aufmerksam machen und sich dafür einsetzen, dass etwas dagegen unternommen wird.

Heutzutage müssen wir mit unseren Söhnen auch über Cybermobbing sprechen. Unsere Kinder sollten wissen, dass sie so etwas niemals verschweigen dürfen, sondern immer einen Erwachsenen darüber informieren müssen, egal ob es ihnen selbst oder jemand anderem passiert. Eine meiner Freundinnen hat folgendes Mantra für Mütter formuliert: »Wir müssen über Probleme reden, solange sie noch klein sind, damit sie sich nicht zu großen Problemen auswachsen.« Da ist etwas Wahres dran! Wenn Sie mit Ihrem Sohn über das Problem des Mobbings gesprochen haben, wird er sich weniger allein fühlen und nicht unvorbereitet sein, falls es ihn tatsächlich einmal treffen sollte. Zum Glück gibt es viele Organisationen und Online-Foren, die sich mit diesem Thema befassen. Suchen Sie nach möglichst vielen Informationen und Ratschlägen, um Ihren Sohn in solch schwierigen Zeiten zu unterstützen!

Es ist auch wichtig, unseren Söhnen beizubringen, wie sie reagieren sollten, wenn jemand anders gemobbt wird. Ein Gentleman kümmert sich um seine Mitmenschen und tut, was er kann, um sie zu schützen, wenn sie in Not sind. Mein Vater hatte stets ein paar Sprüche auf Lager, die er uns jeden Morgen, bevor er zur Arbeit ging, mit auf den Weg gab. Am häufigsten sagte er: »Wenn du heute eine Chance dazu haben solltest, dann hilf jemandem!« (Diesen Spruch habe ich immer noch im Kopf.) Ich weiß noch, dass ich seine Worte damals als Schülerin sehr ernst nahm und tatsächlich nach Möglichkeiten suchte, anderen zu helfen. Das führte oft dazu, dass ich mich mit Kindern anfreundete, die noch neu in unserer Klasse waren, mit behinderten Kindern spielte oder mich für Mitschüler einsetzte, die gemobbt wurden. Ich denke immer noch daran zurück, wie stark mich diese schlichte tägliche Ermahnung meines Vaters damals geprägt hat. Vielleicht sollten wir alle unsere Jungs mit einer solch positiven Botschaft in ihren Alltag hinausschicken.

***

Bevor wir dieses Kapitel abschließen, wollen wir noch einmal zu dem Szenario unseres zukünftigen Familientreffens am Festtagstisch zurückkehren. Nehmen Sie sich ruhig ein bisschen Zeit dafür, um sich genau vorzustellen, wie Ihr Sohn sein wird, wenn er Sie in zwanzig oder sogar dreißig Jahren besucht. Stellen Sie sich seinen körperlichen Gesundheitszustand, aber auch sein emotionales und soziales Wohlbefinden vor. Wie kann das Umfeld, das Sie heute für ihn schaffen, die Weichen für seine Zukunft stellen? Welche Veränderungen müssten Sie vielleicht an diesem Umfeld vornehmen, damit Ihre Vorstellungen von seiner Zukunft wahr werden? Sie könnten mit ihm auch über dieses Thema sprechen und ihm Ihre Vision von dem Mann schildern, zu dem er durch seine täglichen Entscheidungen im Hinblick auf seine körperliche und emotionale Gesundheit später einmal werden soll.

Ein paar persönliche Fragen an Sie

1. Wie würden Sie das emotionale Vokabular Ihres Sohnes beschreiben? Wann hat er das letzte Mal im Gespräch mit Ihnen »Gefühlswörter« benutzt? Wie könnten Sie ihm bei der Entwicklung dieses Vokabulars weiterhelfen?

2. Wie ist es um Ihre »Familienzeit« bestellt? Wie häufig pro Woche setzen Sie sich zu einer gemeinsamen Mahlzeit zusammen?

3. Wie gehen Sie mit Ihren Emotionen um? Gibt es bestimmte Situationen, in denen Sie besonders oft in emotional ungesunder Weise auf das Leben reagieren? Wenn ja, was können Sie tun, um solche Situationen vorauszusehen und Ihr Verhalten zu verändern?

4. Welche Möglichkeiten hat Ihr Sohn, anderen Menschen zu helfen? Wie würden Sie den Grad seiner Selbstwahrnehmung beschreiben? In welcher Hinsicht engagiert er sich für die Gemeinschaft, und wie könnten Sie ihm helfen, noch mehr soziales Engagement zu entwickeln?

5. Falls Ihr Sohn emotionale Probleme haben sollte: Wie können Sie ihm helfen? An welche Berater oder sonstigen Vertrauenspersonen verweisen Sie ihn, wenn er das Bedürfnis hat, einmal mit jemand anderem als mit seinen Eltern zu reden? Was könnten Sie als Nächstes für die zukünftige emotionale Gesundheit Ihres Sohnes tun?

6. Welche Erfahrungen hat Ihr Sohn mit Schulhofschlägern oder Mobbern gemacht? Wie haben Sie ihn auf den Umgang mit solchen Situationen vorbereitet – sei es, um sich selbst oder jemand anderen zu verteidigen?

Anregungen für Gespräche beim Abendessen

- Wenn du irgendeine besondere Fähigkeit besitzen könntest – welche würdest du dir wünschen?
- Beschreibe deinen perfekten Tag.
- Gibt es irgendetwas, das du wirklich gut kannst? Was für eine besondere Gabe ist das?
- Gibt es irgendetwas, das dein Lehrer wirklich gut kann? Was für eine besondere Gabe ist das?
- Was ist deine liebste Familientradition?
- Was war das Schwierigste, was du heute tun musstest?
- Wenn du irgendeinen Ort auf der Welt besuchen könntest, welchen würdest du dir aussuchen?
- Beschreibe dich selbst in fünf Worten.
- Worauf freust du dich in dieser Woche?
- Worauf freust du dich in diesem Jahr?
- Wenn du dich für den Rest deines Lebens von drei Lebensmitteln ernähren müsstest, welche wären das?
- Hast du heute irgendjemandem geholfen? Wenn ja, erzähl uns davon.
- Wem könntest du morgen helfen?

- Gibt es irgendetwas, ohne das du nicht leben könntest?
- Wenn du ein beliebiges Tier sein könntest, welches wäre das?
- Welche Lektion in deinem Leben hättest du gerne früher gelernt?
- Welches Buch liest du gerade? Erzähl uns in drei Sätzen davon.
- Wen bewunderst du? Und warum?
- Was ist deine Lieblingsjahreszeit?
- Wenn du ein Gemüse von unserem Tisch verbannen könntest, welches wäre das?

12

Junge Liebe

Erste Verabredungen und Beziehungen

> Wenn du ein Mädchen küsst, solltest du sie auch heiraten und Kinder mit ihr bekommen. Das ist das einzig Richtige.
>
> *Howard (acht Jahre alt)*

Für einen kleinen Jungen ist seine Mutter die einzige Frau auf der Welt. Unsere Söhne lieben uns von ganzem Herzen, und im Kleinkind- und Vorschulalter träumen viele Jungs davon, ihre Mama zu heiraten (wenn auch nur heimlich).

Als mein Sohn Luke noch klein war und seine älteren Brüder bereits in die Vorschule gingen, hatten wir ein wunderschönes tägliches Ritual entwickelt: Wir kuschelten uns zur Mittagsschlafenszeit aneinander, um Bücher zu lesen und miteinander zu plaudern, bevor er (und zwangsläufig dann auch ich) einschlief. Bei einer dieser Kuschelstunden kam das Thema Ehe zur Sprache. Wir hatten am Tag davor im Familienkreis darüber gesprochen, und dem kleinen Kerl ging das Thema einfach nicht aus dem Kopf. Er gestand mir, dass ihm die Vorstellung, jemanden zu heiraten, überhaupt nicht gefiel. Wir waren beide müde und ich wollte das Gespräch nicht in die Länge ziehen, also versicherte ich ihm leichthin, dass die Ehe eine gute Sache sei und dass er sich, wenn er erst einmal erwachsen sei, sehr darüber freuen würde, das richtige Mädchen zum Heiraten zu finden. Wie um sich selbst zu beruhigen, setzte Luke sich schließlich in seinem Bettchen auf und verkündete mir seine geniale Idee: »Weißt du was, Mama? Wenn ich heirate, könntest du doch eigentlich hier bei mir schlafen, und« – er zeigte den Flur entlang in Richtung unseres elterlichen Schlafzimmers – »meine Frau kann ja dann in Papas Bett schlafen!« Ich wusste, dass ich später viele Lacher ernten würde, wenn ich diese Geschichte erzählte.

So lustig solche Gespräche auch sein können – manchmal ist dieses Thema sowohl für kleine Jungen als auch für deren Mütter unangenehm. Aber hoffentlich sind wir uns alle über einen unserer größten Träume für unsere Söhne einig: nämlich, dass sie sich eines Tages in eine wunderbare Frau verlieben, sie heiraten und bis ans Ende ihrer Tage glücklich mit ihr zusammenleben.

Doch bis dahin wird noch eine ganze Menge passieren. Ihr Sohn wird das andere Geschlecht kennen und schätzen lernen. Er wird neue Gefühle entdecken, die sehr viel komplizierter sind als die Liebe zu seiner Mutter. Er wird mit sexuellem Verlangen zu kämpfen haben und seine ersten Schwärmereien erleben. Sein Körper und sein Geist werden sich verändern, und seine zwischenmenschlichen Fähigkeiten werden (hoffentlich!) dementsprechend reifen. Er wird sich verlieben, und wahrscheinlich wird ihm ein- oder zweimal eine Frau das Herz brechen. Das gehört nun mal zum Erwachsenwerden dazu.

Welche Rolle spielen wir Mütter dabei? Wie können wir unsere Söhne auf diese verwirrende Zeit der ersten Verabredungen und Beziehungen vorbereiten? Mütter fragen sich oft, welche Spielregeln wir für unsere Jungs aufstellen sollten, wenn es um dieses Thema geht. Wie sieht es mit Sex aus? Können wir einen Teenager von heute wirklich davon abhalten, erste sexuelle Erfahrungen zu machen, und wie können wir ihn dabei so gut wie möglich schützen?

Da ich dieses Thema vom biblischen Standpunkt aus betrachte, glaube ich, wir sollten unseren Söhnen beibringen, dass Gott den

Geschlechtsverkehr für Mann und Frau in einer ehelichen Beziehung geschaffen hat. Das ist für mich ein unumstößlicher Grundsatz. Doch Verabredungen, Beziehungen, Sex und Ehe sind sehr vielschichtige Themen, und wir sollten uns vornehmen, im Lauf der Jahre mit unseren Jungen viele Gespräche darüber zu führen und ihnen unsere Erwartungen und Wertvorstellungen in möglichst klaren Worten zu vermitteln.

Wie bei den meisten Erziehungsthemen gilt es, dabei die verschiedensten Faktoren zu berücksichtigen: von der Persönlichkeit eines Jungen bis hin zu seinen schulischen Erfahrungen, sozialen Situationen und Lebenszielen. Also wird jeder unserer Söhne in diesem Lebensbereich eine etwas andere Reise vor sich haben. Trotzdem denke ich, dass es ein paar allgemeine Prinzipien gibt, an die wir uns halten können, um unseren Söhnen eine vernünftige Einstellung zum Thema Dates und Beziehungen zu vermitteln.

Über Sex (und alles andere!) reden

Viele Mütter fragen sich, wann der beste Zeitpunkt dafür ist, ihre Kinder »aufzuklären«. Ich persönlich glaube nicht daran, dass das nur *ein einziges* Gespräch sein sollte: Wir sollten mit unseren Kindern immer wieder darüber reden. Ab dem Zeitpunkt, an dem Ihr Sohn alt genug ist, um Fragen zu stellen, auf seine eigenen Geschlechtsteile aufmerksam zu werden und zu kichern (oder peinlich berührt zu sein), wenn Mama und Papa sich küssen, ist er bereit, erste Gespräche über den Körper und schließlich auch über Sex zu führen.

Es gibt hundert verschiedene Möglichkeiten, dieses Thema anzugehen, und jede Mutter muss den Weg finden, der für sie am angenehmsten ist. Obwohl ich denke, wenn wir ehrlich sind, ist den meisten von uns nicht wohl dabei, überhaupt über solche Dinge zu sprechen. *Tun Sie es trotzdem.* Je öfter Sie sich dazu zwingen, über peinliche Themen zu reden, umso wohler werden Sie sich dabei fühlen und umso weniger Hemmungen wird Ihr Sohn haben, Fragen zu stellen und sich Ihnen zu öffnen.

Wir haben dabei mit einer Buchreihe mit dem Titel *God's Design for Sex* gearbeitet, die wir unseren Söhnen in verschiedenen Altersstufen vorgelesen haben. Diese Bücher dienten uns als Einstieg in unsere Gespräche und halfen uns, den Jungs das Thema Körper und Sexualität in altersgerechten Begriffen zu vermitteln.

Obwohl viele Frauen es für die Aufgabe des Vaters halten, mit Jungen über Sex zu reden, bin ich der Meinung, dass der Elternteil, dem dieses Thema am wenigsten peinlich ist oder besonders am Herzen liegt, das Gespräch führen sollte. In unserer Familie bin normalerweise ich die Kommunikativste, also bringe ich solche peinlichen Themen mit unseren Jungs am häufigsten zur Sprache, obwohl mein Mann Hausarzt (und zusätzlich auch noch ein Mann) ist. Der Schlüssel zum Erfolg besteht darin, Ihrem Sohn das Gefühl zu vermitteln, dass Sie sich bei solchen Gesprächen wohlfühlen (auch wenn der Begriff »wohl« vielleicht ein bisschen übertrieben ist) und dass Sie mit diesem Thema umgehen können. Schließlich soll Ihr Sohn nicht bei Gleichaltrigen – oder noch schlimmer: im Internet – nach Antworten suchen. Also stellen Sie lieber sich selbst oder seinen Vater als Gesprächspartner zur Verfügung und seien Sie dann auch wirklich für ihn da, wenn er zu Ihnen kommt.

Ich benutze oft eine kleine Einleitungsfloskel (»Du hast dich doch bestimmt schon mal gefragt …«), um Fragen anzusprechen, die meine Jungs in Bezug auf ihr Geschlecht und die Veränderungen ihres Körpers vielleicht beschäftigen. Solche Gespräche rege ich selbst an und versuche, dabei Themen zur Sprache zu bringen, von denen ich vermute, dass jeder Junge neugierig darauf ist, aber keine Fragen darüber zu stellen wagt, weil ihm das peinlich ist. Zum Beispiel: »Du hast dich doch bestimmt schon mal gefragt, wie das mit der Monatsblutung einer Frau ist …« Ich warte dann gar nicht erst auf seine Antwort, sondern gebe ihm sofort eine ganz einfache Erklärung, indem ich beschreibe, was die Menstruation ist und was dabei im Körper der Frau vorgeht. Aber ich rede nicht lange darüber und beende das Gespräch sofort, wenn ich merke, dass mein Sohn nichts mehr darüber wissen will.

Nachdem das Thema Sexualität einmal aufs Tapet gebracht worden ist, darf es auch in Zukunft immer wieder angesprochen werden.

Eines Tages habe ich zu meinen jungen Teenagern gesagt: »Irgendwann erlebt ihr vielleicht etwas, das man salopp einen ›feuchten Traum‹ nennt. Vielleicht habt ihr euch schon mal gefragt, was das ist und wie es dazu kommt.« Meine Bemerkung wurde nur mit Schweigen und weit aufgerissenen Augen quittiert, aber ich erklärte trotzdem in kurzen Worten, was es damit auf sich hat. Dann erläuterte ich meinen Söhnen die einfachen Maßnahmen, die sie ergreifen sollten, falls das irgendwann einmal passieren sollte und sie dann vielleicht ihren Schlafanzug oder ihr Bettlaken auswaschen müssten. Ich habe ihnen auch versprochen, sie nie damit zu behelligen oder Fragen zu stellen, wenn es passierte, und ihnen versichert, dass sie natürlich gerne mit allen Sorgen oder Fragen zu mir kommen könnten.

Vor allem habe ich in solchen Gesprächen zum Thema Sexualität auf Gottes wunderbaren Plan für Mann und Frau hingewiesen und unseren Söhnen erklärt, wie großartig es ist, dass das alles in einer Ehe eines Tages so gut zusammenpassen wird. Den biblischen Wertvorstellungen entsprechend reden wir mit ihnen auch über die Risiken von vorehelichem (und außerehelichem) Sex, über Geschlechtskrankheiten und andere relevante und praktische Themen. Wir sprechen auch über homosexuelle Beziehungen und darüber, was die Bibel dazu sagt. Außerdem haben wir darüber diskutiert, was es bedeutet, immer liebevoll zu sein, aber niemals der Wahrheit von Gottes Wort zuwiderzuhandeln. Ich verweise meine Söhne auch auf gute Lehrer, die dieses heikle Thema besser und in klareren Worten besprechen können als ich. Schon allein über solche Aufklärungsgespräche könnte ich ein ganzes Kapitel (oder sogar ein ganzes Buch) schreiben, deshalb verweise ich auch an dieser Stelle wieder auf Experten, die ein größeres Fachwissen darüber haben als ich.

Sollen Jungs sich mit Mädchen verabreden oder nicht (und ist das wirklich die Frage, auf die es ankommt)?

Wenn Sie das Thema Teenager und Verabredungen unter Müttern ansprechen, werden Sie wahrscheinlich die verschiedensten Meinungen dazu hören. Manche Mütter haben Angst vor dem Tag, an dem ihre Söhne zum ersten Mal mit einem Mädchen ausgehen, während andere sich darauf freuen, weil das für einen Jungen eine schöne und spannende Erfahrung auf seinem Weg zum Erwachsenwerden ist. Wahrscheinlich wird das meiste, was Sie zu diesem Thema zu hören bekommen, von den persönlichen Erfahrungen der jeweiligen Mutter mit Verabredungen geprägt sein. Wenn sie selbst positive Erfahrungen damit gemacht hat, wird sie wahrscheinlich auch mit positiven Gefühlen an die zukünftigen Dates ihres Sohnes herangehen. Waren ihre Erfahrungen negativ, so wird ihr dieses Thema vielleicht ein bisschen Angst einjagen.

Unabhängig von Ihren eigenen Erfahrungen mit Verabredungen (oder vielleicht trotzdem) sollten Sie dieses Thema ernsthaft überdenken. Es ist unsere Aufgabe als Mütter, unsere Söhne für eine bestmögliche Zukunft zu rüsten. Die Art, wie sie in ihrer Jugend mit Beziehungen, Intimität, Verabredungen und sexuellen Aktivitäten umgehen, wird sie bis zu einem gewissen Grad ihr Leben lang beeinflussen. Auch wenn Ihr Sohn noch jung ist und Verabredungen in weiter Ferne zu liegen scheinen, wird er doch schneller zum Teenager heranwachsen, als Sie sich vorstellen können. Wenn er sich von vornherein einen »Schlachtplan« für solche Situationen zurechtlegt, wird er besser mit seinen Gefühlen klarkommen und sich gegen Gruppendruck behaupten können, wenn er ins Teenageralter kommt.

Hohe Ansprüche und offene Gespräche

Als es bei meinen ältesten Jungs so weit war, begann ich, mich ernsthaft mit dem Thema Verabredungen zu beschäftigen. Sie hatten für mich im Teenageralter eine wichtige Rolle gespielt, mir aber auch viel Kummer und Herzeleid bereitet. Ich wollte, dass meine Söhne auf diesem Gebiet bessere Erfahrungen machen. Andererseits wollte ich ihnen aber auch keine Ratschläge geben, hinter denen nur meine eigenen Ängste steckten.

Also wendete ich mich an meine Freundin Melissa, die mir auf dem Weg der Mutterschaft ein paar Jahre voraus ist. Sie war mir schon eine gute Freundin und Beraterin, bevor meine Kinder zur Welt kamen. Und meine Jungs haben schon immer zu Melissas beiden Söhnen aufgeschaut: Sie waren die coolen älteren Jungs, die meine Söhne gerne besuchten und denen sie in jeder Hinsicht nacheiferten. Sie waren beliebt, Fußballtalente, in jeder Hinsicht clever und dazu auch noch gutaussehend. Ich dachte, es wäre interessant zu erfahren, wie Melissa ihren Söhnen dabei geholfen hat, sich als Teenager in der Dating-Szene zurechtzufinden. Also schickte ich ihr eine SMS und fragte sie danach.

»Tut mir leid, aber ich glaube nicht, dass ich dir da eine große Hilfe sein kann«, antwortete Melissa. »Keiner meiner Jungs hatte während seiner Schulzeit Verabredungen mit Mädchen.«

»Wirklich nicht?«, schrieb ich sofort zurück. »Darüber möchte ich unbedingt mehr wissen! Warum haben sie sich nicht mit Mädchen verabredet? Hast du es ihnen verboten?«

»Es gab keine Verbote«, antwortete sie. »Sie haben sich einfach dafür entschieden, während ihrer Schulzeit nicht mit Mädels auszugehen. Natürlich haben wir immer über alles gesprochen, und ich denke, wenn sie den Wunsch dazu gehabt hätten, dann hätten sie mit uns darüber geredet. Ich nehme an, dass die Schaffung eines gesunden familiären Umfelds und der Umgang mit vielen Akademikern und Sportlern sie auf einen guten, gesunden Weg gebracht und vor dem unvermeidlichen seelischen Schmerz bewahrt hat, den Beziehungen zum anderen Geschlecht in so jungen Jahren mit sich bringen können. Außerdem stellten meine Jungs so hohe Ansprüche, dass sie gar keine Mädchen gefunden haben, zu denen sie sich hingezogen fühlten. Die Mädels waren ihnen geistig einfach nicht gewachsen.«

Das ermutigte mich sehr, und ich bat sie, mir mehr darüber zu erzählen.

»Sie kamen nie zu uns und sagten: ›Ich möchte mich mit diesem oder jenem Mädchen treffen‹«, schrieb Melissa in ihrer nächsten SMS. »Sie gingen zwar zu Tanzveranstaltungen und nahmen an allen schulischen Aktivitäten teil; aber das waren immer nur Verabredungen zu irgendeiner Veranstaltung. Meine Jungs waren sehr beschäftigt. Sie hatten regelmäßig Trainingsstunden, nahmen an Sportwettkämpfen, akademischen Wettbewerben und Programmen von Young Life teil ...«

All das entsprach genau meinen größten Hoffnungen für meine eigenen Söhne.

Zum Schluss schrieb Melissa: »Bei den Mädchen, mit denen sie sich gerne auf kameradschaftlicher Basis trafen, ging es ihnen um deren Charakter und Persönlichkeit und nicht darum, wie sie aussahen oder ob sie in der sozialen Hierarchie ihrer Klasse möglichst weit oben standen. Zum Beispiel wollte das Mädchen, das in der Schule als am attraktivsten galt, unbedingt mit einem meiner Jungs ausgehen – aber er wollte nichts davon wissen. Sie fühlten sich einfach nicht zu diesen Beziehungsdramen hingezogen. Es stieß sie ab, und ich glaube, das ist eine Angelegenheit, die sich schon in jungen Jahren entscheidet und bei der die jungen Leute sich von der Stimme ihres Herzens leiten lassen.«

Melissas Beispiel inspirierte und ermutigte mich. Genau wie ich hatte sie den Wunsch, Jungen mit hohen Maßstäben und reinem Herzen großzuziehen. Und obwohl nicht jedes Kind bereit sein wird, während der Schulzeit auf Dates zu verzichten, denke ich, dass Melissas Erfahrungen auf diesem Gebiet doch ein paar Überlegungen wert sind. Ihr war es nicht darum gegangen, ihren Kindern Regeln und Verbote aufzuerlegen. Ihr war es nicht wichtig gewesen, was ihre Jungs *nicht tun durften*, sondern was sie *taten* – all die positiven Aktivitäten, mit denen sie sich beschäftigten, und das gute familiäre Umfeld, in dem sie aufwuchsen.

Auch meine Jungs haben sich bisher dafür entschieden, während ihrer Schulzeit nicht mit Mädchen auszugehen. Mein Ältester ging zum Abschlussball seiner Highschool und hat sich dort mit seiner Tanzpartnerin sehr amüsiert, aber das war nur eine Veranstaltung. Meine Jungs haben auch durch die Jugendgruppe und die Surf-Community engen Kontakt mit anderen Jugendlichen, aber bisher gab es keine Liebesbeziehungen. Ihr Terminplan ist so randvoll mit herausfordernden akademischen Kursen, körperlichen Aktivitäten und Hobbys, gemeinnützigen Projekten, Gottesdiensten und Aufgaben, die sie in ihrer Kirchengemeinde erfüllen, dass sie kaum Zeit haben, über Verabredungen nachzudenken. Wir verbringen den größten Teil unserer Abende im Familienkreis, und sie haben noch nie gesagt: »Ich hätte so gern eine Freundin.«

Obwohl ich fairerweise zugeben muss, dass manche Beziehungen, die schon in der Schule beginnen, durchaus glücklich sind und auch lange halten. In meinem Freundeskreis gibt es zwei Paare, die schon seit über zwanzig Jahren mit ihrer großen Liebe aus der Schulzeit verheiratet sind. Andererseits kenne ich auch Familien, deren Kinder sich an der Schule zwar gelegentlich verabredet haben, doch da sie sehr hohe Ansprüche stellten, wurde nie etwas Ernstes daraus. Ich würde also nicht sagen, dass Verabredungen in diesem Alter unbedingt immer falsch oder zum Scheitern verurteilt sein müssen. Bei meinen Jungs kann ich mir allerdings nicht vorstellen, in welcher Hinsicht ihre Schulzeit dadurch besser geworden wäre oder was ihnen das gebracht hätte. Daher bin ich froh, dass sie sich entschlossen haben, darauf zu verzichten.

Gruppentreffen und Freundschaften

Selbst wenn ein Junge beschließt, in seiner Schulzeit nicht mit Mädchen auszugehen, muss er trotzdem eine Beziehung zu ihnen aufbauen und lernen, positive Kontakte mit ihnen zu pflegen. Natürlich muss er sich nicht unbedingt verabreden, um zu lernen, wie man mit Mädchen umgeht. Das kann er auch in der Schule, beim Sport, in kirchlichen Jugendgruppen oder in der Nachbarschaft üben. (Intimere Beziehungen können ruhig noch ein bisschen warten.)

Meine Söhne kommen vor allem durch eine Gruppe von Freunden, die sie hauptsächlich von gemeinsamen Kirchenbesuchen her kennen, mit Mädchen in Kontakt. Mit der Zeit haben unsere Jungs sich einen engen Freundeskreis aufgebaut, der vieles gemeinsam unternimmt: Sie gehen zusammen wandern, veranstalten Lagerfeuer am Strand und Spieleabende. Und wenn doch einmal ein Gerücht über eine kleine Schwärmerei aufkommt, stellen meine Söhne immer sehr schnell klar, dass sie sich mit diesen jungen Mädchen nur freundschaftlich verbunden fühlen. Diese kameradschaftliche Basis gibt allen Beteiligten ein Gefühl der Sicherheit, sodass sie sich entspannen und ihr Zusammensein genießen können, ohne sich irgendwie unter Druck gesetzt zu fühlen.

Manchmal sind solche Gruppentreffen eine gute Möglichkeit, jemanden kennenzulernen, sich dabei aber gleichzeitig immer noch im sicheren Rahmen einer Gruppe vertrauenswürdiger Freunde zu bewegen. Sobald die Jugendlichen dann älter und reifer werden, können daraus Paarbeziehungen entstehen. Ich bin der Meinung, dass das Zusammensein mit einer Gruppe guter Freunde Kinder davor schützen kann, sich zu schnell in eine Beziehung zu stürzen, bevor sie jemanden richtig kennengelernt haben.

Und wenn er reif für seine erste Verabredung ist?

Wenn Ihr Sohn noch zur Schule geht und sich mit einem Mädchen verabreden möchte, sollten Sie ihm erst mal ein paar Fragen stellen, um herauszufinden, ob er überhaupt schon reif dafür ist. Am Ende dieses Kapitels finden Sie eine Liste mit ein paar Fragen, anhand deren Sie die »Dating-Reife« Ihres Sohnes meiner Meinung nach ganz gut beurteilen können. Sie können auch verschiedene Szenarien mit ihm durchsprechen, die sich bei solchen Treffen ergeben könnten, und ihn fragen, wie er damit umgehen würde. Anhand seiner Antworten wird Ihnen rasch klar werden, ob Sie ein gutes Gefühl dabei haben, ihn mit einem Mädchen ausgehen zu lassen, oder nicht.

Wenn Sie der Meinung sind, dass er reif dafür ist, sollten Sie ihm vielleicht ein paar klare Grenzen setzen, damit er die Komplexitäten einer Beziehung besser voraussehen und bewältigen kann. Sie könnten zum Beispiel eine Liste von Verhaltensregeln für ihn aufstellen oder einen Vertrag aufsetzen, dem er zustimmen muss, bevor er sich mit einem Mädchen verabredet. Das soll ihn – und Sie – dazu anspornen, über ein paar praktische Fragen nachzudenken: Wo (wenn überhaupt) sollte er mit dem Mädchen allein sein? Wie ernsthaft möchte er in diesem Alter schon in so eine Bekanntschaft einsteigen? Hat er vor, ihr körperlich näherzukommen, und wenn ja, wie weit will er dabei gehen? Händchenhalten? Küssen? Oder mehr? Das mag ein peinliches Thema sein, aber wenn er sich reif dafür fühlt, sich allein mit einem Mädchen zu treffen, sind das durchaus relevante und vernünftige Fragen. Selbst wenn er keinen engeren Körperkontakt plant, muss er wissen, wo seine Grenzen liegen, falls das Mädchen anderes vorhat.

Außerdem ist es sinnvoll, mit den Eltern des Mädchens in Kontakt zu stehen und sich mit ihnen über ein paar Spielregeln zu einigen. Eltern sollten Jungen und Mädchen im Teenageralter unbedingt verbieten, das Schlafzimmer des anderen zu betreten oder sich in seiner Wohnung aufzuhalten, wenn niemand anders dort ist. Auch wenn Sie inzwischen vielleicht schon alle wichtigen Gespräche über Sex mit Ihrem Sohn geführt haben, ist es jetzt an der Zeit, das Thema noch einmal aufzugreifen und ihm klarzumachen, was Sie von ihm erwarten.

Ich glaube, es gibt viele Gründe, mit dem Sex bis zur Ehe zu warten: Erstens hat Gott Sexualität für verheiratete Paare vorgesehen und das so geplant, weil Er uns liebt und unser Bestes will. Außerdem gibt es auch noch viele andere Argumente, die für Enthaltsamkeit vor der Ehe sprechen – von der Gefahr sexuell übertragbarer Krankheiten über

Teenager-Schwangerschaften bis hin zu den seelischen Verletzungen, die durch Sex außerhalb der Ehe entstehen können. Selbst ein unschuldiger Junge kann plötzlich von seinen Hormonen überwältigt werden und muss wissen, wie er sich dann verhalten soll. Es lohnt sich also unbedingt, über diese Dinge nachzudenken und darüber zu sprechen, bevor Sie Ihren Sohn zu seiner ersten Verabredung gehen lassen.

Vor kurzem hat mein Achtzehnjähriger sich mit einem Mädchen zu ein paar unverbindlichen Dates getroffen. Die beiden sind reife junge Erwachsene mit einem festen Glauben, und es macht Spaß zu beobachten, wie mein Sohn in diese Sache einsteigt, nachdem wir ihn so viele Jahre lang darauf vorbereitet haben. Dieser Junge ist eindeutig reif für eine nähere Bekanntschaft mit einem Mädchen, und er hat sich auf diese Phase seines Lebens gefreut. Ich finde es wunderbar, dass er uns vorher um Rat gefragt hat, und habe keinen Zweifel daran, dass er sich dabei in dieser Hinsicht wie ein Gentleman verhalten wird – egal ob die beiden nur Freunde bleiben oder ob sich mehr daraus entwickelt.

Denken Sie jetzt schon an die Zukunft Ihres Sohnes

Als Mütter sind wir in einer besonders guten Position, um mit unseren Söhnen über ihre Zukunft zu sprechen – einschließlich der Frauen, die sie eines Tages heiraten werden. Ich rede mit meinen Jungs gern über dieses Thema. Vielleicht stöhnen sie anfangs gequält auf oder wollen das Thema wechseln, aber ich merke, dass ihnen diese Gespräche eigentlich gar nicht so unangenehm sind. Meine Schwiegermutter hat meinem Mann schon beigebracht, für mich zu beten, als er erst fünf Jahre alt war! Und ich fühlte mich ungeheuer geehrt, als ich davon erfuhr. Das hat mich auf die Idee gebracht, auch meine Jungs dazu anzuhalten, für ihre zukünftigen Frauen zu beten und oft an sie zu denken.

Wenn Ihr Sohn mit solchen Ideen aufwächst, hilft ihm das bestimmt, wohlüberlegte Entscheidungen in Bezug auf Verabredungen, seine Einstellung zu Frauen und die Wahl seiner Ehepartnerin zu treffen.

Wie erzieht man seinen Sohn zum Gentleman?

Während ich dieses Kapitel schreibe, hören wir in den Nachrichten fast jede Woche neue Enthüllungen über berühmte oder einflussreiche Persönlichkeiten, die sexueller Belästigung oder sexuellen Fehlverhaltens beschuldigt werden.

Als ich eines Morgens wieder mal so eine Geschichte in einer populären Nachrichtensendung verfolgte, sah ich zu meinem Entsetzen anschließend einen unverheirateten männlichen Sänger auf der Bühne stehen, der sang: »I love the way you look ... the way you feel ...« Im Grunde wurden Frauen in diesem Lied zu Sexobjekten gemacht. Hunderte von Mädchen (und auch die Moderatorinnen der Nachrichtensendung) drängten sich um die Bühne und kreischten vor lauter Begeisterung über diesen Mann, der von einer unverbindlichen Begegnung mit einem Mädchen sang, bei dem er ganz offensichtlich nur ihre körperliche Anziehungskraft erwähnenswert fand. Der krasse Widerspruch zwischen der in dieser Sendung geäußerten Besorgnis über Sexskandale und ihrer Verherrlichung eines Popstars, der in seinem Song ausschließlich den Körper eines Mädchens beschrieb, frustrierte mich. Irgendetwas stimmt mit unserer Kultur nicht, und die Medien – und auch viele Menschen – merken nicht einmal etwas davon, obwohl es doch eigentlich jedem in die Augen springen müsste.

Die Weltanschauung Ihres Sohnes – inklusive seiner Einstellung zur Wertschätzung und Ehrung von Frauen – beginnt sich schon in frühester Jugend zu entwickeln. Das bringt uns wieder auf das Thema eines unserer vorherigen Kapitel: Einflüsse. Wenn Ihr Sohn oft mit Menschen zusammen ist, die derbe Witze reißen oder respektlos über Frauen, Sex und Beziehungen reden, wird ihn das ganz bestimmt irgendwie beeinflussen. Das Gleiche gilt, wenn er sich mit Spielen beschäftigt oder Medien konsumiert, aus denen eine abwertende oder erniedrigende Haltung gegenüber Frauen spricht. Er kann sich zwar entscheiden, solche Botschaften abzulehnen, doch meistens nehmen Jungen sie doch unbewusst auf und verhalten sich vielleicht sogar eines

Tages genauso. Aber auch das Gegenteil trifft zu: Wenn Ihr Sohn häufig Kontakt mit Männern hat, die respektvoll über Frauen sprechen und ihnen Wertschätzung und Hochachtung entgegenbringen, wird er sich höchstwahrscheinlich an diesen Vorbildern orientieren.

Wenn wir Jungen zu Männern erziehen wollen, deren Verhalten über jeden Tadel erhaben ist – zu integren Männern, die eines Tages hervorragende Ehemänner und Väter sein werden –, dürfen wir uns nicht darauf verlassen, dass unsere Kultur ihre Werte prägt. Wir müssen im Familienkreis über solche Themen sprechen. Wir müssen unseren Jungen beibringen, alle Menschen zu respektieren, nur gesunde Einflüsse in ihr Leben hineinzulassen, gegen Männer Stellung zu beziehen, die Frauen schlecht behandeln, und der Welt ein Beispiel dafür zu geben, wie ein echter Gentleman sich verhält. Das kann ganz nebenbei in Alltagsgesprächen geschehen, Sie können mit Ihren Söhnen aber auch bewusst und gezielt über Ihre Wertvorstellungen zu diesem Thema sprechen.

Vor kurzem fuhr ich meine drei Teenager-Jungs und einen ihrer Freunde zu einer Veranstaltung. Während der Fahrt unterhielten sie sich lebhaft und hatten viel Spaß miteinander. Als wir an einem Strand vorbeifuhren, sahen sie ein Mädchen, das sie alle kannten, und der Freund platzte heraus, die sei aber »scharf«. Das ist kein Ausdruck, mit dem meine Söhne ein Mädchen beschreiben würden. Also hörte ich ganz genau hin und wartete ab, wie sie darauf reagieren würden. Und ich war sehr froh und erleichtert, als einer meiner Jungs leise sagte: »Ähm, es ist nicht cool, ein Mädchen ›scharf‹ zu nennen – das klingt respektlos.« Danach bewegte sich das Gespräch ganz von selbst in eine andere Richtung. Ich weiß, dass mein Sohn seinem Freund nicht das Gefühl geben wollte, sich wie der der allerletzte Tölpel zu benehmen, aber ich war froh darüber, dass er diesem Gespräch schnell einen Riegel vorschob. Ich bin dankbar dafür, dass mein Mann meinen Söhnen ein gutes Vorbild für respektvolles Verhalten gegenüber Frauen gibt und niemals auch nur einen Witz erzählt, der als anzüglich empfunden werden könnte.

Unabhängig von den Einflüssen, die im Leben Ihres Sohnes eine Rolle spielen, muss er seine eigenen Überzeugungen zu diesem Thema entwickeln. Mit ihm darüber zu sprechen, ist eine gute Möglichkeit, ihn auf den richtigen Weg zu bringen. Sie können ihn zum Beispiel auf Männer hinweisen, die in dieser Hinsicht ein gutes Vorbild sind, und ihm auch zeigen, welche langfristigen Konsequenzen es haben kann, wenn Männer Frauen in ihren Gedanken, Worten und Taten zu Sexobjekten degradieren. All diese Männer, die in den Nachrichten immer wieder aufs Schärfste verurteilt werden, sind nicht eines Tages plötzlich als Bestien aufgewacht, die Frauen sexuell ausbeuten, sondern haben sich diese perverse Denkweise im Laufe von Jahren zu eigen gemacht, bis sie ihnen schließlich zur zweiten Natur geworden ist.

Deshalb wollen wir unseren Söhnen die richtige Einstellung zu Frauen lieber schon in jungen Jahren beibringen! Dadurch ersparen wir allen Beteiligten später eine Menge Ärger.

Seien Sie ihnen ein gutes Vorbild

Unterschätzen Sie die Rolle, die Sie im Leben Ihres Sohnes spielen, nicht! Ob Sie es glauben oder nicht: Wahrscheinlich sind Sie für ihn der Maßstab, den er später an seine Partnerin anlegen wird. Jedes Mädchen, das er kennenlernt, wird er unbewusst an Ihnen messen. Sie haben also eine große Chance, Ihre Söhne durch Ihre Lebensweise zu beeinflussen.

Wenn Sie verheiratet sind, können Sie sie jeden Tag aufs Neue dazu inspirieren, sich auf ihre eigene Ehe zu freuen. Dazu brauchen Sie nicht unbedingt eine perfekte Ehe zu führen, aber Sie sollten diese Verantwortung schon ernst nehmen. Wenn Sie sich Ihrem Ehemann gegenüber gemein, kalt oder unversöhnlich verhalten, können Sie Ihrem Sohn dadurch negative Vorstellungen von der Ehe vermitteln. Wenn Sie sich dagegen (selbst in einer nicht hundertprozentig perfekten Ehe) freundlich, geduldig und liebevoll verhalten, wird Ihr Sohn vielleicht daran glauben, dass es sich lohnt, an seiner Ehe zu arbeiten. Er wird dann eher bereit sein, schwierige Zeiten in seiner eigenen Paarbeziehung durchzustehen, falls sie eines Tages auf ihn zukommen sollten.

Falls Sie geschieden sind, ist es sehr wichtig, wie Sie über das Thema Ehe (und über die zukünftige Ehe Ihres Sohnes) sprechen. Sie können sich bemühen, positiv darüber zu reden, auch wenn Sie negative Erfahrungen gemacht haben. Denken Sie genau darüber nach, wie Sie Ihren Ex-Mann und andere Männer behandeln oder über sie sprechen. Ich weiß, dass das nicht immer einfach ist; aber wenn Sie sich darüber im Klaren sind, welch prägende Wirkung solche Bemerkungen auf die Zukunft Ihres Sohnes haben, werden Sie begreifen, wie wichtig es ist, in dieser Hinsicht jedes Wort auf die Goldwaage zu legen. Ihre Einstellung zum Thema Ehe wird Ihren Sohn stark beeinflussen.

Nach unserem SMS-Austausch über Verabredungen wandte ich mich eines Tages wieder an meine Freundin Melissa und fragte sie, wie ihre eigene Ehe die Einstellung ihrer Söhne zu Verabredungen und zur Ehe beeinflusst habe, und wieder fand ich ihre Erfahrungen sehr ermutigend. Sie antwortete: »Ich glaube, dass unser Beispiel unsere Kinder geprägt und ihnen eine Perspektive vermittelt hat – etwas, wonach sie streben können und was sie zutiefst beeindruckt. Mein Mann und ich lieben uns sehr. Wir sind gute Freunde. Ich weiß noch, dass ich einmal eine Studie gelesen habe, der zufolge der größte Wunsch von Schülern in der Oberstufe darin besteht, dass ihre Mutter und ihr Vater sich einfach mögen. Kannst du dir das vorstellen? Sie wollen einfach nur, dass ihre Eltern sich mögen!«

Wenn es um unsere Söhne und um das Thema Beziehungen geht, müssen wir uns vor Augen halten, dass unsere persönlichen Einstellungen und Erwartungen (inklusive unserer Ängste und Befürchtungen) sich mit hundertprozentiger Sicherheit auf sie auswirken werden. Also sollten wir uns um eine positive, hoffnungsvolle Einstellung bemühen und fest darauf vertrauen, dass unsere Söhne gute Partnerschaften eingehen und eines Tages auch glücklich verheiratet sein werden.

Und wenn Ihr Sohn, während Sie dies lesen, noch klein genug ist, um mit Ihnen beim Mittagsschlaf zu kuscheln, dann genießen Sie jede Sekunde, in der Sie sein Ein und Alles sind!

Ein paar persönliche Fragen an Sie

1. Wem von Ihnen beiden – Ihnen oder Ihrem Mann (oder dem Vater beziehungsweise der Vaterfigur Ihres Sohnes) – fällt es leichter, mit ihm über Mädchen und Sex zu sprechen? Welche dieser Themen haben Sie mit ihm bereits besprochen? Welche Gespräche müssen Sie Ihrer Meinung nach als Nächstes führen?

2. Wer sind die wichtigsten Vorbilder Ihres Sohnes zum Thema Verabredungen und Beziehungen? Falls Sie das Gefühl haben, dass er unter dem Einfluss schlechter Vorbilder steht: Wie könnten Sie ihn dazu ermutigen, sich von negativen Einflüssen abzuwenden?

3. Wo steht Ihr Sohn zurzeit im Hinblick auf das Thema Dating? Über welche konkreten Themen möchten Sie nach der Lektüre dieses Kapitels mit ihm sprechen?

4. Welche Spielregeln wollen Sie für Ihren Sohn in Bezug auf Mädchen und Verabredungen aufstellen? Wie könnten Sie diese Diskussion am besten angehen? Dieses Thema bewusst und planvoll anzugehen, ist niemals verkehrt!

Bevor er sie um ein Date bittet ...

Hier ein paar Fragen, die Sie Ihrem Sohn stellen können, wenn er Interesse an Verabredungen bekundet:

Warum möchtest du anfangen, dich mit Mädchen zu verabreden?
Seine Antwort wird Ihnen zeigen, ob es ihm dabei eher um Popularität geht, ob er neugierig ist oder sich einsam fühlt. Dementsprechend können Sie Ihr Gespräch dann weiterführen.

Warum willst du gerade mit diesem Mädchen ausgehen?
Wenn er Ihnen eine ehrliche Antwort darauf gibt, können Sie herausfinden, ob er sich körperlich zu ihr hingezogen fühlt, ob er es nur um ihrer allgemeinen Beliebtheit willen tut oder ob er wirklich gern mit diesem Mädchen zusammen ist. Auch das ist ein sehr guter Gesprächseinstieg!

Glaubst du, innerlich bereit für solche Verabredungen zu sein? Wenn ja, warum?
Das wird spannend. Warten Sie ab, was er sagt. Und dann reden Sie mit ihm darüber. Versuchen Sie, ihn zu ermutigen, aber gleichzeitig auch ehrlich mit ihm zu sein.

Warum sollte sie (oder irgendjemand anders) mit dir ausgehen wollen?
Er sollte darüber nachdenken, welche Qualitäten ein tolles Mädchen bei einem jungen Mann suchen würde. Vielleicht hat er tatsächlich eine Menge Vorzüge. So oder so ist das ein sehr interessantes Gesprächsthema und eine gute Motivation für ihn, einen guten Charakter zu entwickeln.

Inwiefern könntest du anderen ein Beispiel dafür sein, wie ein Gentleman sich verhält, wenn er mit einem Mädchen ausgeht?
Erinnern Sie Ihren Sohn daran, dass er ein Vorbild für andere Kinder sein sollte (vor allem, wenn er jüngere Geschwister hat) und dass er, wenn er sich

verabredet, auch die Verantwortung trägt, gut mit dieser Situation umzugehen. Er sollte Verabredungen als Chance betrachten, anderen Jungen gentlemanhaftes Verhalten vorzuleben!

13

Cleveres Arbeitsleben

Wert der Arbeit und Umgang mit Geld

Der Preis der Größe ist Verantwortung.

Winston Churchill

Das Thema dieses Kapitels spielt für meine jetzige Lebensphase als Mutter eine sehr wichtige Rolle. Denn bei meinen beiden ältesten Söhnen steht der große Start in die Selbstständigkeit jetzt unmittelbar bevor. Und obwohl sie mit so vielen guten Eigenschaften und Fähigkeiten gesegnet sind, ist ihre Zukunft bestenfalls ungewiss, wenn es mir nicht gelingt, sie auf ein Leben voll guter, fleißiger Arbeit und auf den richtigen Umgang mit Geld vorzubereiten.

Das, liebe Mütter, ist ein Thema, das fast ausschließlich auf uns Frauen lastet, wenn es um die Vorbereitung unserer Kinder aufs Erwachsensein geht. An unseren Schulen lernen sie nichts darüber; und obwohl ich mir das so sehr wünsche, werden unsere Jungen auch nicht von selbst die Einsichten entwickeln, die sie brauchen, um im Berufsleben und in finanziellen Dingen erfolgreich zu sein: Wie in so vielen anderen Lebensbereichen brauchen sie auch hier unsere Führung.

Arbeitende Jungen, arbeitende Männer …

Mein sechzehnjähriger Sohn Jonah ging gestern Abend noch mit Freunden in die Spätvorstellung des Kinos und kam erst kurz vor Mitternacht ins Bett. Aber irgendwie hat er es heute früh trotzdem geschafft aufzustehen, als sein Wecker um Viertel nach Fünf klingelte. Es ist Sonntag, und genau wie an vielen Sonntagen, seit er vor einem halben Jahr seinen Führerschein gemacht hat, arbeitet Jonah noch vor Sonnenaufgang ehrenamtlich beim Aufstellen der Stühle für unseren Gottesdienst mit. Zusammen mit einem Team aus vorwiegend älteren Männern funktioniert er jede Woche eine Grundschul-Cafeteria zur Kirche um.

Ich weiß nicht, was Jonah dazu veranlasst hat, sich freiwillig für diesen Job zu melden; er hat mit mir nicht darüber gesprochen, und ich glaube auch nicht, dass man ihn darum gebeten hat. Er ist einfach eines Tages dort aufgetaucht. Wie Sie sich sicherlich vorstellen können, ist dieser Junge unter den älteren Männern unserer Gemeinde schnell sehr beliebt geworden. Diese Männer – zum Teil handelt es sich dabei um pensionierte Feuerwehrmänner, Bauarbeiter und Geschäftsleute – haben mir erzählt, wie viel Freude es ihnen macht, meinen Sohn näher kennenzulernen, wenn sie in aller Herrgottsfrühe, während am Horizont langsam die Sonne aufgeht, Seite an Seite miteinander arbeiten. Mein Sohn dagegen hat eher das Gefühl, dass es für *ihn* ein Glück ist, mit diesen Männern, die so viel Lebensweisheit und Lebenserfahrung besitzen, zusammenarbeiten zu dürfen. Für einen Teenager ist es sicher nicht einfach, so früh aufzustehen, und Jonah tut das auch nicht jede Woche. Aber inzwischen ist er doch schon zu einem festen Mitglied des Teams geworden; und ich freue mich sehr darüber, dass ihm diese Arbeit so wichtig ist.

Obwohl ich nicht geplant hatte, dass mein Sohn irgendwann einmal im Aufbauteam der Kirche mitarbeiten würde, habe ich meine Jungs bewusst so erzogen, dass sie bereit und sogar begierig darauf sind, hart zu arbeiten. Das ist eine Eigenschaft, die ich sehr schätze und deren Wert ich ihnen unbedingt beibringen möchte. Das Erste, was mich dazu inspiriert hat, war ein Buch mit dem Titel *Created for Work*, das mir vor Jahren in die Hand fiel. Der Autor Bob Schultz vermittelt dem Leser darin auf wunderbare Weise, wie wichtig es ist, Jungen die Freude am Arbeiten beizubringen. In der Einleitung schreibt er: »Bei der heutigen Erziehung von Jungen ist die Bedeutung der Arbeit als bester Lehrmeister verloren gegangen. Was nützt es, lesen oder schreiben zu können, wenn ein junger Mann nicht das Herz hat zu arbeiten, etwas zu produzieren und zu schaffen? Jungen werden oft gezwungen, stundenlang, Jahr für Jahr, vor Büchern zu sitzen. … Dann, nach 12 bis 16 Jahren der Untätigkeit, wundern sich die Leute, warum ihr Teenager nur noch auf der Couch sitzen und sich mit Spielen beschäftigen will.«[68]

Meine eigenen Eltern waren meinen Brüdern und mir ein wunderbares Vorbild, indem sie sich immer große Mühe gaben, die Aufgaben zu erledigen, die gerade anstanden. Obwohl meine Mutter außerhalb des Hauses keiner Arbeit nachging, habe ich nie einen fleißigeren Menschen gekannt als sie. Ich kann mich an keinen Tag erinnern, an dem sie nicht mit Haus- und Gartenarbeit beschäftigt war oder ein köstliches selbstgekochtes Essen für unsere Familie – und oft auch noch für ein paar Gäste – zubereitet hat. Mein Vater, der aus Oklahoma stammte und in einfachen Verhältnissen aufgewachsen war, studierte Jura, ließ sich dann im pazifischen Nordwesten nieder und wurde ein erfolgreicher Anwalt. Er behauptet, der Schlüssel zu seinem Erfolg habe darin bestanden, dass er härter arbeitete als jeder andere, und ich zweifle nicht an der Wahrheit seiner Worte. Wenn er nicht in seinem Büro saß, bastelte er in seiner Holzwerkstatt herum, machte sich im Haus zu schaffen oder trainierte eine unserer Sportmannschaften. Während ich diese Zeilen schreibe, ist mein Vater gerade bei uns zu Besuch und baut aus den Holzteilen unserer alten Terrasse einen Picknicktisch für meine Familie!

Ich vermute, dass die Arbeitsmoral meiner Eltern auf mich abgefärbt hat, denn ich bin am glücklichsten, wenn ich irgendetwas zu tun habe und produktiv sein kann. Neulich fragte Luke mich am Abend: »Hattest du einen schönen Tag, Mama?« Und bevor ich antworten konnte, sagte er: »Ich weiß schon: Für dich ist ein ›guter Tag‹ ein Tag, an dem du eine Menge Arbeit erledigt hast. Ich kenne dich doch!« Da ist eindeutig etwas Wahres dran. Einiges davon verdanke ich wohl meiner gottgegebenen Persönlichkeit: Ich bin tatsächlich gern produktiv. Im Laufe der Jahre habe ich zwar die Erfahrung gemacht, dass man als Ausgleich zur Arbeit auch Ruhe, Erholung und Spiel braucht, aber ich glaube dennoch, dass wir alle am glücklichsten sind, wenn wir fleißig arbeiten und dann die Früchte unserer Bemühungen genießen können.

Es ist mir sehr wichtig, dass meine Jungs den Wert harter Arbeit schätzen lernen, weil ich wirklich glaube, dass das ein Schlüssel zu einem glücklichen Leben ist. Daher habe ich sie schon von klein auf Hausarbeiten und andere Pflichten erledigen lassen. Meine Söhne waren nicht immer begeistert davon, und natürlich spielt auch die Persönlichkeit eine Rolle dafür, wie bereitwillig ein Junge eine Aufgabe erledigt. Einige meiner Söhne haben schon von Kindesbeinen an gern Verantwortung übernommen, während andere sich lieber auf die faule Haut legen – das ist einfach Veranlagungssache. Trotzdem war ich fest entschlossen, alle meine Jungs zu fleißigen Menschen zu erziehen, also habe ich von Anfang an darauf hingearbeitet.

Nun wollen wir uns einmal überlegen, was wir tun können, um unsere Söhne zu einer guten Arbeitsmoral zu inspirieren.

Sprechen Sie über den Wert der Arbeit

Wie bei allen Lebensbereichen, um die es in diesem Buch geht, fangen wir am besten bei uns selbst an und leben unseren Söhnen die Werte vor, die wir ihnen vermitteln möchten. Wenn Sie selbst zu Faulheit neigen oder Arbeit normalerweise nicht als Segen, sondern eher als Last bezeichnen, sollten Sie jetzt vielleicht auf die Reset-Taste drücken. Wenn Sie dagegen gern sinnvolle Arbeiten übernehmen und dem

Gedanken der Verantwortung in Ihrem Leben und Ihren Gesprächen mit anderen Menschen einen hohen Stellenwert einräumen, werden Ihre Kinder diesem Beispiel folgen.

Aber wir sollten den Kindern unsere Werte nicht nur vorleben, sondern mit ihnen auch darüber sprechen, warum Arbeit so wichtig ist. Die Bibel hat zu diesem Thema viel zu sagen, und schon die kleinsten Kinder können ein paar einfache Bibelverse verstehen, die den Wert von Verantwortung und Zuverlässigkeit hervorheben:

- Wer seinen Acker bebaut, wird Brot die Fülle haben; wer aber nichtigen Dingen nachgeht, ist ein Tor. (Sprüche Salomos, 12:11)
- Die Hand der Fleißigen wird herrschen, aber die lässige Hand muss Zwangsarbeit tun. (Sprüche Salomos, 12:24)
- Was ihr auch tut, tut es mit Leib und Seele, so als wäre es für den Herrn und nicht für Menschen. (Kolosser, 3:23)
- Lasst uns also nicht müde werden, Gutes zu tun. Es wird eine Zeit kommen, in der wir eine reiche Ernte einbringen. Wir dürfen nur nicht vorher aufgeben! (Galater 6:9)

Es gibt aber auch noch eine andere praktische Möglichkeit, unseren Söhnen den Wert einer guten Arbeitsmoral zu vermitteln: Achten Sie darauf, wenn Ihr Sohn oder andere Menschen gute Arbeit leisten, und loben Sie sie dann dafür. Weisen Sie Ihre Kinder darauf hin, wenn Sie in ihrem täglichen Leben Menschen sehen, die fleißig arbeiten, und erklären Sie ihnen, dass Arbeit für Sie einen ganz besonderen Stellenwert einnimmt. Solche Bemerkungen werden bestimmt einen Eindruck bei Ihren Kindern hinterlassen. Schon beim Gang zum Supermarkt können Sie viele Menschen beobachten, die hart arbeiten. Das ist ein wunderbarer Einstieg für solche Gespräche. Aber Sie können Ihrem Sohn auch Bücher zum Lesen geben oder Geschichten erzählen, in denen es um Männer oder Frauen mit vorbildlicher Arbeitsmoral geht. Das ist eine sehr gute Möglichkeit, ihn zu Fleiß und Engagement zu inspirieren.

Geben Sie Ihrem Sohn immer etwas zu tun

Die praktischste Methode, einem Jungen etwas über das Thema Arbeit beizubringen, besteht darin, ihm Arbeit zu *geben*, damit er erlebt, was für ein Gefühl der Befriedigung sie uns schenken kann. Hausarbeiten sind der beste Trainingsplatz für einen Jungen – damit zeigen Sie ihm gewissermaßen die ersten Schritte auf dem Weg, ein Leben lang Verantwortung für Aufgaben zu übernehmen, die getan werden müssen.

Ihre Söhne können schon in jungen Jahren damit beginnen, Hausarbeiten zu erledigen. Je nachdem wie viele Kinder Sie haben und welche Aufgaben es in Ihrem Haushalt gibt, gibt es dafür unterschiedliche Systeme. Nachdem ich ein paar Jahre lang vergeblich versucht hatte, ein System zu finden, das funktionierte, habe ich schließlich eine Tabelle von Hausarbeiten erstellt, die meine Söhne im Wechsel erledigen müssen. Das hat sich in meiner Familie nun schon seit Jahren hervorragend bewährt. Die Tabelle umfasst eine Liste von Aufgaben, die jedes Kind täglich erledigen muss (Bett machen, Wäsche wegräumen und andere Arbeiten, die dem Alter und den Fähigkeiten des jeweiligen Kindes entsprechen) und eine Liste von wöchentlichen Aufgaben, die nach den verschiedenen Bereichen unseres Hauses unterteilt sind: Wohnzimmer, Küche und so weiter. In den einzelnen Räumen hängt eine detailliertere Liste mit den Aufgaben, die dort regelmäßig anfallen. Jede Woche wird jedem Kind eine andere »Verantwortungszone« zugewiesen, und wir sind alle darauf angewiesen, dass jeder seinen Teil der Hausarbeit gut erledigt.

Das Wichtigste ist, dass die Kinder den Wert der Arbeit erkennen und sich als produktive Mitglieder der Familie sehen. Sie sollen das Gefühl haben, dass andere auf sie angewiesen sind. Eine von Levis Aufgaben besteht zum Beispiel darin, jeden Tag den Besteckkasten aus unserer Geschirrspülmaschine auszuräumen. (Der restliche Geschirrdienst gehört zu den wechselnden Aufgaben meiner älteren Jungs.) Da seine Brüder schon länger daran gewöhnt sind, ihre Aufgaben morgens gleich als Erstes zu erledigen, wartet manchmal die ganze Familie auf Levi, um mit dem Frühstücksgeschirr weitermachen zu können, und macht sich über ihn lustig! Obwohl er ein kleines Schlitzohr ist, wenn es um das Thema Hausarbeit geht (und auch sonst), weiß ich, dass diese Aufgabe Levi ein Gefühl der Wichtigkeit gibt: Die Familie verlässt sich auf ihn. Er muss seine Pflicht erfüllen, damit die Familie als Ganzes richtig funktioniert. Er ist ein »Teil des Teams«.

Ich empfehle Ihnen, die Hausarbeits- und Belohnungssysteme in Ihrer Familie so einfach wie möglich zu halten. Wenn Kinder ihre Aufgaben nicht oder nur schlecht erledigen, sollte das konkrete Konsequenzen haben. In unserer Familie gibt es eine Spielregel, die lautet: »Wer nicht arbeitet, wird auch nicht bezahlt.« Manche Eltern verlangen, dass zuerst alle Aufgaben erledigt sein müssen, bevor die Kinder spielen, Sport treiben oder sich mit ihrem Tablet oder Smartphone beschäftigen dürfen – oder welche Motivation auch immer bei ihren Söhnen als »Währung« am besten funktioniert. Andere setzen ein Zeitlimit für die Aufgaben ihrer Kinder: Sie müssen vor dem Abendessen, dem Frühstück oder innerhalb einer anderen genau festgelegten Frist erledigt werden. Es gibt viele kreative Methoden, um Kinder zur Erledigung ihrer Hausarbeiten zu motivieren. Natürlich wird es immer schwierig sein, das konsequent durchzusetzen, aber ein System und klare Erwartungen sind dabei eine große Hilfe.

Kurzum: Jungen sollten dazu erzogen werden, Hausarbeiten als normalen Teil ihres Tagesablaufs zu betrachten, ohne ständig daran erinnert werden zu müssen.

Realisieren Sie gemeinsame Projekte im Familienkreis

Gemeinsam etwas für andere Menschen zu tun, ist eine wunderbare Gelegenheit für Familien, ihren Kindern Teamarbeit beizubringen. Noch bevor mein jüngster Sohn anfing, sich an den Arbeiten in unserem Haushalt zu beteiligen, nahmen wir ihn zu einer monatlichen Lebensmittelausgabe mit, bei der wir Lebensmittel verpacken und an Obdachlose und Bedürftige in unserer Gemeinde verteilen. Mit gerade einmal zwei Jahren konnte Levi schon problemlos Äpfel in eine Tüte packen, und obwohl er nicht genau wusste, worum es dabei eigentlich ging, machte es ihm großen Spaß. Mit der Zeit lernte er, dass wir das taten, um Menschen in Not zu helfen, und fing an, stolz auf seine Rolle bei der Essensausgabe zu sein.

Solche Hilfsprojekte für die ganze Familie können etwas ganz Einfaches sein: zum Beispiel das Packen eines Hilfs- oder Weihnachtspakets für ein Patenkind in der Dritten Welt. Vielleicht setzen Sie sich zusammen, um Briefe an Soldaten zu schreiben, die irgendwo an der Front kämpfen, oder backen etwas Leckeres für eine Witwe oder junge Mutter. Es gibt auch Missionsreisen für Familien, auf denen Sie und Ihre Kinder arbeiten und anderen Menschen dienen können. Für den Dienst an anderen gibt es ebenso viele Möglichkeiten, wie es kreative Menschen gibt, und ich bin überzeugt davon, dass jede Familie auf diesem Gebiet ihren eigenen Weg finden kann. So lernen die Kinder, zu arbeiten und ihren Mitmenschen zu helfen, und verstehen den Wert der Zusammenarbeit in einem Team.

Anspruchsdenken bei Ihren Söhnen vermeiden

Heutzutage liest man viel über das Problem des Anspruchsdenkens. In einem Artikel in *Psychology Today* wird Amy McCready, die Begründerin der Organisation Positive Parenting Solutions, folgendermaßen zitiert: »In unserem Bemühen, unsere Kinder vor Ungemach zu schützen, nehmen wir ihnen die Möglichkeit, Entscheidungen zu treffen, aus ihren Fehlern zu lernen und die Widerstandskraft zu entwickeln, die sie brauchen, um die Höhen und Tiefen des Lebens gut zu überstehen. Wir tun das zwar alles nur aus Liebe – aber wir sollten es damit nicht übertreiben, sonst werden unsere Kinder immer erwarten, sofort alles zu bekommen, was sie wollen.«[69]

Wenn man Kindern zu viel gibt, ohne dass sie dafür arbeiten müssen, neigen sie dazu, undankbar zu werden und ein übertriebenes

Anspruchsdenken zu entwickeln. Doch wie ich beobachtet habe, trifft auch das Gegenteil zu: Kinder, die lernen, hart zu arbeiten, entwickeln mehr Dankbarkeit und stellen keine so hohen Ansprüche. Beides geht Hand in Hand. Ein Kind, das weiß, wie es sich anfühlt, für einen kleinen Lohn körperliche Arbeit verrichten zu müssen, wird den Unterschied zwischen Wünschen und Bedürfnissen eher erkennen. Preisschilder bekommen eine ganz neue Bedeutung, wenn Ihr Sohn für das Geld, das er ausgibt, arbeiten muss.

Wir alle kennen Kinder, die erwarten, dass jeder sie bedient – Kinder, die bei der kleinsten Unannehmlichkeit jammern und sich über alles beschweren. Sicher waren Sie auch schon mal auf einer dieser Geburtstagsfeiern, bei denen das Geburtstagskind alle Geschenke aufreißt, ohne sich zu bedanken (oder noch schlimmer: weint, weil es nicht genau das bekommen hat, was es wollte). Vermutlich zucken Sie – genau wie ich – unwillkürlich zusammen, wenn Sie so etwas sehen. Und vermutlich haben auch unsere Kinder sich schon einmal so benommen. (Zumindest bei *meinen* Söhnen war das so – zu meiner Schande muss ich es gestehen …) Mit Sicherheit hatten die Eltern solcher Kinder also niemals vor, sie zu verwöhnen!

In ihrem Buch *Raising Grateful Kids in an Entitled World* zeigt Kristen Welch, wie wichtig es ist, Kinder zu Dankbarkeit und Bescheidenheit zu erziehen. Und Welchs eigenes Geständnis ist eine Mahnung an uns alle: »Diese Anspruchshaltung hat nicht bei meinen Kindern angefangen, sondern bei mir.«[70]

Leider gibt es in unserer Kultur viele faule Kinder (und Eltern) mit hohen Ansprüchen. Daher müssen wir uns in unserer eigenen Familie gegen diese Gefahr wappnen. Ein fleißiger Sohn wird wahrscheinlich dankbar und bescheiden sein und auch auf etwas warten können, was er sich wünscht – wozu verwöhnte Kinder nicht in der Lage sind. Wenn wir unser Kind zu der Einsicht erziehen, dass man sich gute Dinge erarbeiten (und eben auch manchmal darauf warten) muss, geben wir ihm genau das richtige Rüstzeug mit auf den Weg, um später einmal Geld zu verdienen und richtig damit umzugehen.

Geld ist wichtig!

Ich muss gestehen, dass ich selbst nicht gerade ein Naturtalent im Umgang mit Geld bin. Obwohl ich sehr fleißig bin, war ich doch nie besonders gut in den finanziellen Aufgaben, die erwachsene Menschen meistern müssen, zum Beispiel ein Budget aufzustellen oder mein Geld richtig zu investieren. Erst seit kurzem (seit meine ältesten Jungs kurz davor stehen, ihr Elternhaus zu verlassen) ist mir bewusst, wie lebenswichtig diese Fähigkeiten sind. Dabei geht es mir gar nicht einmal so sehr um das Geld an sich, sondern eher darum, dass man wissen sollte, wie man damit umgeht. Und zwar aus einem einfachen Grund: Wenn wir unsere Kinder in die Welt hinausschicken, ohne dass sie sich in finanziellen Dingen auskennen, sind sie in einer sehr verletzlichen Position. Finanzielle Sorgen werden sogar mit Depressionen und Selbstmord in Verbindung gebracht. Die meisten Scheidungen sind zu einem großen Teil auf finanzielle Probleme zurückzuführen. Kinder, die sich auf eigene Füße stellen, ohne ein solides Verständnis für die finanziellen Realitäten des Lebens zu haben, sind eine leichte Beute für Kreditkartenunternehmen, die sie mit der Aussicht auf leicht verfügbares Geld locken. Diese Verheißung katapultiert sie oft in einen Teufelskreis hinein, der dazu führt, dass sie für den Rest ihres Lebens in Geldnöten leben. Verschuldung ist in Amerika inzwischen schon zu einer richtigen Epidemie geworden. Hoffentlich inspiriert dieses Kapitel meines Buches Sie dazu, dafür zu sorgen, dass Ihr Sohn die wichtigsten Grundregeln im Umgang mit Geld lernt, bevor er das elterliche Haus verlässt!

Um ganz ehrlich zu sein: Es gehört zu meinen obersten Prioritäten als Elternteil, meinen Söhnen bei der Entwicklung eines guten Verständnisses für finanzielle Dinge zu helfen. Zwar bin ich auf diesem Gebiet immer noch keine Expertin, aber ich lerne immer mehr dazu und habe mir fest vorgenommen, meine Jungs zu finanziellem Verantwortungsbewusstsein zu entziehen, bevor sie unser Haus verlassen.

Nun wollen wir uns einmal überlegen, mit welchen praktischen Methoden wir unseren Söhnen einen verantwortungsvollen Umgang mit Geld beibringen können.

Bezahlen Sie ihn für Arbeiten, die er im Haushalt erledigt

Unsere Familie bezeichnet es als Taschengeld; doch manche Geldexperten halten den Begriff »Vergütung« für besser. Letzten Endes kommt es dabei darauf an, dass man Kinder nur für die Arbeit bezahlen sollte, die sie auch wirklich leisten. Man sollte ihnen kein Geld geben, nur weil sie existieren.

Ich habe gehört, dass manche Eltern dagegen sind, Kindern etwas dafür zu bezahlen, dass sie im Haushalt mithelfen. Ihrer Meinung nach sollten die Kinder das einfach tun, weil sie zur Familie gehören. Ich kann diese Sichtweise nachvollziehen und stimme ihr auch bis zu einem gewissen Grad zu. Auch meine Jungs erledigen jeden Tag Arbeiten im Haushalt, nur um zu helfen. Aber bestimmten Aufgaben einen Geldwert zuzuweisen (und diesen Betrag einzubehalten, wenn die Aufgaben nicht oder schlecht erledigt werden), ist eine wunderbare Möglichkeit, unsere Jungs an das wirkliche Leben heranzuführen, in dem man arbeiten muss, um Geld zu verdienen. Auf diese Weise können sie lernen, mit ihrem Geld hauszuhalten und die Früchte ihrer Arbeit zu schätzen. Das ist ein gutes Training für das wahre Leben.

Ich würde vorschlagen, dass Sie mit kleinen Zahlungen beginnen und den Betrag erhöhen, sobald die Leistungsfähigkeit (und damit auch das Arbeitspensum) Ihres Sohnes sich erhöht. Sie könnten ihm auch die Möglichkeit geben, zusätzliche Arbeit zu leisten, um mehr Geld zu verdienen. Das ist ein großartiger Motivationsfaktor, wenn er für ein Sommercamp spart oder sich etwas Besonderes kaufen möchte.

Helfen Sie ihm, ein System im Umgang mit Geld zu entwickeln

Wir haben in unserer Familie ein System für Sparen, Geldausgeben und Spenden. Sie können dafür Briefumschläge oder Gläser verwenden oder den Anteil des Geldes, den Ihre Söhne sparen möchten, sogar auf ein Sparkonto legen. Wir haben unsere Jungs von klein auf dazu angehalten, 10 Prozent ihres Taschengelds (oder des gesamten Geldes, das sie bekommen oder verdienen) in eine Spendenkasse zu legen und an unsere Kirchengemeinde zu spenden. Dadurch sollen wir uns bewusst machen, dass alles, was wir besitzen, vom Herrn kommt. In der Bibel betrug der »Zehnte« 10 Prozent – also halten wir das auch so. Der Rest des Geldes wird zwischen den Kategorien »Sparen« und »Ausgeben« aufgeteilt. Je nach dem Alter und den Zielen Ihrer Söhne kann diese Verteilung unterschiedlich ausfallen, doch ungefähr die Hälfte von dem, was nach der Abgabe des Zehnten übrig bleibt, wird auf die beiden anderen Kassen verteilt. Der »Sparfonds« ist normalerweise für größere Ausgaben wie ein Surfbrett, eine Kamera oder einen Ausflug mit der Jugendgruppe bestimmt. Der »Ausgabenfonds« ist das Geld, das unsere Jungs für ihre persönliche Unterhaltung oder ihre Vergnügungen abheben, zum Beispiel um sich eine Packung Kaugummi oder ein neues Spiel zu kaufen oder ins Kino zu gehen.

Konkrete Gespräche über Geldangelegenheiten führen

Suchen Sie nach Möglichkeiten, altersgerechte Gespräche über das Thema Geld in Ihren Familienalltag einzubauen! Wenn Ihr Fünfjähriger sich ein Spielzeug wünscht, können Sie mit ihm zum Beispiel darüber reden, wie viele Wochen »Hausarbeitsgeld« das kosten würde, und ihn fragen, ob er dafür sparen möchte.

Wenn Kinder älter werden, können Sie interessante und praxisorientierte Gespräche über Berufe führen, die sie später gern einmal ausüben würden, und dann mit ihnen besprechen, wie viel sie in diesen Jobs verdienen würden und was es kostet, eine Familie zu unterhalten. Ob Ihre Söhne nun gern in einem Videospielladen arbeiten wollen (der Traumjob vieler Viertklässler) oder lieber Zirkusartist oder Astronaut werden möchten: Sie können mühelos herausfinden, wie viel sie dabei verdienen würden, und ihnen dann aufzeigen, was für einen Lebensstil sie sich in ihrem Traumjob leisten könnten – aber nicht mit dem Ziel, ihnen Angst einzujagen, sondern sie auf den Boden der Realität herunterzuholen. (*Na gut, vielleicht möchte ich meinen Söhnen damit manchmal tatsächlich ein bisschen Angst machen …*)

Manchen Kindern ist nicht klar, wie lange ihre Eltern und andere Erwachsene gebraucht haben, um sich die Annehmlichkeiten ihres Haushalts und Lebensstils leisten zu können. Junge Leute, die gerade vom Gymnasium oder von der Universität kommen, erwarten oft, genauso leben zu können, wie sie es bei ihren Eltern beobachtet haben, und vergessen dabei, wie lange die Eltern gebraucht haben, um so weit zu kommen. Mit solchen Gesprächen können wir unseren Söhnen helfen, sich langfristige Ziele zu setzen und die Geduld zu entwickeln, auf diese Ziele hinzuarbeiten.

Sie sollten Ihren Söhnen aber auch grundlegende Konzepte wie Zinsen, Ersparnisse, Schulden, Kreditkarten und Darlehen beibringen. Wenn Sie sich darin nicht auskennen, suchen Sie sich ein einfaches Buch.

Egal wie Sie es anfangen – Sie sollten Ihren Sohn auf jeden Fall dazu bringen, konkret über seine Zukunft nachzudenken. Manchmal genügt es schon, ihn in die Grundlagen des Themas Finanzen einzuführen. Im Teenageralter können viele Jungen solche Konzepte schon begreifen und begeistern sich sogar dafür! Doch da nicht alle Kinder ein gutes Gespür für finanzielle Dinge haben und viele von Natur aus impulsiv sind (»Oh Mann, diesen Schokoriegel muss ich unbedingt haben!«), brauchen sie unter Umständen die Hilfe eines Elternteils, der sie bei ihrem Umgang mit Geld überwacht und wichtige finanzielle Themen von Anfang an mit Ihnen bespricht.

Wenn wir ihnen die Möglichkeit geben, die Nachteile falscher Entscheidungen am eigenen Leib zu erfahren (»Au weia, ich hab mir Süßigkeiten gekauft, und jetzt kann ich nicht mehr ins Kino gehen!«), werden sie schneller lernen, worauf es ankommt.

Das Konzept der Opportunitätskosten vermitteln

Mit dem Begriff *Opportunitätskosten* ist gemeint, dass Sie, wenn Sie Ihr Geld für etwas Bestimmtes ausgeben, auf den Nutzen verzichten, den Ihnen *eine andere Verwendung* dieses Geldes gebracht hätte. Oder um es mit den Worten eines kleinen Jungen auszudrücken: »Wenn du dir dieses Spielzeug oder Videospiel kaufst, hast du kein Geld mehr für das Skateboard.«

Im Teenageralter sollten Ihre Kinder in der Lage sein, Entscheidungen gegeneinander abzuwägen, und verstehen, dass jede Entscheidung eine Konsequenz hat. Das gilt auch für die Dinge, die sie sich wünschen, und die damit einhergehende Verantwortung. Wenn man zum Beispiel einen Hund haben möchte, muss man bereit sein, sich um ihn zu kümmern und jeden Tag seine Kacke wegzuräumen. Wenn man ein Gerät kauft, muss man gut damit umgehen, es unter Umständen reparieren lassen und so weiter.

Praktische Erfahrungen in der Arbeitswelt ermöglichen

Es ist erstaunlich, was Kinder alles lernen können, wenn sie für jemand anderen als für ihre Eltern arbeiten. Selbst ein vielbeschäftigtes Kind kann in den Schulpausen oder am Wochenende außerhalb seines Zuhauses Geld verdienen. Von Gartenarbeiten über Hundeausführen bis hin zum Fensterputzen oder zu technischen Arbeiten – jeder Junge hat irgendein besonderes Talent. Helfen Sie Ihrem Sohn, einen einfachen Lebenslauf zu erstellen, ermutigen Sie ihn, sich zu überlegen, welche Nachfrage er decken könnte, und spornen Sie ihn dazu an, bei seiner Arbeit Spitzenleistungen zu erbringen.

Optionen nach dem Abitur

Jungen Männern stehen nach dem Abitur verschiedene Möglichkeiten offen. Viele von uns sind noch mit der Jeder-sollte-studieren-Mentalität aufgewachsen; doch zahlreiche Experten empfehlen inzwischen andere Alternativen, weil sie langfristig bessere Chancen bieten. Viele der Berufe, die junge Menschen heutzutage anstreben, erfordern nicht unbedingt ein Studium, sondern die Kinder sollten dafür lieber eine Lehre absolvieren oder eine Berufsschule besuchen.

Ein einfacher Blick auf die Gebühren verschiedener Schulen und das Einkommen, das Ihr Sohn in seinem Wunschjob später einmal erzielen wird, kann Ihnen diese Entscheidung vereinfachen. (Und denken Sie auch daran, wie viele Studienabsolventen dann doch nicht ihren Traumjob bekommen, sondern sich mit irgendetwas anderem durchschlagen müssen, um ihren Studentenkredit abzahlen zu können!) Mit einer praxisorientierten, realistischen Sichtweise des Themas Berufswahl können Sie Ihrem Sohn eine Menge Enttäuschungen ersparen. Ich empfehle Ihnen, dieses wichtige Gespräch am besten so früh wie möglich zu führen.

Für Schüler, die über ihren nächsten Schritt nach dem Abitur nachdenken, gibt es eine ganze Menge hervorragender Hilfsmittel – von Karriere-, Persönlichkeits- und Eignungstests bis hin zu StrengthsFinder und Berufsberatung. Indem sie ihre Stärken entdecken und sich auf ihre angeborenen Interessen und Begabungen konzentrieren, können junge Männer sich eine Menge Zeit und Geld sparen, die sie sonst vielleicht für ein Studium investiert hätten, das gar nicht zu ihnen passt.

Wenn Sie und Ihr Sohn gemeinsam entscheiden, dass ein Studium der beste nächste Schritt ist, sollten Sie möglichst frühzeitig mit der Planung beginnen, indem Sie zunächst mit einem Vertrauenslehrer sprechen und Freunde fragen, die auf diesem Weg schon ein paar Jahre weiter sind.

Die Vorteile einer kleinen Auszeit

Manche junge Menschen sind bereit, sich nach dem Abitur sofort in ihre Zukunft zu stürzen, aber andere nicht. Josiah hat sein Abitur mit siebzehn gemacht und beschlossen, erst mal ein Jahr zu pausieren, bevor er in seine Zukunft startete. Das hat sich später als eine der besten Entscheidungen seines bisherigen Lebens erwiesen. Während dieses Jahres bekam er einen gut bezahlten Job in einem Restaurant (Geschirr spülen und Tische abräumen) und begann, sich sein Geld einzuteilen und zu sparen. Da er eine Arbeit hatte und kurz nach seinem Abitur achtzehn Jahre alt wurde, verlangten wir von ihm, dass er für viele seiner Ausgaben selbst aufkam.

Josiah lernt gerne und war sich sicher, dass er später einmal studieren wollte. Im Familienrat haben wir uns darauf geeinigt, dass wir kein Darlehen für sein Studium aufnehmen würden, oder wenn, dann nur in minimaler Höhe. Daher hat Josiah während seiner kleinen Auszeit nach dem Abitur alle möglichen Optionen in Betracht gezogen – und zwar in aller Ruhe, was er in der Hektik seiner letzten Schuljahre nicht gekonnt hatte. Er schaute sich Community-Colleges und staatliche Schulen an und träumte auch von einer kleineren Privatschule in Kalifornien, die allerdings viel teurer war.

Je mehr Wissen Josiah zu diesem Thema erwarb, umso motivierter wurde er mit der Zeit. Er lernte für seine standardisierten Tests und wiederholte sie, wodurch sich seine Punktzahlen deutlich verbesserten. Er investierte viel Zeit in seine College-Aufsätze und suchte intensiv nach Online-Stipendien. Bis zum Frühjahr hatte Josiah gute Stipendienangebote von zwei seiner bevorzugten Colleges erhalten, was nie passiert wäre, wenn er im Jahr davor direkt aufs College gegangen wäre. Außerdem hatte er viele Bücher gelesen und großes Interesse am

Thema Finanzen und am Wertpapierhandel entwickelt. Er lernte viel über den Aktienmarkt und über Investmentfonds und arbeitete hart, um Geld zu sparen, damit er während seines Studiums weiter in einen solchen Fonds investieren konnte. Ich übertreibe nicht, wenn ich sage, dass Josiahs Auszeit den Verlauf seiner College-Ausbildung und wahrscheinlich sein ganzes Leben positiv beeinflusst hat. Dafür bin ich so dankbar!

Natürlich sind all diese Vorteile nicht auf die Auszeit allein zurückzuführen. Ein anderer junger Mann hätte eine solche Zeit vielleicht mit Faulheit oder Unkonzentriertheit verschwendet. Vor diesem Hintergrund müssen Sie gemeinsam mit Ihrem Sohn entscheiden, ob eine Auszeit für ihn infrage kommt oder nicht. Braucht er mehr Zeit, um seine Optionen zu überdenken, Geld zu sparen und vernünftige Ziele ins Auge zu fassen? Falls er sich dafür entscheiden sollte, könnten Sie ihm helfen, diese Zeit so zu gestalten, dass er den größtmöglichen Nutzen daraus zieht. Auch mein Sohn Jonah hat eventuell vor, sich nach dem Abitur eine Auszeit zu nehmen, und wir haben bereits begonnen, darüber zu sprechen, wie er diese Zeit nutzen wird.

***

All dieses Gerede über die Vorbereitung auf das Erwachsensein mag Ihnen vielleicht verfrüht erscheinen, wenn Ihr Sohn noch klein ist. Aber unsere Jungs werden so schnell erwachsen! Egal ob Ihr Sohn noch klein oder schon fast erwachsen ist – ich hoffe, Sie fühlen sich nun dazu inspiriert und dafür gerüstet, ihn zu einem fleißigen jungen Mann zu erziehen, der spart, investiert und der Gemeinschaft etwas zurückgibt. Behalten Sie dieses Ziel im Auge, dann werden Sie Ihren Jungen im Handumdrehen zu einem Mann erzogen haben, der für alles gewappnet ist, womit das Leben ihn konfrontieren wird.

Ein paar persönliche Fragen an Sie

1. Was für Arbeiten verrichtet Ihr Sohn zurzeit, und welche Aufgaben könnte er in Angriff nehmen? Zu welchen Einstellungen und Lebensgewohnheiten könnten Sie ihn erziehen oder was für Gespräche könnten Sie mit ihm führen, damit ein fleißiger Mensch aus ihm wird, der gerne arbeitet?

2. Wie können Sie Ihrem Sohn eine gute Arbeitsmoral vorleben? Was könnten Sie tun, um ihm ein besseres Vorbild zu sein?

3. Welche Schritte haben Sie bisher unternommen, um Ihrem Sohn die Grundlagen eines guten Umgangs mit Geld nahezubringen? Welche nächsten Schritte würden ihm dabei am meisten helfen?

4. Welche Einstellung hat Ihr Sohn momentan zu seiner Zukunft? An welche Quellen können Sie ihn verweisen, um ihm zu helfen, fundierte Entscheidungen für sein Leben nach dem Abitur zu treffen?

Welche Lebenskompetenzen sollte Ihr Sohn in welchem Alter beherrschen?

Die folgende Tabelle zeigt, was unsere Söhne in welchem Alter können sollten. Natürlich sind ein paar kleinere Abweichungen normal, denn Jungen unterscheiden sich in ihrem Reifegrad, ihrer Entwicklung und anderen Faktoren voneinander.

2 bis 3 Jahre
Er lernt, einfache Aufgaben zu erledigen.

- Mama helfen, Dinge zu sortieren (Wäsche, Spielzeug usw.)
- Spielsachen wegräumen
- Nach dem Essen den Tisch abräumen
- Sich selbst anziehen (wenn nötig mit ein bisschen Hilfe)
- Beim Einräumen des Bestecks helfen
- Schmutzige Kleidung in den Wäschekorb legen

4 bis 5 Jahre
In dieser Phase liegt das Hauptaugenmerk auf Sicherheit und Selbstständigkeit.

- Seinen Vor- und Nachnamen kennen
- Die Telefonnummer seiner Eltern (oder die Adresse) kennen
- Wissen, wie man den Notruf wählt
- Schwimmen lernen
- Saubere Kleidung in den Schrank räumen
- Einfache Hausarbeiten lernen: Küchenanrichte abwischen, aufräumen
- Seine Kleidung aussuchen und sich selbst anziehen
- Bei der Fütterung und Pflege von Haustieren helfen
- Zähne putzen, Haare kämmen, duschen

- Taschengeld in Empfang nehmen und an einem sicheren Ort aufbewahren
- Anständige Umgangsformen einüben

6 bis 7 Jahre
Erhöhte Selbstständigkeit und Eigenverantwortung sind nun gefordert.

- Sich an einen einfachen Zeitplan oder einfache Abläufe für morgens, nach der Schule und vor dem Schlafengehen halten, ohne oft dazu ermahnt werden zu müssen
- Mischen, rühren und mit einem stumpfen Messer schneiden
- Geschirr von Hand spülen oder richtig in die Spülmaschine einräumen
- Beim Hereintragen und Einräumen von Lebensmitteln helfen
- Einfache Zwischenmahlzeiten selbst zubereiten: Erdnussbutter und Marmelade aufs Brot streichen, gesunde Snacks wie Nüsse, Käse und frisches Obst finden, Wasser oder Saft vorsichtig eingießen
- Niedrige Fenster putzen
- Sein Bett machen
- Gute Manieren einüben (z. B. Gäste begrüßen und anderen die Tür aufhalten)
- Geldbeträge auf drei verschiedene Kassen (Sparen, Ausgeben und Spenden) aufteilen
- Geburtstags- oder Dankeskarten basteln

8 bis 9 Jahre

- Ein tägliches Hygieneprogramm absolvieren (Zähne putzen, Gesicht waschen usw.), ohne dass man es ihm sagen muss
- Auf die Zeit achten und verantwortungsvoll damit umgehen (z. B. 30 Minuten lang spielen und dann freiwillig pünktlich damit aufhören)
- Einfache Wäsche waschen, Kleidungsstücke zusammenlegen
- Sich selbst um seine Spielsachen und Spielgeräte (einschließlich Fahrräder, Skateboards, alles Spielzeug für draußen und drinnen) kümmern

- Sein Zimmer in Ordnung halten und sich um seine Sachen kümmern
- Vermehrte Reinigungsaufgaben im Haushalt: fegen und wischen, Geschirr spülen und so weiter.
- To-do- oder Einkaufsliste erstellen
- Snacks oder einfache Mahlzeiten nach Rezept zubereiten
- Bei Arbeiten im Freien (z. B. Rasenmähen) mithelfen, nachdem man es ihm erklärt hat
- Müll hinunterbringen und den Müllbeutel wechseln
- Wissen, wie man Kleingeld zählt und mit Geld umgeht
- Mit Erwachsenen sprechen, Blickkontakt herstellen und die Hand geben

10 bis 13 Jahre

- Für kurze Zeit allein zu Hause bleiben können
- Selbstständig einkaufen und wissen, ob das Wechselgeld richtig herausgegeben wurde
- Seine Bettwäsche selbst wechseln und waschen
- Etiketten lesen und nach Rezepten kochen
- Mit Geduld und Reife bei der Betreuung jüngerer Geschwister mithelfen
- Einen Zeitplan für den Tag aufstellen und sich dann auch daran halten
- Wecker stellen und ohne fremde Hilfe aufstehen
- Gartenarbeit erledigen und einfache Maschinen sicher bedienen, nachdem man ihn dazu angeleitet hat

14 bis 18 Jahre

- Alle Bereiche des Hauses (einschließlich Badezimmer, Fußböden und die ganze Küche) reinigen können
- Lebenslauf schreiben und sich um einen Job bewerben
- Etiketten von Medikamenten lesen und wichtige Anweisungen befolgen
- Kompetent mit Schulen, Arztpraxen oder Angehörigen anderer Berufsgruppen kommunizieren
- Mahlzeiten planen, zubereiten und anschließend aufräumen

- Ein Sparkonto eröffnen. Das Wichtigste im Umgang mit seinen persönlichen Finanzen erlernen. Sparen, ausgeben und spenden.
- Falls gewünscht, mit der Vorbereitung aufs Studium beginnen. Mit Universitäten Kontakt aufnehmen, sich um die Aufnahme bewerben und standardisierte Tests absolvieren. (Die Eltern können helfen, sollten ihm aber keine Arbeit abnehmen.)

Ab 18 Jahren

- Arzt- und Zahnarzttermine vereinbaren, daran denken und selbstständig hinfahren
- Seine Finanzen selbst verwalten: Girokonto eröffnen, sich an ein Budget halten, Geld investieren und einen Plan für seine finanzielle Zukunft haben
- Einfache Wartungsarbeiten und Reparaturen an Autos durchführen
- Einen Terminkalender führen und die Verantwortung für seinen Arbeitsplan übernehmen, Familiengeburtstage und besondere Anlässe kennen, soziale Beziehungen und Kontakte innerhalb der Gemeinde pflegen
- Lösungen für Haushaltsfragen und persönliche Probleme finden, indem er das Internet und andere Informationsquellen nutzt
- Einfache Verträge lesen und verstehen: Mietvertrag für die Wohnung, Autokredit oder Leasing und so weiter.

14

Auf die Plätze, fertig, los!

Habe ich dir nicht geboten: Sei getrost und unverzagt? Lass dir nicht grauen und entsetze dich nicht; denn der Herr, dein Gott, ist mit dir in allem, was du tun wirst.

Josua 1:9

Vor kurzem stieß ich auf ein paar alte Fotos von der Weihnachtsfeier im Kindergarten meines ältesten Sohnes. Einige davon brachten mich zum Lachen und weckten lebhafte Erinnerungen in mir. Während dieser Aufführung war mein Mann näher an die Bühne herangegangen, um ungehindert Fotos von Josiah machen zu können, der inmitten von zwanzig weihnachtlich gekleideten Kindern stand. Sie sangen und ahmten die Handbewegungen des Lehrers nach. Es war so süß!

Dave schaffte es, unseren Sohn zu fotografieren, ohne dass sich andere Kinder dazwischenschoben; doch Josiah sah auf allen Fotos gleich aus: Während er gehorsam mitsang und die Handbewegungen nachmachte, gingen ihm eindeutig ganz andere Gedanken im Kopf herum. Sein Blick war zur Seite gerichtet, und seine großen Augen und sein Gesichtsausdruck signalisierten Besorgnis. Ich erinnere mich noch so gut daran! Es war der panische Wo-ist-Mama-Blick.

Um ihn zu beruhigen, hatten wir ihm vor der Aufführung gesagt, auf welcher Seite der großen Turnhalle wir sitzen würden. Kaum stand er auf der Bühne, schien er sich sofort zu vergewissern, ob wir uns auch wirklich daran gehalten hatten. Ich erinnere mich noch an seine suchenden, ängstlichen Blicke, mit denen er verzweifelt Kontakt zu seiner Mama aufzunehmen versuchte. Und ich weiß auch noch genau, wie sein Gesichtsausdruck sich veränderte, als er mich endlich entdeckt hatte und ihn ein Gefühl der Sicherheit überkam. Der Rest der Aufführung verlief ohne Probleme, obwohl ich alle paar Minuten seinen suchenden Blick auffing, mit dem er sichergehen wollte, ob ich auch wirklich noch da war.

Machen wir nun einen Zeitsprung zu einer ähnlichen und doch ganz anderen Szene am gestrigen Tag. Ich schreibe dieses letzte Kapitel meines Buches an einem sehr wichtigen Wendepunkt meines Lebens: Ich sitze gerade in einem Flugzeug, elfeinhalb Kilometer über dem Ozean, auf dem Rückflug nach Hawaii, nachdem ich denselben Sohn an seinem College in Kalifornien abgesetzt habe.

(Kurze Pause, um ein paar Tränen abzuwischen.)

Sie können mir glauben, dass ich dieses Kind schon jetzt ungeheuer vermisse. Aber ehrlich gesagt geht es mir trotzdem gut. Ich bin sogar sehr glücklich, denn mein Sohn ist inzwischen eindeutig bereit, seine Flügel auszubreiten und auf eigenen Füßen zu stehen. Natürlich hilft mein Vertrauen zu dem kleinen christlichen College, das er besuchen wird, mir dabei sehr. Ich bin überzeugt davon, dass das ein wunderbarer nächster Schritt für ihn ist. Aber nicht nur das: Er ist auch innerlich bereit für diesen Start ins Leben. Wir haben uns in sehr glücklicher Stimmung voneinander verabschiedet, und Josiah freut sich schon sehr darauf, an seinem College ganz viele gute, christlich gesinnte Freunde zu finden (genau das, wonach er sich als Teenager immer gesehnt hatte) und morgen früh mit einigen sehr anspruchsvollen Kursen zu beginnen. Er lernt furchtbar gerne! *Gott segne ihn.*

Aber gestern, als Dave und ich den Rednern bei der Eröffnungsfeier zuhörten, musste ich wieder an die Szene aus Josiahs Weihnachtsfeier im Kindergarten zurückdenken. Wieder saßen Dave und ich an einem ganz bestimmten Platz im Zuschauerraum in der Hoffnung, Josiah würde sich daran erinnern, dass wir bei einer früheren Veranstaltung dort gesessen hatten. Es dauerte ein paar Minuten, aber schließlich entdeckten wir unseren Sohn, der inmitten all der neuen Studenten saß – einen großen, schlaksigen Jungen zu seiner Linken und ein hübsches Mädchen, das sich neben ihm sehr wohlzufühlen schien, zu seiner Rechten. Während der anderthalbstündigen Zeremonie warfen Dave und ich Josiah immer wieder Blicke zu in der Hoffnung, er würde zurückschauen – und um Blickkontakt mit ihm herzustellen und ihm die Sicherheit zu geben: *Ja! Wir sind hier!*

Einmal sah er sich im Zuschauerraum um, ließ seine Blicke nach links und rechts schweifen, und ich hob meine Hand zu einem zögerlichen Winken. Aber unsere Blicke trafen sich nicht, und bald schaute er wieder geradeaus und hörte dem Redner zu. Ich sah, wie er dem Jungen zu seiner Linken etwas zuflüsterte und mit dem Mädchen zu seiner Rechten über irgendetwas lachte. Ich wartete darauf, dass er noch einmal nach uns Ausschau hielt, und wünschte mir, ich könnte eine Familienflagge oder irgendetwas anderes schwenken, um mich zu erkennen zu geben.

Doch dann wurde mir klar: Er hatte eigentlich gar nicht nach mir gesucht. Er fühlte sich nicht ängstlich oder beunruhigt oder unsicher. Er fühlte sich sehr wohl in seiner Haut. Am Ende des Gottesdienstes, als eine Gruppe von Dudelsackspielern in Schottenröcken auftrat und die Schüler zur Hintertür hinausführte (und wir Eltern zurückblieben, um uns die Tränen abzuwischen und einander unbeholfen zuzulächeln), drehte Josiah sich tatsächlich um, richtete seinen Blick direkt auf uns und winkte uns mit einem breiten Grinsen zu.

»Er wusste die ganze Zeit, wo wir waren!«, sagte ich zu Dave und schüttelte den Kopf.

Dave lächelte, zog mich an sich und sagte leise: »Er ist wirklich bereit für diesen nächsten Schritt in seinem Leben.«

Ja, das ist er. Und das war schließlich immer unser Ziel, wie ich mir in den letzten Tagen ungefähr viertausendmal vor Augen gehalten habe. Das war unser Ziel.

Und das ist die Zukunftsvision, die ich Ihnen vermitteln möchte, liebe Mütter: Mit allem, was Sie jetzt tun, leisten Sie einen Beitrag zu dem Mann, der Ihr Sohn eines Tages werden wird. Wenn Sie heute eine gesunde Beziehung zu diesem kleinen Jungen aufbauen, kommen Sie dadurch alle beide dem Tag näher, an dem er Ihnen mit einem breiten Lächeln zuwinken wird, weil er Sie liebt und schätzt, und nicht weil er bedürftig oder unsicher ist.

Sie haben nun alle Kapitel gelesen und dafür einen herzlichen Glückwunsch und eine Umarmung verdient. Wir haben ein paar sehr wichtige Themen behandelt. Vielleicht haben Sie in einigen dieser Lebensbereiche das Gefühl, bei der Erziehung Ihres Sohnes alles richtig gemacht zu machen, während Sie sich von anderen in dieser Hinsicht noch ein bisschen überfordert fühlen. Das ist völlig normal!

Vielleicht konnte ich nicht alle Themen behandeln, die Sie auf dem Herzen haben. (Sorry!) Doch egal welche Herausforderungen bei der Erziehung Ihres Sohnes auf Sie zukommen – ich gebe Ihnen den gleichen Rat wie allen anderen Müttern: Denken Sie dabei stets an den Mann, der eines Tages aus ihm werden soll. Lieben Sie ihn so, wie er andere Menschen lieben soll. Disziplinieren Sie ihn, damit er Selbstdisziplin lernt. Seien Sie ihm mit Ihrem Charakter ein gutes Beispiel und vermitteln Sie ihm gute Lebensgewohnheiten. Bringen Sie ihn mit Büchern, guten Vorbildern, der Natur und all den anderen Dingen in Kontakt, die ihn zu dem Mann machen können, der er eines Tages werden soll. Sagen Sie Nein, wenn Sie wissen, dass es das Richtige für ihn ist, und sagen Sie Ja, so oft Sie können. Reden Sie mit ihm, hören Sie ihm zu und freuen Sie sich in jeder Hinsicht an ihm! Und vor allem: Sorgen Sie dafür, dass er den Einen kennt, der ihn erschaffen hat, der ihn immer wieder ansporn und auf seinem Weg in die Zukunft begleitet, auch wenn Sie es einmal nicht können.

Die richtige Erziehung ist ungeheuer wichtig. Ja, Gott ist unser oberster Herr, und durch seine Gnade entstehen alle guten Eigenschaften, die unsere Söhne dank (oder manchmal vielleicht auch *trotz)* unserer Erziehung entwickeln. Aber Er bietet uns Müttern eine großartige

Chance, bei der Erziehung unserer Söhne mit Ihm zusammenzuarbeiten. Was für ein Privileg!

Wir müssen auch bedenken, dass unsere Söhne einen freien Willen haben und dass in ihrem Leben vielleicht alle möglichen Prüfungen und Schwierigkeiten auf sie zukommen werden. Aber kein Tag, an dem wir sie bewusst erziehen und dabei eine gute Zukunftsvision für sie vor Augen haben, ist umsonst. *Alles, was wir tun, ist wichtig.*

Als Eltern lernen und wachsen Sie und ich gemeinsam mit unseren Kindern, und ich hoffe, dass Sie sich an diesen roten Faden der Gnade erinnern, der sich durch unser aller Leben hindurchziehen muss. Dass Sie sich die Zeit genommen haben, dieses Buch zu lesen, sagt schon sehr viel über Ihr Engagement für Ihren Sohn aus. Eine Mutter zu sein, die ihren Sohn planvoll und bewusst erzieht, ist ein Ausdauersport, und Sie sind jetzt offiziell im Rennen. *Weiter so!*

Wenn Ihr Sohn noch klein ist, hoffe ich, dass Sie dieses Buch behalten, um es immer wieder zur Hand zu nehmen. Ich stelle mir gerne vor, wie ich Sie durch diese Jahre der Kindererziehung begleite. Und hoffentlich stellen Sie sich jedes Mal, wenn Sie nach meinem Buch greifen, vor, wie ich Ihnen mit einem breiten Lächeln am Tisch gegenübersitze und Ihnen eine frisch aufgebrühte Tasse Kaffee reiche. Ich werde bei jedem Schritt, den Sie auf diesem Weg gehen, für Sie beten.

Wenn Ihr Sohn schon etwas älter ist, machen Sie sich vielleicht Sorgen darüber, zu viele wichtige Erziehungschancen versäumt zu haben, oder bedauern das sogar. Solche Überlegungen können ein gesunder, notwendiger Schritt sein, der uns hilft, uns immer wieder aufs Neue über unsere Zukunftsvision für unsere Kinder klarzuwerden und sie notfalls auch zu revidieren. Doch wir sollten nicht an diesem Punkt stehenbleiben. Denken Sie daran, dass Gott niemanden verurteilt, der mit Jesus Christus verbunden ist (siehe Römer 8:1). *Niemanden.* Es ist niemals zu spät; Gott hat sich darauf spezialisiert, uns von unseren Fehlern zu erlösen, unsere Wunden zu heilen, uns innerlich aufzubauen und unseren Blick auf die Zukunft zu richten. Denken Sie daran, dass Ihre Beziehung zu Ihrem Sohn sich schon durch ein einziges Gespräch, ein einziges Gebet, eine einzige hilfreiche Information oder Änderung Ihrer Vorgehensweise von Grund auf verändern kann. Ich persönlich drücke oft auf den Reset-Knopf. Selbst beim Schreiben dieses Buches brauchte ich jede Menge Vergebung, Gnade und Neuanfänge. Ich hoffe, dass die Zeit, die wir miteinander verbracht haben, Ihnen helfen wird, sich in Ihrem Denken, Fühlen und Handeln neu zu orientieren, wenn es notwendig ist.

Da die meisten von uns regelmäßige Erinnerungshilfen und auch öfter mal eine Neuorientierung brauchen, finden Sie auf den nächsten Seiten ein Manifest für Mütter von Söhnen. Ich habe mein Bestes getan, um aus dem Inhalt dieses Buches zwölf wichtige Punkte abzuleiten. Ich hoffe, Sie werden dieses Manifest stets bei sich tragen oder sogar auswendig lernen, um sich dadurch bei der wichtigen Rolle, die Sie im Leben Ihres Sohnes spielen, inspirieren zu lassen.

Lassen Sie uns das Ziel im Auge behalten, wunderbare Söhne zu erziehen. Wir wollen unsere Maßstäbe hochhalten und unseren Söhnen perfekte Beispiele von unvollkommenen Müttern geben, die immer wieder versuchen, alles richtig zu machen.

Genießen Sie diese Reise!
Mit viel Aloha,
Ihre Monica

Manifest für Mütter von Söhnen

Ich bin Mutter eines Sohnes. Mein größtes Ziel besteht darin, ihn so zu erziehen, dass er hundertprozentig darauf vorbereitet ist, als Mann in die Welt hinauszugehen – in jedem positiven Sinn dieses Wortes.

Als Mutter verpflichte ich mich, jeden Tag etwas für meinen Sohn zu tun. Ich werde …

1. mich bemühen, eine gesunde Beziehung zu ihm aufzubauen und aufrechtzuerhalten – eine Beziehung, die auf bedingungsloser Liebe, Vertrauen, Respekt und Gnade beruht.

2. meinem Sohn die Grenzen setzen und die Freiheiten lassen, von denen ich glaube, dass sie für ihn am besten sind – egal ob er sich dagegen wehrt oder ob andere Menschen Druck auf ihn ausüben. Mit Gottes Hilfe werde ich ihn fair, liebevoll und konsequent disziplinieren.

3. meinen Sohn durch Anleitung und durch mein persönliches Vorbild in eine Beziehung zu Gott führen, täglich für ihn beten und ihm nach Kräften helfen, ein lebendiges, religiöses Leben zu führen.

4. meinem Sohn helfen, eine sichere Identität aufzubauen, die auf Gottes Liebe und dem einmaligen Plan beruht, den Gott für sein Leben hat.

5. mich darauf konzentrieren, bei mir selbst und meinem Sohn gute Charaktereigenschaften zu entwickeln.

6. meinen Sohn mit klugen Menschen umgeben, die einen positiven Einfluss auf ihn haben, und ihn dazu anleiten, die richtigen Entscheidungen darüber zu treffen, welchen Menschen und Dingen er in seinem Leben ein Mitspracherecht einräumen soll.

7. meinem Sohn zeigen, wie er eine gesunde Beziehung zu unseren modernen Technologien entwickeln kann – eine Beziehung, in der sich unsere Werte widerspiegeln und in der zwischenmenschliche Beziehungen und andere gesunde Aktivitäten oberste Priorität haben.

8. bei uns zu Hause ein gutes Lernumfeld schaffen und meinen Sohn bewusst dazu motivieren, zu lernen und Hobbys zu entdecken, ohne dabei meine persönlichen Interessen oder Ziele im Auge zu haben.

9. bei meinem Sohn ein Fundament für einen gesunden Lebensstil schaffen, indem ich ihn an Lebensmittel mit wertvollen Inhaltsstoffen heranführe, ihn in vernünftigen Maßen Süßigkeiten und anderes Naschwerk genießen lasse, ihn dazu inspiriere, sich körperlich fit zu halten und genügend zu schlafen, und ihm einen gesunden Lebensstil vorlebe.

10. mich bemühen, meinem Sohn eine emotional gesunde Kindheit zu ermöglichen, indem ich ihm dabei helfe, seine Gefühle zu erkennen und zu kommunizieren, eine gute Selbstwahrnehmung zu entwickeln und sich uneigennützig und gemeinschaftsorientiert zu verhalten. Ich werde dafür sorgen, dass er weiß, dass es keine Schande ist, um Hilfe zu bitten, und ihm die Informationen beschaffen, die er braucht, falls er sich entscheiden sollte, psychologischen oder sonstigen Rat zu suchen.

11. mit ihm offen über Verabredungen, Beziehungen, Sexualität und Liebe sprechen und ihm beibringen, Mädchen zu schätzen und zu respektieren, Freundschaften aufzubauen und sich dabei ein reines Herz zu bewahren. Ich werde für seine zukünftige Frau beten und meine Rolle mit Fassung und Würde tragen, wenn für ihn die Zeit gekommen ist, sein Elternhaus zu verlassen.

12. ihn zu einem verantwortungsbewussten, zuverlässigen, fleißigen Menschen erziehen und ihm Werkzeuge und Möglichkeiten an die Hand geben, damit er lernt, richtig mit dem Geld umzugehen, das er durch harte Arbeit verdienen wird.

Ich werde mich bemühen, in all diesen Bereichen mein Bestes zu geben, aber auch Gnade mit mir selbst haben, weil ich weiß, dass Perfektion nicht das Ziel ist und dass mein Sohn sogar aus meinen Fehlern etwas lernen kann. Und was am allerwichtigsten ist: Ich werde an meinem Sohn Freude haben. Ich werde ihn lieben, mit ihm lachen und stets hundertprozentig präsent sein, wenn ich mit ihm zusammen bin. Denn ich weiß, dass ein Tag zwar ziemlich lang sein kann, die Jahre aber tatsächlich sehr kurz sind.

Ich bin Mutter eines Sohnes und behalte das Ziel im Auge, den Jungen, den ich liebe, zu einem Mann zu erziehen, der diese Welt zu einem besseren Ort machen wird.

Danksagung

Mein Herz ist voller Dankbarkeit für die vielen Menschen, die zur Entstehung dieses Buches beigetragen haben!

An Dave: Ich danke dir so sehr. Du hast schon an mich und an dieses Buch geglaubt, als es nur eine Idee war, über die wir miteinander sprachen. Deine Weisheit steckt in jedem Kapitel. Ich hätte hundertmal aufgegeben, wenn du nicht so viel Vertrauen in mich gehabt hättest. Du hast die Kapitel gelesen oder dir von mir vorlesen lassen – und bist dabei nur ein einziges Mal eingeschlafen! Ich liebe dich so sehr.

An Josiah: Okay, jetzt kommen mir die Tränen. Danke, mein Sohn, dass du uns in allen Phasen deines Lebens so viel Freude gemacht hast. Als ich dieses Buch schrieb, nannte ich es in Gedanken zuerst *Wie man einen Josiah erzieht*. Du inspirierst mich, und ich bin so stolz auf dich. Und jetzt macht es mir Freude, dich über den Ozean hinweg anzuspornen. Ich weiß, dass wir immer gute Freunde sein werden!

An Jonah: Es gibt keine Worte für die Freude, die es mir bereitet, dich vom Jungen zum Mann werden zu sehen. Du zeigst uns, wie gut es sein kann, als mittleres Kind aufzuwachsen! Dein süßes Lächeln erhellt jeden Raum, und die Musik, die du zu Ehren Gottes anstimmst, bringt mein Herz zum Schmelzen. Ich kann es kaum erwarten zu sehen, was für ein Schicksal Gott für dich bereithält! Danke für die Unterstützung, Gnade und Freundlichkeit, die du mir während meiner Arbeit an diesem Buch zuteil werden ließest.

An Luke: Ich habe schon oft gesagt, dass ich dich gern als besten Freund hätte, wenn du nicht mein Sohn wärst. Du bist witzig und freundlich, interessant und aufrichtig an anderen Menschen interessiert. Es ist ein so wertvolles Geschenk für mich, deine Mutter zu sein. Ich werde dich an jedem Tag deines Lebens anfeuern – zu Wasser und zu Lande! Und vergiss nicht, wem du versprochen hast, mit dir eines Tages um die Welt reisen zu dürfen!

An Levi: Wie sehr ich dich liebe, mein süßer Junge! Tut mir leid, dass ich in diesem Buch so viele Geschichten über dich erzählt habe; aber so ist es nun mal, wenn man der Jüngste ist. Doch in Wirklichkeit genieße ich jede Phase deines Lebens viel mehr als bei deinen Brüdern, weil ich jetzt weiß, wie schnell die Zeit vergeht. Wenn ich dich einfrieren könnte, so wie du jetzt gerade bist, würde ich es tun. Ich liebe den jungen Mann, zu dem du dich entwickelst, und werde bei jedem Schritt deines Lebenswegs für dich da sein. Danke für die Gnade, die du mit mir gehabt hast, während ich dieses Buch schrieb – und danke, dass du an mich geglaubt hast.

An meine Schwiegereltern Lyn und Karin Swanson: Danke, dass ihr euren Sohn zu einem Gentleman und gottesfürchtigen Mann erzogen habt. Danke für eure Liebe und Unterstützung. Ich werde nie vergessen, wie du mir, nachdem du einen meiner ersten Blogbeiträge gelesen hattest, sagtest, aus mir würde bestimmt eines Tages eine Bestsellerautorin, liebe Karin. Damals habe ich vielleicht darüber gelacht, doch im Grunde meines Herzens habe ich mich doch sehr über deine Worte gefreut.

An meine Eltern Monte und Teddi Hester: Danke, dass ihr an mich geglaubt habt, solange ich denken kann. So vieles an der Art, wie ich meine Söhne heute erziehe, verdanke ich eurem Vorbild. Danke, dass ihr Dave und mich so sehr liebt und dass ihr auch unsere Jungs liebhabt (vielleicht sogar noch mehr als uns!). Lieber Papa, dein Vertrauen dazu, was eines Tages aus meinen Söhnen werden würde, hat mir über so manche schwere Zeit hinweggeholfen, in der ich voller Zweifel war! Liebe Mama, es gibt nur einen einzigen Grund, warum es mir leid tut, nur Jungs in die Welt gesetzt zu haben: nämlich, dass ich nie eine Tochter haben werde, mit der mich etwas Ähnliches verbindet wie uns beide. Ich werde unser enges Band für immer und ewig zu schätzen wissen!

An Roger Thompson, meinen Schreibcoach und Co-Agenten: Meine Begegnung mit dir hat den Ausschlag dafür gegeben, dass ich

Schriftstellerin wurde. Du hast mir bei jedem Schritt dieser Reise geduldig beigestanden und mir jedes Mal, wenn ich das Gefühl hatte, den Verstand zu verlieren, versichert, dass das völlig normal sei. Du bist ein wunderbarer Mensch, und ich kann es kaum erwarten zu erleben, wie du ein weltberühmter Autor wirst. Ich bin froh, dass unsere Familien so gute Freunde geworden sind. #Swampsons.

An meinen Agenten Alex Field: So vieles von diesem Buch habe ich dir zu verdanken! Ich werde immer und ewig dankbar für die Chance sein, mit dir zusammenzuarbeiten. Danke, dass du an mich geglaubt und mich auf meinem Weg als unerfahrene Autorin so geduldig begleitet hast.

An das Team von WaterBrook: Ich empfinde es als ungeheures Privileg, mein erstes Buch bei einem so hervorragenden Verlagsteam veröffentlichen zu dürfen! Sie waren alle unglaublich professionell und liebenswürdig und haben mich stets unterstützt. Chris Sigfrids, Brett Benson, Kristopher Orr, Kathy Mosier, Ginia Hairston Croker, Bev Rykerd und Lori Addicott: Danke, dass Sie so viel in dieses Projekt investiert haben. (Ich denke, wir sollten einmal nachzählen, wie viele Jungs dieses Team zurzeit großzieht – ich glaube, es sind ziemlich viele! Offensichtlich ist dieses Team nicht durch Zufall entstanden!)

An meine Lektorin Laura Barker: Es gibt keine Worte für das, was du für mich getan hast. Eigentlich sollte dein Name zusammen mit meinem auf dem Buchdeckel stehen! Jedes Mal, wenn ich deine Korrekturen zurückbekam, habe ich Freudentränen geweint, weil du meinen Text so viel besser gemacht hattest, als er vorher gewesen war. Du hast mich auch ungeheuer ermutigt und bei jedem Schritt meines Weges unterstützt. Danke, dass dir dieses Thema so sehr am Herzen liegt und dass du auch deine eigenen Gefühle und Erfahrungen als junge Mutter in dieses Buch hast einfließen lassen. Ich bete darum, in Zukunft wieder einmal mit dir zusammenarbeiten zu dürfen!

An Pastor George und Cheryl Hulse: Ich habe in eurem Wohnzimmer mit dem Schreiben dieses Buches begonnen und das Manuskript ein Jahr später dort bearbeitet. Danke dafür, dass ihr in San Clemente unser Zuhause seid. Dir, lieber Pastor George, danke ich für deine Hilfe bei der Erstellung von »Good News of the Gospel« und dafür, dass du ein so liebenswürdiger Geistlicher bist und stets ein offenes Ohr für die Mitglieder deiner Gemeinde hast. Und herzlichen Dank an euch beide dafür, dass ihr drei wunderbare Kinder großgezogen habt, die meine Jungs sehr bewundern!

An meine Blogleser: Ich liebe euch! Ich danke euch dafür, dass ihr so gut zu mir seid – dass ihr meine Beiträge lest, teilt, kommentiert, mir Mails schickt und einfach bei mir seid. Ich habe dieses Buch schon vor gefühlten zehn Jahren angekündigt, und vielleicht sind eure Kinder inzwischen längst erwachsen, aber so ist das mit Büchern wahrscheinlich. Ich bete dafür, dass dieses Buch euch die Ermutigung, die Informationen und die Unterstützung bietet, die ihr braucht. Mir kommt es so vor, als wärt ihr alle meine besten Freunde. Es ist ein Glück für mich, euch zu haben!

An meine lieben Freunde, die Kapitel meines Buches gelesen, mir Feedback gegeben, für mich gebetet und mich ermutigt haben: Dies ist auch euer Buch. Danke, Judy Huf, für deine treue und selbstlose Freundschaft und für den Beitrag, den du dazu geleistet hast, diesen Traum wahr werden zu lassen. Danke, Ana Barend, für das Lesen unzähliger Kapitel und für all die langen Anmerkungen, mit denen du das Manuskript versehen hast. Herzlichen Dank auch an die vielen Menschen, die mich als Mutter und Ehefrau geprägt und geformt haben: Catherine Johnson, Melissa Chimento und Kristie DeHaven, ihr seid die großen Schwestern, von denen Gott gewusst hat, dass ich sie brauche. Dir, Stephanie Fast, danke ich dafür, dass du meine geistliche Mutter bist, aber auch für dein Vorbild und die Standhaftigkeit, mit der du deinen Weg mit Jesus gehst. Dir, Jules Tennberg, bin ich dankbar dafür, dass du mich durch dieses ganze Buch hindurch begleitet hast. Und euch, Cora Johnson, Berit Kawaguchi, Sally Eveland, (Tante) Kris Jones, Karen Shormann, Tina Curran, Kari Boiler, Gisele McDaniel und Emily Turner, danke ich für euren Input zu meinem Buch und dafür, dass ihr an mich glaubt und für mich betet.

Vor allem aber danke ich Dir, lieber Gott. Denn ich verdanke alles Deiner Gnade. Ich bin immer wieder aufs Neue zu Tränen gerührt, wenn ich darüber nachdenke, dass Du mich mit diesen vier Söhnen gesegnet und mich jedes Mal aufgefangen hast, wenn ich bei dem Versuch, sie zu erziehen, über meine eigenen Füße gestolpert bin. Und dann hast Du mir in Deiner Güte auch noch erlaubt, das alles in einem Buch mit anderen Menschen zu teilen. Was für ein Wunder! Ich möchte vor allem Dich mit meiner Arbeit stolz machen!

Anmerkungen

1 Gary Chapman und Ross Campbell, *Die 5 Sprachen der Liebe für Kinder,* Francke-Buch 2014.
2 Sally Clarkson und Sarah Clarkson, *The Lifegiving Home,* Carol Stream, IL: Tyndale, 2016, 65.
3 Meg Meeker, *Starke Mütter, starke Söhne,* mvg 2015, 20.
4 Emerson Eggerichs, *Mother and Son,* Nashville: W Publishing, 2016, 20.
5 Billy Graham, *The Unmerited Favor of God,* Billy Graham Evangelistic Association, August 11, 2018, https://billygraham.org/devotion/gods-unmerited-favor/.
6 Jeannie Cunnion, *Mom Set Free,* New York: Howard Books, 2017, xxi–xxii.
7 John Townsend und Henry Cloud: *Liebevoll Grenzen setzen. Durch Liebe und Konsequenz zur Selbstständigkeit erziehen.* Gerth Medien, Asslar, Sonderauflage 2014, 48.
8 Monica Swanson, *What a Teenage Boy Needs Most from His Mom,* Monica Swanson (the Grommom) (blog), http://monicaswanson.com/what-a-teenage-boy-needs-most-from-his-mom/.
9 Gary Chapman und Ross Campbell, *Die 5 Sprachen der Liebe für Kinder,* Francke-Buch 2014.
10 Amy McCready, *How to Discipline Your Child,* Positive Parenting Solutions, www.positiveparentingsolutions.com/parenting/how-to-discipline-your-child.
11 Foster Cline und Jim Fay, *Mit Liebe und Logik erziehen,* GloryWorld-Medien 2020, Einführung.
12 John Eldredge, *Der ungezähmte Mann,* Brunner Verlag 2003.
13 Hanna Rosin, *The Overprotected Kid,* Atlantic, April 2014, www.theatlantic.com/magazine/archive/2014/04/hey-parents-leave-those-kids-alone/358631/.
14 Foster Cline und Jim Fay, *Mit Liebe und Logik erziehen,* GloryWorld-Medien 2020.
15 Jane Nelsen, *Positive Discipline,* New York, Ballantine, 1996, 86.
16 Cloud und Townsend, *Liebevoll Grenzen setzen. Durch Liebe und Konsequenz zur Selbstständigkeit erziehen.* Gerth Medien, Asslar, Sonderauflage 2014, 75.
17 Jeannie Cunnion, *Mom Set Free,* New York, Howard Books, 2017, 17.

18 *Devotionals*, FCA Resources, Fellowship of Christian Athletes, fcaresources.com/search/site?retain-filters=1&f%5B0%5D=type%3Adevotional.
19 Stormie Omartian, *Mein Gebet macht mein Kind stark,* SCM R.Brockhaus 2015.
20 Robert McGee, *Du bist du,* Projektion J, 1994.
21 Larry Crabb, *Effective Biblical Counseling,* Grand Rapids, MI: Zondervan, 1977, 2013, 61.
22 Philip Yancey, *What's So Amazing About Grace,* Grand Rapids, MI: Zondervan, 1997, 70.
23 Tim Tebow, *Shaken,* Colorado Springs, CO: WaterBrook, 2016, 3.
24 Tebow, *Shaken*, 198.
25 Warren Susman, *Culture as History,* New York: Pantheon, 1973, 273.
26 Susman, *Culture as History*, 276.
27 English Oxford Living Dictionaries, Stichwort »character,« Oxford University Press, 2018, https://en.oxforddictionaries.com/definition/character.
28 *The Alliance Tozer Devotional,* The Alliance, February 22, 2017, www.cmalliance.org/devotions/tozer?id=730.
29 Melissa Trevathan und Sissy Goff, *Modern Parents, Vintage Values,* Nashville: B&H Publishing, 2010, 234.
30 N. T. Wright, *Glaube – und dann?,* Francke-Buch 2011.
31 Leonard Sax, *Boys Adrift,* New York: Basic Books, 2016, 224–25.
32 Robert Fulghum, *It Was on Fire When I Lay Down on It,* New York: Ivy, 1988, 102.
33 Kristen Welch, *Raising Grateful Kids in an Entitled World,* Carol Stream, IL: Tyndale Momentum, 2015, 199.
34 Andy Crouch, *The Tech-Wise Family,* Grand Rapids, MI: Baker Books, 2017, 159.
35 *Media Guidelines in the Home, Focus on the Family*, www.focusonthefamily.com/family-q-and-a/parenting/media-guidelines-in-the-home.
36 *Protecting Boys' Brains in a World of Gaming*, Gurian Institute, June 11, 2018, https://gurianinstitute.com/protecting-boys-brains-world-gaming/.
37 Victoria L. Dunckley, *This Is Your Child's Brain on Video Games*, Psychology Today, September 25, 2016, www.psychologytoday.com/us/blog/mental-wealth/201609/is-your-childs-brain-video-games.
38 *Protecting Boys' Brains in a World of Gaming.*
39 Jean M. Twenge, *Have Smartphones Destroyed a Generation?*, Atlantic, September 2017, www.theatlantic.com/magazine/archive/2017/09/has-the-smartphone-destroyed-a-generation/534198/.
40 Matt Fradd, *10 Shocking Stats About Teens and Pornography*, Covenant Eyes (blog), April 10, 2015, www.covenanteyes.com/2015/04/10/10-shocking-stats-about-teens-and-pornography/.

41 Kristen Jenson und Gail Poyner, *Schöne Bilder – Schädliche Bilder*, Glen Cove Press 2017.

42 Gillian Brockell, *Abraham Lincoln's ›Angel Mother‹ and the Second ›Mama‹ Who Outlived Him*, Washington Post, May 12, 2018, www.washingtonpost.com/news/retropolis/wp/2018/05/12/abraham-lincolns-angel-mother-and-the-mama-who-outlived-him/?utm_term=.34deabe0783e.

43 *Samuel and Nancy Elliott Edison*, National Park Service, last updated February 26, 2015, www.nps.gov/edis/learn/historyculture/samuel-and-nancy-elliott-edison.htm.

44 Jim Powell, *Pablo Picasso: A Picture from the Past*, Guardian, October 25, 2013, www.theguardian.com/artanddesign/picture/2013/oct/25/photography-pablo-picasso.

45 Ian Leslie, *The Importance of Encouraging Curiosity in Children*, Guardian, June 7, 2014, www.theguardian.com/lifeandstyle/2014/jun/07/importance-encouraging-curiosity-children.

46 Jim Trelease, *The Read-Aloud Handbook*, 7th ed., New York: Penguin Books, 2013, Einleitung, www.trelease-on-reading.com/rah-intro.html.

47 James Lehman, *Motivating Underachievers Part I: When Your Child Says »I Don't Care«*, Empowering Parents, www.empoweringparents.com/article/motivating-underachievers-part-i-when-your-child-says-i-dont-care/.

48 Carol Dweck, *Selbstbild*, Piper 2009, 16.

49 Carol Dweck, *Selbstbild*, Piper 2009, 280, 281.

50 Christopher Lane, *ADHD Is Now Widely Overdiagnosed and for Multiple Reasons*, Psychology Today, October 20, 2017, www.psychologytoday.com/us/blog/side-effects/201710/adhd-is-now-widely-overdiagnosed-and-multiple-reasons.

51 Anm. d. Ü.: »Wie man Jungen und andere Kinder unterrichtet, die lieber den ganzen Tag Sandburgen bauen würden«

52 Andrew Pudewa, *Teaching Boys and Other Children Who Would Rather Make Forts All Day*, Institute for Excellence in Writing, audio download, https://iew.com/homescholar-tb-15.

53 Lehman, *Motivating Underachievers Part I.*

54 Scott Hamilton, *Finish First*, Nashville: W Publishing, 2018, 17.

55 Catherine Erlinger, *Childhood Obesity*, The Heart Foundation, February 9, 2018, https://theheartfoundation.org/2018/02/09/childhood-obesity/.

56 Michael Greger, *How to Slow Brain Aging by Two Years*, Nutrition Facts.org, March 3, 2014, https://nutritionfacts.org/video/how-to-slow-brain-aging-by-two-years/.

57 Michael Greger, *Increased Lifespan from Beans*, Nutrition Facts.org, October 28, 2013, https://nutritionfacts.org/video/increased-lifespan-from-beans/.

58 Jacqueline, *Does Your Child Have Plenty of Time to Play? Just. Play?*, Deep Roots at Home (blog), October 11, 2017, http://deeprootsathome.com/does-your-child-have-time-to-play-just-play/.

59 Andy Crouch, *Saving Your Kids from Technology*, July 18, 2017, in The Holy Post, von Phil Vischer, podcast, 54:48, http://thephilvischerpodcast.libsyn.com/261-saving-your-kids-from-technology-wandy-crouch.

60 Anne Fishel, *Science Says: Eat with Your Kids*, The Conversation, January 9, 2015, https://theconversation.com/science-says-eat-with-your-kids-34573.

61 Maria Panaritis, *Why Are Suburban Super-Students Burning Out in College? These Mainline Therapists Say Anxiety Is High –and All Around Us*, Inquirer, July 25, 2018, www2.philly.com/philly/columnists/maria-panaritis/teenager-anxiety-therapy-high-school-students-mental-health-main-line-maria-panaritis-20180725.html.

62 Julie Lythcott-Haims, *How to Raise an Adult*, New York, Henry Holt, 2015, 228.

63 Jessie Zhu, *What Is Self-Awareness and Why Does It Matter? (Meaning + 5 Tips)*, Positive Psychology Program, January 2, 2017, https://positivepsychologyprogram.com/self-awareness-matters-how-you-can-be-more-self-aware/.

64 Kendra Cherry, *Locus of Control and Your Life*, Verywell Mind, updated November 5, 2018, www.verywellmind.com/what-is-locus-of-control-2795434.

65 Anm. d. Ü.: »Ihr Sozialleben könnte Ihre Lebenserwartung erhöhen«

66 Susan Pinker, *The Secret to Living Longer May Be Your Social Life*, TED Talk, August 2017, 16:03, www.ted.com/speakers/susan_pinker.

67 Melinda Smith, Lawrence Robinson, Jeanne Segal, *Parent's Guide to Teen Depression*, Helpguide.org, updated September 2018, https://helpguide.org/articles/depression/parents-guide-to-teen-depression.htm.

68 Bob Schultz, *Created for Work*, Eugene, OR: Great Expectations, 2006, Einleitung.

69 Susan Newman, *9 Signs That a Child Has Entitlement Issues*, Psychology Today, November 23, 2015, www.psychologytoday.com/us/blog/singletons/201511/9-signs-child-has-entitlement-issues.

70 Kristen Welch, *Raising Grateful Kids in an Entitled World*, Carol Stream, IL: Tyndale Momentum, 2015, 10.

Zitatnachweise

Carol Dweck: *Selbstbild*, © 2009 Piper Verlag GmbH, München

John Townsend/Henry Cloud: *Liebevoll Grenzen setzen. Durch Liebe und Konsequenz zur Selbstständigkeit erziehen*. Gerth Medien, Asslar, Sonderauflage 2014.

Timothy Keller, *Warum Gott?* Brunnen Verlag GmbH, 5. Aufl. Gießen 2020, S. 74, www.brunnen-verlag.de.

Über die Autorin

Monica Swanson lebt mit ihrer Familie in Oahu, Hawaii. Sie und ihr Mann Dave unterrichten derzeit drei ihrer vier Söhne zu Hause und genießen in ihrer Freizeit das Leben auf Hawaii. Monicas beruflicher Hintergrund liegt im sportmedizinischen und im Fitnessbereich. In ihrem Blog teilt sie viele Inspirationen für ein ausgewogenes Leben sowie Kochrezepte, Geschichten und jede Menge Ermutigung für Familien.